Phyllis Krystal

Lösung aus kollektiven Bindungen

Phyllis Krystal

Lösung aus kollektiven Bindungen

Frei von Angst und Ablehnung

Ryvellus

Medienverlag

Seeshaupt

Über die Autorin:
Phyllis Krystal: *In England geboren, Studium von Religion und Psychologie, 1937 Übersiedlung nach Los Angeles, Heirat, zwei Töchter. Ausbildung in Jungscher Analyse, seit 1950 Entwicklung ihrer speziellen Methode, die sie 1982 in England publizierte.*
Die Autorin gibt Seminare in der ganzen Welt. Ihre Bücher sind bisher in englischer, französischer, spanischer, italienischer und japanischer Sprache erschienen.

Die Originalausgabe: CUTTING *MORE* TIES THAT BIND. Educating Children and Reprogramming Adults, Element Books Limited, Longmead, Shaftesbury, Dorset, 1990.

Ins Deutsche übertragen von Ingrid von Eyb.

Von Phyllis Krystal sind weitere Bücher im Ryvellus Medienverlag erschienen:

Die inneren Fesseln sprengen
(Cutting the Ties that Bind)

Arbeitsbuch zur Phyllis-Krystal-Methode
(Workbook for Cutting the Ties that Bind)

2. überarbeitete Auflage

Alle Rechte vorbehalten Ryvellus Medienverlag, Seeshaupt 1994
Satz: Plejaden Publishing Service, Boltersen
Druck: Sonnenschein Druckerei, Hersbruck
Printed in Germany
ISBN 3 - 89453 - 018 - 9

Inhalt

Teil II

Ich widme dieses Buch Sri Sathya Sai Baba, dessen
Leben und Lehren für mich in jeder Hinsicht ein
mitreißendes Beispiel eines wahren Erziehers sind.

Dank

Zuallererst möchte ich dem Höheren Bewußtsein danken, der
unveränderbaren, uns allen innewohnenden Wirklichkeit. Es
zeigt mir die verschiedenen Techniken und Symbole, wenn
ich oder andere um Hilfe bitten. Selbstverständlich schließe
ich Sri Sathya Sai Baba ein, der für mich das Höhere
Bewußtsein in menschlicher Gestalt symbolisiert.

Danken möchte ich auch denen, die gewissenhaft mit den
Symbolen arbeiten und sie so mit Kraft erfüllen.

Ebenso danke ich allen, die mir und anderen ihre Zeit und
Energie bei der Arbeit mit dem 'Dreieck' schenken, um
denen zu helfen, die aus verschiedenen Gründen nicht persönlich anwesend sein können. Meine Tochter Sheila, eine
dieser Helfenden, übernahm noch zusätzlich die heroische
Aufgabe, das Manuskript sorgfältig zu redigieren. Dies
bedeutete eine unschätzbare Hilfe für mich, denn als Psycho-
login arbeitet sie auch mit dieser Methode. Aus diesem
Grund konnte sie gut beurteilen, ob der Text genau und klar
formuliert ist.

Zu großem Dank bin ich auch Peggy Lenny verpflichtet,
die sich so großzügig anbot, das Manuskript bis zur endgülti-
gen Fassung immer wieder zu tippen.

Vorwort

In meinem ersten Buch zu dieser Methode (Die inneren Fesseln sprengen) habe ich beschrieben, wie sich der Leser von der Abhängigkeit von äußeren, klar erkennbaren Sicherheitssymbolen und beherrschenden Faktoren seines Lebens lösen kann. Das können z. B. Eltern, Lehrer, Familienangehörige, Partner und Freunde sein, aber auch materielle Dinge und Ziele wie Geld, Beruf und jegliche Art von Besitz.

Hat sich der Mensch von diesen äußeren Zwängen befreit, gibt es noch viele innere Zwänge, von denen er sich lösen kann. Das sind beispielsweise ererbte Veranlagungen, Charakterzüge und familiäre Verhaltensmuster, oder auch religiöse und familienbedingte Präferenzen, die wir vom Augenblick unserer Geburt an als Mitglied unserer Familie in uns tragen.

Nachdem das erste Buch erschienen war, entwickelten sich spezielle Techniken, die ganz deutlich zum Thema eines anderen, nämlich dieses Buches wurden.

Meine beiden ersten Bücher ('Ziel aller Reisen' und 'Die inneren Fesseln sprengen') habe ich während meines Aufenthaltes bei Sathya Sai Baba in Indien begonnen. In seinem Ashram konnte ich mich für längere Zeit, ohne unterbrochen zu werden, ganz dem Schreiben widmen. Zu Hause ist das kaum möglich. Dort bin ich den ganzen Tag mit Menschen beschäftigt, halte Seminare, beantworte viele Briefe, telefoniere mit hilfesuchenden Menschen, führe den

Haushalt und erfülle die Pflichten einer Ehefrau, Mutter, Großmutter und Freundin. So entschloß ich mich, auch mit dem Schreiben dieses Buches im Ashram von Sathya Sai Baba zu beginnen.

Kaum angekommen, wurde mir gezeigt, daß schon alles für mein Vorhaben bereit war. Sai Baba fragte sofort: "Wie steht es mit dem neuen Buch? Wie wird es heißen?" Zu diesem Zeitpunkt aber hatte ich mir noch keine Gedanken über einen möglichen Titel gemacht und war über seine Frage erstaunt. Das hatte er wohl auch, wie sein amüsierter Gesichtsausdruck mir zeigte, beabsichtigt. Ich antwortete, es werde höchstwahrscheinlich 'Die inneren Fesseln sprengen, Band II' heißen. Als er das hörte, verzog er sein Gesicht, schüttelte den Kopf und gab mir zu verstehen, daß er mit diesem Vorschlag nicht einverstanden war. Deutlich sagte er: "Swami gefällt der Titel nicht." Schnell erwähnte ich, daß bis jetzt immer mein Mann die Titel meiner Bücher ausgewählt habe, Sidney aber der Meinung sei, erst dann einen Buchtitel vorschlagen zu können, wenn er das Buch gelesen habe. Mit fragendem Blick wandte sich Sai Baba mir zu. Ich fragte, ob er einen Buchtitel vorschlagen könne. Lächelnd stimmte er zu und meinte: "Swami wird es tun." Aber wie und wann er das tun würde, sagte er nicht. Ich wußte, daß er nicht unbedingt mündlich einen Titel für das Buch mitteilen würde, denn immer wieder weiß er zu verhindern, daß Menschen sich zu stark auf seine körperliche Form oder sein gesprochenes Wort verlassen. Er erwartet, daß jeder in seinem eigenen Inneren nach der Antwort sucht, die er von seinem inneren göttlichen Funken, dem Höheren Bewußtsein, erhält.

In der darauffolgenden Zeit widmete ich mich ganz dem Buch und dachte, zumindest vorübergehend, nicht mehr an den Titel.

Zusätzlich zu Sai Babas persönlicher Ermutigung erhielt ich andere praktische Hilfen, die es mir erleichterten, mich ganz ohne Ablenkung meiner Aufgabe zu widmen. Mein

Mann und ich hatten mit einem amerikanischen Ehepaar vereinbart, daß es unser Zimmer im Ashram während unserer Abwesenheit benutzen könne. Diese Regelung galt seit Sathya Sai Babas Geburtstag im November 1985. Um den Fußboden in dieser staubigen Gegend besser sauber halten zu können, hatten sie ihn damals kacheln und vor die offenen Fenster Netze als Schutz gegen die gefräßigen Moskitos montieren lassen.

Eine freudige Überraschung erwartete uns auch diesmal. Die Matratzen lagen auf Holzrahmen und nicht mehr auf dem Fußboden. Bücherregale und Küchenmöbel vervollständigten das Inventar, und schöne Vorhänge schmückten die Fenster. Alles sah sehr einladend aus. Eine nette, junge Inderin kochte täglich für das amerikanische Ehepaar, und wir waren zu sämtlichen Mahlzeiten eingeladen. Somit ersparte ich mir die aufwendige Hausarbeit und konnte mich ausschließlich dem Schreiben widmen. Täglich dankte ich Sai Baba und den amerikanischen Freunden dafür.

Als ich die beiden ersten Bücher in Sathya Sai Babas Gegenwart zu schreiben begonnen hatte, waren meine Gedanken so schnell aus mir herausgeflossen, daß es mir schwergefallen war, sie in Worte zu fassen und zu Papier zu bringen.

Beim Schreiben dieses Buches nun stellte ich fest, daß ich zwar dem ursprünglichen Thema folgend, aber zusammenhanglos schrieb. Ich fragte mich, ob mir mein Verstand ein Schnippchen schlagen wolle. Verfolgte ich aber die 'Abwege' meines Verstandes, stellte ich fest, daß sie sich zu einem erkennbaren Muster fügten. Das durchgängige Thema schien zu lauten: Wie könnte eine fruchtbarere Kindererziehung aussehen, im Gegensatz zu derjenigen, die die meisten heutigen Erwachsenen erfahren haben?

Plötzlich fügte sich, wie bei einem Rätsel, alles zu einem Ganzen. Die Begriffe 'Erziehung' und 'Neu-Erziehung' fielen mir plötzlich ein. Nicht nur der Titel des Buches wurde mir gegeben (Untertitel der Originalausgabe: 'Educating Children and Reprogramming Adults', 'Kinder erziehen – Erwachsene neu orientieren'), sondern auch der Inhalt des Buches hatte sich schlagartig verändert und erweitert. Anstelle der ursprünglich von mir geplanten Thematik des Buches 'Die inneren Fesseln sprengen, Band II', wurde es nun in zwei Teile gegliedert, wobei die von mir anfänglich geplante Thematik Teil II werden würde. Teil I würde Vorschläge und Leitlinien zur Kindererziehung für Eltern und Lehrer beinhalten. Kinder sollten mit möglichst wenig äußeren Überlagerungen ihre wahre Natur entfalten können. Somit würde sich das Buch nicht nur mit Kindererziehung befassen, sondern auch mit der Neu-Erziehung Erwachsener, die eine solche Erziehung nicht hatten genießen dürfen.

Als ich Sai Baba das nächste Mal sah, sprach ich ihn spontan auf den mir übermittelten Buchtitel an und teilte ihm meine neuen Gedanken zu dem Buch mit. Er lächelte breit und meinte: "Ja, Swami mag das viel mehr." Natürlich! Dieses Thema fügte sich vollkommen in Sathya Sai Babas Botschaft ein, bessere und erfolgreichere Erziehungsmethoden zu entwickeln als die gegenwärtigen. Würden Kinder nach den grundlegenden, menschlichen Werten erzogen, über die er immer wieder sprach, besonders aber mit mehr Liebe, würde sich die Welt zum Besseren wenden. Die so erzogenen Kinder könnten später in ihrem Beruf Moral mit akademischem Wissen verbinden. Sai Baba betont oft, daß die meisten Erwachsenen zu festgefahren und starr in ihren Anschauungen sind und kaum zu Veränderungen bereit, während Kinder und Jugendliche noch viel flexibler und offener sind.

Das ursprüngliche Thema meines Buches schien nicht umfassend genug zu sein; diese unerwarteten Ergänzungen jedoch ließen es überquellen. Nach einem ersten Anflug von Panik beruhigte ich mich aber bald wieder. Wie hatte ich auch nur eine Minute vergessen können, daß nicht nur ich das

Buch schreiben würde. Mit Hilfe des Höheren Bewußtseins würde ich aus der Quelle schöpfen. Zuversichtlich verließ ich mich von nun an auf diesen weisen, liebenden und wahrhaftigen Teil meiner selbst.

Manchmal kann diese Art zu schreiben aber auch bedrückend sein. Reißt der natürliche Fluß ab oder trocknet er über längere Zeit aus, bedarf es großer Geduld, denn das Ego kann den Prozeß nicht beeinflussen. Langsam lernte ich die rechte Zeit für Pausen zu erspüren und erzwang kein Weiterarbeiten. Im Nachhinein stellte ich immer fest, wie richtig es gewesen war, wenn ich mein Ego dem Höheren Bewußtsein übergeben und ihm vertraut hatte. Diese Einstellung aber stand in direktem Gegensatz zu meiner und zur Erziehung der meisten Menschen und alte Gewohnheiten sind schwer abzulegen.

Während unseres Aufenthaltes im Ashram erkundigte sich Sathya Sai Baba häufig nach dem Fortschritt meines Buches und ließ mich erkennen, daß er mein Schreiben im stillen überwachte.

Bei unserem letzten Gespräch gab ich ihm die mit meiner unleserlichen Schrift beschriebenen Seiten. Als er die Seiten durchblätterte, fragte ich ihn, ob er mit dem Geschriebenen einverstanden sei. Sofort hielt er inne, seine außergewöhnlichen Augen durchdrangen mein tiefstes Inneres, und er sagte: "Nein, diese Frage ist nicht in Ordnung. Glauben Sie, daß es so richtig ist?" Dabei betonte er das Wort 'Sie', als er mit dem Zeigefinger auf mich deutete und mir tief in die Seele schaute. Nicht auf ihn persönlich sollte ich mich verlassen, sondern nur auf mein wahres, inneres Selbst! Als seine Augen die Hülle meines Körpers, meinen Verstand und meine Gefühle durchdrangen, wurde mir unmißverständlich klar, daß er nur dieses innere Selbst wirklich sieht. Er scheint an unseren zerbrechlichen und mit Mängeln behafteten Körpern vorbeizusehen, um nur mit unserem wirklichen Selbst in Verbindung zu treten. Seine an mich gerichtete Botschaft war, mich nach innen zu wenden, um das Höhere Selbst um Führung zu bitten. Sri Sathya Sai Baba, der in Indien lebt, kam in menschlicher Gestalt auf diese Welt, um uns zu erinnern, daß der innere Lehrer, den wir alle haben, unser wahres Selbst ist.

Oft erinnerte ich mich, während ich schrieb, ganz deutlich seines Blickes, wandte mich sodann nach innen, bat um Führung und wartete auf Einfälle. Vorher versuchte ich jedoch meinen Kopf von allen Sorgen, Fragen und Zweifeln zu befreien. Mit etwas Übung geschieht eine durchgreifende Veränderung, und es wird immer leichter, die Antworten auf unsere Fragen und innere Sicherheit nicht durch Bücher oder andere Menschen zu bekommen oder von äußeren Erfahrungen abzuleiten.

❧❧❧

Die Übungscassetten und das Arbeitsbuch (siehe 'Arbeitshilfen für die Übungspraxis' im Anhang) können Ihnen den Einstieg in die Arbeit mit der Phyllis-Krystal-Methode erleichtern. Besonders, wenn Sie allein damit arbeiten möchten, ist es sehr hilfreich, sich von den Cassetten durch die einzelnen Übungen führen zu lassen.

Wegen der großen Nachfrage nach weiteren Informationen über die Arbeit mit der Phyllis-Krystal-Methode, bietet der Verlag inzwischen einen Service an. Sie erhalten auf Anfrage eine Liste der Therapeuten, die mit dieser Methode arbeiten. Außerdem ist es möglich, Ihnen auf Wunsch Übungspartner oder Übungsgruppen in Ihrer Umgebung zu vermitteln. Termine der Seminare mit Phyllis Krystal können Sie ebenfalls über den Verlag erfahren.

Am Ende des Buches finden Sie eine Karte, mit der Sie die gewünschten Informationen anfordern können.

Einführung

In meinem ersten Buch 'Die inneren Fesseln sprengen' habe ich eine Methode beschrieben, die von dem Verständnis ausgeht, daß unsere wahre Identität nicht, wie viele glauben, der vorübergehende, unvollkommene Körper oder unsere Persönlichkeit ist. Unsere wahre Identität ist viel mehr. Sie ist das innere, beständige und vollkommene Selbst, das ich das Höhere Bewußtsein oder Höhere Selbst nenne. Die meisten Menschen sind sich dieses Höheren Bewußtseins nicht bewußt, denn es ist nicht sichtbar wie die äußere, physische Gestalt.

In diesem Buch habe ich diese Methode ergänzt und erweitert. Die verschiedenen Übungen können uns helfen, mit unserer inneren Wirklichkeit in Verbindung zu treten, denn nur das Höhere Bewußtsein kann uns weise durch das Leben führen.

Wendet man die in den beiden Büchern beschriebenen Techniken und Symbole an, kann man mit ihrer Hilfe die Bindungen an beherrschende Faktoren sprengen und sich der Führung des Höheren Bewußtseins anvertrauen. Diese Faktoren können Menschen, Dinge, Überzeugungen und Gedankensysteme sein, die über einen Menschen Macht ausüben.

Wir können nicht zwei Herren dienen. Wir können auch nicht von dem Höheren Bewußtsein, unserem zuverlässigen, inneren Ratgeber, geleitet werden, wenn wir nicht die Fesseln zu falschen Sicherheiten gelöst haben. Dies ist der einzige Weg zu erfahren, wer wir wirklich sind. Nur so können wir mit uns selbst in Frieden leben.

Seit dem Entstehen dieser Methode gibt es viele neue Entwicklungen. Unter anderem habe ich immer eingehender mit Kindern und Jugendlichen gearbeitet, und es hat sich herausgestellt, daß Kinder durch die Arbeit mit dieser Methode ihrem Wesen angemessener erzogen und begleitet werden können. Damit die Methode aber erfolgreich eingesetzt werden kann, ist es notwendig, daß Eltern und Erzieher sie in ihrem täglichen Leben selbst anwenden, um sie dann an die ihnen anvertrauten Kinder weitergeben zu können.

Dementsprechend ist dieses Buch in zwei Teile gegliedert. Der erste Teil enthält Anleitungen und Vorschläge für Eltern und Erzieher sowie Lehren Sathya Sai Babas, die die Arbeit mit dieser Methode vervollständigen und ergänzen.

Teil II enthält neue Einsichten und erweiterte Techniken der Phyllis-Krystal-Methode; Techniken, mit denen wir uns von umfassenden, vielschichtigen Systemen befreien können, die unser Verhalten geprägt haben. Hierzu gehören familiäre und nationale Sitten, religiöse und politische Zugehörigkeiten, persönliche Rollenfestlegungen, Angewohnheiten, Aberglaube, Tabus, Vorurteile und Ängste sowie die vielen ererbten Einflüsse, die wir schon von Geburt an in uns tragen. Teil II enthält ebenfalls Gedanken über Reinkarnation und Traumdeutung und endet mit einer kurzen Zusammenfassung meiner jüngsten Arbeit über negative Gedankenformen, zu denen wir alle mit negativen Gedanken in diesem oder vergangenen Leben Energie beigesteuert haben. Ebenso werden die verschiedenen Süchte erwähnt, die mit mächtigen Gedankenformen verbunden sind und den Süchtigen beherrschen, so daß es ihm fast unmöglich ist, seinen Zwängen zu entfliehen.

Dieses Buch, wie auch meine beiden ersten, entstand mit Hilfe und Unterstützung des Höheren Bewußtseins. Diesen inneren Ratgeber hat jeder, ob er sich dessen bewußt ist oder nicht. Mit Ubung und Ausdauer können wir uns von falschen Sicherheiten befreien und werden die Antworten auf unsere Fragen in uns selbst finden.

Teil I

Teil 1

Neuorientierung und Vorbereitung von Eltern und Lehrern

Die erste Vorbedingung für eine erfolgversprechende Kindererziehung ist mit Sicherheit die Neu-Erziehung Erwachsener, denn von ihnen werden die Kinder notgedrungen gelenkt und beeinflußt. Folglich ist es sinnvoll, daß sich Eltern, Erzieher und Lehrer entgegen ihrer bisherigen Erziehung neu ausrichten.

Wenn die Kettenreaktion der über Generationen vermittelten Erziehungsstrukturen durchbrochen wird, können Kinder zu selbstbewußten, unabhängigen und reifen Männern und Frauen heranwachsen. Nur so können sie eine freie Wahl treffen zwischen dem augenblicklich Angemessenen und den veralteten, negativen Normen. Normen, die über Familiengenerationen vererbt wurden, können die Familienmitglieder derart einengen und gefangen halten, daß eine Veränderung und Befreiung unmöglich wird. Oft wiederholen wir unser ganzes Leben lang mechanisch und gedankenlos Verhaltensmuster, ohne zu hinterfragen, ob sie unserer Persönlichkeit entsprechen bzw. noch angemessen sind.

Primitivere Lebewesen lernen durch Wiederholung erprobter und bewährter Verhaltensmuster, die ihnen ihre Eltern direkt beibringen oder die sie nachahmen. Die Verhaltensprogramme werden auf diese Weise in ihr Nervensystem eingeprägt und schützen sie vor Angriff, Hunger und anderen Herausforderungen, auf die sie dann instinktiv reagieren.

Menschen ähneln zwar Tieren in gewisser Hinsicht, sie leben aber nicht nur auf der Instinktebene. Neben der Fähigkeit zu essen, zu schlafen und Kinder zu zeugen, besitzen sie die Gabe zu denken, abzuwägen, zu fragen und schöpferisch tätig zu sein, und sind in der Lage, sich ändernden Lebensbedingungen individuell anzupassen.

In den letzten fünfzig Jahren fanden dramatischere Veränderungen statt als jemals zuvor in der Geschichte. Diese Veränderungen brachten einerseits viele Vorteile, andererseits aber auch viele Probleme mit sich. Wir wurden gezwungen, uns in kurzer Zeit diesen außerordentlichen Veränderungen anzupassen. Allgemeine Verwirrung und Unsicherheit sind die Folge.

Gegenwärtig entsteht weltweit das dringende Bedürfnis, das Erziehungssystem neu zu gestalten, um heranwachsenden Kindern in dem sich schnell wandelnden Szenario sinnvolle, neue Richtlinien zu geben. Diese sollten als Ersatz für fehlende oder völlig veraltete Leitlinien eingesetzt werden. Die gegenwärtige Situation verursacht Unordnung, Zügellosigkeit, Verderbtheit, Drogenabhängigkeit, Alkoholismus, sexuelle Verwirrung, Gewalt, Kriminalität und Depression, die bei Jugendlichen oft zu Selbstmord führt.

Wird der Sinn des Lebens weder mündlich noch durch vorgelebtes Beispiel vermittelt, wachsen Kinder in einer scheinbar sinnlosen, aber sinn-beherrschten Welt heran, die weder einen emotionalen noch einen geistigen Nährboden hat. Um ihren Hunger zu stillen, suchen die Heranwachsenden krankhaft nach einem Ersatz und wenden sich verzweifelt an alles, was Linderung verspricht. Ein Überhandnehmen von Promiskuität, ein eklatantes Ansteigen der Drogenabhängigkeit, Alkoholismus, Brutalität in Film und Fernsehen, obszöne Bücher und Zeitschriften und sogar verschiedene Arten der 'Pop'-Meditation sind die Folge. Die Jugendlichen werden entweder überreizt und so von ihrer Qual und ihrem inneren Hunger abgelenkt, oder sie stumpfen ihre Wahrnehmung ab und betäuben unangenehme Gedanken und Gefühle.

Um Eltern und Lehrern zu helfen, sich selbst von alter, negativer Konditionierung zu befreien und zu verhindern, daß sie ihre Programmierungen auf die ihnen anvertrauten Kinder übertragen, gebe ich in diesem ersten Teil eine Zusammenfassung oder einen Überblick über die Methode, die ich in meinem ersten Buch ausführlich dargestellt und beschrieben habe.

Viele Menschen werden den Gedanken einer neuen Ausrichtung als undurchführbar abweisen und das alte Sprichwort zitieren: "Einem alten Hund kann man keine neuen Tricks mehr beibringen." Aber Menschen sind keine Tiere, obwohl sie vieles mit jenen gemeinsam haben. Sie haben gegenüber anderen Lebewesen viele Vorteile; der wichtigste ist der freie Wille. Menschen sind nicht gezwungen, veraltete Gewohnheiten beizubehalten; sie zu ändern kann jedoch eine schwere Aufgabe sein. Mit Zielstrebigkeit und mit Hilfe des Höheren Bewußtseins wird es mit Sicherheit gelingen. Erst dann ist es möglich, Kinder so erziehen, daß die ihnen angeborenen Fähigkeiten und Charakterzüge erblühen dürfen und nicht von den Vorstellungen ihrer Erzieher überlagert werden.

Eltern, Lehrer und auch alle anderen Autoritätspersonen sollten sich ihrer äußerst wichtigen Rolle als Erzieher bewußt sein, denn eine weltweite Bewußtseinsveränderung wird nur durch entsprechende Kindererziehung möglich. Kinder sind die zukünftigen Bürger eines Staates. Die Welt setzt sich aus Staaten zusammen, aus Organisationen und Familien, die alle aus Einzelpersonen bestehen.

Versuchen Erwachsene aufrichtig, in ihrem eigenen Leben die altbewährten, menschlichen Werte zu verwirklichen, können sie dieses Erbe, das in den verschiedenen alten Lehren beschrieben wurde, an die ihnen anvertrauten Kinder weiter-reichen. – Beziehe ich mich hier auf die alten Lehren, so meine ich die ursprüngliche Wahrheit, die von erleuchteten Lehrern, Weisen und Sehern über Jahrhunderte empfangen wurde. Diese Wahrheit ist jedoch unter den Schichten der von Menschen hinzugefügten Ausschmückungen nicht mehr sichtbar. Leider sind die verschiedenen Glaubenslehren auf der Grundlage dieser verzerrten Wahrheit entstanden und werden heute stark erschüttert oder sind bereits zerstört. Diese Entwicklung entspricht jedoch der kosmischen Ord-nung, denn nur durch Zerstörung kann die ursprüngliche Wahrheit wieder gefunden und zeitgemäß angewandt werden. Die Shiva- (oder Zerstörer-) Energie ist am Werk. Alte, erstarrte Maßstäbe werden vernichtet, um Platz für neue zu schaffen. Ähnlich wie ein Feld umgepflügt werden muß, damit frischer Samen für eine neue Ernte gesät werden kann. Wir leben gegenwärtig in einer Übergangszeit und beobach-ten den schnellen Verfall vieler alter, uns vertrauter Muster. Sie bedeuten für uns Sicherheit, aber noch sind keine klaren Anzeichen neuer Strukturen erkennbar, welche die alten ersetzen könnten.

Nur wenige Menschen fühlen sich in nicht vertrauten Situationen wohl. Den meisten fehlt die Erfahrung, mit Ungewohntem umzugehen; Angst befällt sie. Niemand fühlt sich gerne verloren oder unzulänglich. Unsere heutige Zeit ist für Menschen, die sich der ständigen Veränderung bewußt sind, problematisch und verwirrend. Alle Lebewesen suchen Führung und Anleitung, um sich geborgen zu fühlen. Manche jedoch versuchen sich dieser Vorschriften zu entledigen und möchten ohne Beschränkung leben. Diese Rebellion führt unweigerlich ins Unglück, so wie ein unkontrollierbar gewor-denes Fahrzeug führungslos zerschellen wird.

Sollen neue Verhaltensmuster eingeführt werden, müssen zuerst die alten, unpassenden aufgegeben werden. Deshalb schlage ich jungen Ehepaaren, die eine Familie gründen wollen, vor, die in meinem ersten Buch beschriebenen Übungen durchzuarbeiten, ehe sie sich auf das Wagnis der Elternschaft einlassen.

Zuerst sollte die von Generation zu Generation weitergegebene Kettenreaktion negativer Konditionierung, die oft die innere Reifung verhindert, durchbrochen werden. Die Bibel drückt das klar aus: ". . . der die Missetat der Väter heimsucht an Kindern und Kindeskindern bis ins dritte und vierte Geschlecht." Kinder ahmen entweder ihre Eltern nach oder rebellieren gegen sie, ihr Verhalten oder ihre Lehren. Beide Reaktionen jedoch verhindern ihre freie Entfaltung und beeinträchtigen ihre Entwicklung.

Für werdende Eltern ist es unbedingt erforderlich, die inneren Bande zu ihren eigenen Eltern, Ersatzeltern oder anderen Autoritätspersonen zu lösen. Erst dann werden sie frei sein für die Verbindung mit dem Höheren Bewußtsein und aus dieser inneren Quelle Weisung und Führung empfangen und nicht aus äußeren Quellen, die mit ihren Hoffnungen, Ängsten, Gewohnheiten und Zielen verbunden sind.

Techniken dieser Methode

Bindungen an die Eltern lösen

Bevor die Bindungen zu den Eltern gelöst werden, sollte als erstes das eigene, innere Territorium abgegrenzt und geschützt werden, um Einmischung, Kontrolle oder Druck von außen zu verhindern. Durch Übung mit der 'Acht' wird dies erreicht (ausführlich beschrieben in 'Die inneren Fesseln sprengen'). Ich weise meine Klienten an, auf dem Boden um sich herum einen goldenen Kreis mit dem Radius des zur Seite ausgestreckten Armes zu visualisieren. Dieser Kreis steckt die Grenzen des heiligen Bodens oder – wie ihn die Griechen nannten – des 'temenos' ab. Sollte der Betreffende sehr verletzbar sein, zieht er in seiner Vorstellung diesen Kreis zu einem Zylinder aus goldenem Licht so weit nach oben, bis er sich geborgen und beschützt fühlt. Dann visualisiert er, unmittelbar an seinen eigenen Kreis angrenzend, einen zweiten goldenen Kreis gleicher Größe, in dem sich ein Elternteil befindet. Beide Kreise berühren sich, ohne sich zu überschneiden. Man kann erkennen, daß sie zusammen die Form einer Acht bilden. Diese beiden Kreise allein verhindern jedoch noch nicht mögliche Übergriffe des Elternteils in das eigene Territorium oder umgekehrt. Um sich von gegenseitiger Beeinflussung zu befreien, stellt sich der Betreffende ein blaßblaues Neonlicht vor, das am Berührungspunkt der beiden Kreise zuerst im Uhrzeigersinn um den gegenüberliegenden Kreis, in dem sich der Elternteil befindet, zu fließen beginnt. Es fließt zum Berührungspunkt der beiden Kreise zurück, dann links hinter dem Rücken des Visualisierenden vorbei auf die rechte Seite, um wieder zu dem Berührungspunkt der Kreise zu gelangen. Auf diese Weise umfließt das neonblaue Licht für einige Minuten das Symbol der Acht. Es zieht, wie ein Magnet, die Projektionen beider Menschen in ihren eigenen Bereich zurück, so daß jeder der beiden ausschließlich sein eigenes Territorium besetzt; ähnlich wie zwei einander umschlingende Polypen sich vom Zugriff ihrer Fangarme lösen.

Diese Übung sollte zwei Wochen lang täglich für zwei Minuten kurz nach dem Erwachen und kurz vor dem Einschlafen, und wenn möglich auch während des Tages, ausgeführt werden.

Gleichzeitig sollten zwei Listen angefertigt werden, auf denen für jeden Elternteil sowohl die negativen als auch die positiven Eigenschaften aufgeführt werden. Dadurch wird ersichtlich, wo das vorgelebte Verhalten nachgeahmt und wo dagegen rebelliert wurde. Werden diese Eigenschaften nicht klar umrissen, ist es schwierig zu erkennen, wo Korrekturen im eigenen Verhalten angebracht sind.

Nach der zweiwöchigen Vorbereitungszeit können die einengenden Bindungen gelöst werden. Das geschieht mit Hilfe der 'Pubertätsriten' (ausführlich beschrieben in 'Die inneren Fesseln sprengen'). In diesem Ritus visualisiert oder erfühlt die betreffende Person eine oder mehrere Bindungen an den jeweiligen Elternteil, die dann mit Hilfe des Höheren Bewußtseins geistig gelöst und vernichtet werden. Nach dieser inneren Befreiung dankt der Betreffende dem Elternteil für alles, was er durch ihn bekommen hat, und bittet für alles Unrecht um Verzeihung, das er seinem Vater bzw. seiner Mutter zugefügt hat. Dann bittet der Visualisierende das

Höhere Bewußtsein darum, dem Elternteil alles Unrecht zu verzeihen, das er ihm zugefügt hat, und entläßt ihn mit seinem Segen aus dem eigenen inneren Raum. Nach einer solchen Befreiung ist es leichter, eine direkte Verbindung zum Höheren Bewußtsein, das die einzige wirkliche Autorität darstellt, aufzunehmen. Ein rituelles Bad, in dem alle Schichten des elterlichen Einflusses abgewaschen werden, vervollständigt den Ritus.

Für die Befreiung von jedem Elternteil oder Erziehungsberechtigten, der für die frühkindliche Konditionierung oder Programmierung verantwortlich gewesen ist, sollte ein separater Befreiungsritus vollzogen werden. Durch diese Methode wird der Visualisierende von alten, aufgezwungenen Mustern, die seine wahrhafte Persönlichkeitsentfaltung verhindern, befreit.

Nur wenn werdende Eltern die Ablösung von ihren eigenen Eltern vollzogen haben, können sie ihre Kinder zu reifen Menschen erziehen. Sie werden dann ihre eigenen Hoffnungen, Erwartungen, Vorlieben und andere ererbte Muster nicht auf ihre Kinder projizieren, wie das viele Eltern gewöhnlich tun.

Menschliche Wesen haben im Gegensatz zu Tieren einen freien Willen und das Recht, sich entweder für einen langsamen, evolutionären Weg zu entscheiden oder sich von ihren Schwächen und Fehlern zu trennen. Sich von vergangenen Fehlern zu lösen bedeutet, sich für ein sinnvolleres Leben unter der Führung des Höheren Bewußtseins zu entscheiden.

Es gibt noch viele andere, hilfreiche Methoden für werdende Eltern. Ich habe sie in meinem ersten Buch ausführlich behandelt. Daher werde ich sie hier nur kurz anschneiden und empfehle im übrigen, sie dort nachzulesen.

Der Baum

Die Baumübung ermöglicht werdenden Eltern, mit ihren eigenen inneren Kosmischen Eltern in Verbindung zu treten. Sie verkörpern das Höhere Bewußtsein. Da sehr viele Menschen zu ihren Eltern oder einem Elternteil eine unglückliche Beziehung hatten, empfinden sie das Wahrnehmen ihrer eigenen inneren Eltern als ungeheure Wohltat und Stütze. Viele Menschen haben von ihren Eltern niemals wirklich Liebe empfangen noch haben sie gelernt, Liebe zu geben. Wenn sie aber mit den liebenden inneren Eltern in Verbindung treten, erfahren sie die so lang ersehnte Liebe und sind dann auch in der Lage, sie weiterzugeben.

Negative Emotionen

Sich mit Hilfe verschiedener Techniken von negativen Emotionen wie Angst, Wut, Schuld, Eifersucht, Neid und vielem anderen mehr zu befreien ist eine ausgezeichnete Vorbereitung darauf, Kinder verantwortlich zu erziehen. Wenn die Ursache negativer Emotionen nicht erkannt und überwunden wurde, können Kinder in ihren Eltern oft unangenehme Reaktionen auslösen, was dazu führen kann, daß Eltern über Nichtigkeiten in Wut geraten und diese dann an ihren Kindern auslassen. Den wirklichen Grund für einen solchen übertriebenen Ausbruch können die Kinder natürlich nicht erkennen.

Das innere Haus

Das innere Haus in Ordnung zu bringen ist eine sinnvolle und hilfreiche Aufgabe, denn es symbolisiert die Persönlichkeit. Die einzelnen Räume stellen ihre verschiedenen Aspekte dar. Gleichzeitig kann auch das tatsächliche Haus, in dem man lebt, gesäubert und in Ordnung gebracht werden. Die Botschaft an das Unbewußte wird dadurch verstärkt.

Das innere Kind

Es ist äußerst wichtig, das innere Kind zu identifizieren, sich seiner Bedürfnisse anzunehmen und ihm Liebe und Aufmerksamkeit zu schenken, damit dieser Teil der Persönlichkeit sich altersgemäß weiterentwickeln und sich der erwachsenen Persönlichkeit angleichen kann. Geschieht das nicht, ist ein Konflikt zwischen dem inneren Kind der Eltern und dem äußeren, physischen Kind, dem sie das Leben schenken wollen, sehr wahrscheinlich.

Die schwarze Wolke

Wird eine schwarze Wolke als negativer Einfluß über einer der elterlichen Familien vermutet, sollte sie unter allen Umständen, noch ehe das Kind geboren wird, aufgelöst werden. Diese negativen, ererbten Erinnerungen können jederzeit wieder durch ein Ereignis, das das entsprechende Familientrauma wachruft, aktiviert werden.

Für werdende Eltern ist es sehr hilfreich, die oben ange-
führten Techniken und Übungen gründlich durchzuarbeiten,
um auftretende Probleme bei der Kindererziehung besser
lösen zu können. (Siehe dazu: Phyllis Krystal, 'Die inneren
Fesseln sprengen')

Folgen wir klaren Leitlinien, fühlen wir uns im täglichen
Leben sicherer. Das ist einer der Gründe, warum veraltete
Sitten weiterleben, zu sinnlosen Regeln entarten und auf das
heutige Leben kaum noch anzuwenden sind. Kinder lernen
leichter und schneller durch Beispiele als durch Worte. Leben
Eltern nach hohen moralischen Maßstäben, werden Kinder
die Maßstäbe der Eltern höchstwahrscheinlich annehmen.
Reden Eltern dagegen anders als sie handeln, spüren Kinder
schnell diese Inkonsequenz und werden konfus.

Als Kind soll ich bereits in sehr jungen Jahren meiner
Mutter gesagt haben: "Du sagst mir, ich soll nicht lügen. Du
lügst aber ständig selbst. Das ist nicht richtig." Eine solche
Reaktion ist typisch für kleine Kinder, die noch nicht zu
gehemmt sind, um sich frei auszudrücken. Es ist einfach,
andere zu belehren, aber das reicht nicht aus. Kinder brauchen für ihre Erziehung beispielgebendes Verhalten und Handeln. Nicht jeder Lehrer wird so hohen Anforderungen
gerecht. Aus diesem Grund ist es wichtig, zwischen jenen zu
unterscheiden, die nur von der Wahrheit sprechen, und anderen, die nach der Wahrheit handeln.

Sathya Sai Baba

Viele Jahre nach Beginn meiner Beratungsarbeit hörte ich von dem Weltenlehrer Sathya Sai Baba. Er lebt in Südindien und wurde 1926 in einem kleinen, entlegenen Dorf geboren. Still unterrichtet er geduldig all jene, die bereit sind, seine Botschaft zu hören. Sie gründet auf selbstloser Liebe, so wie die Botschaft Jesu und anderer geistiger Lehrer. – Seit 1972, als ich zum erstenmal von ihm erfuhr, habe ich ihn oft in Indien besucht und konnte ihn in verschiedensten Situationen unter Tausenden von Menschen beobachten.

Kein gewöhnliches menschliches Wesen könnte auch nur einen Bruchteil dessen erledigen, was er täglich, Jahr für Jahr vollbringt. Jeder Tag bedeutet eine übermenschliche Leistung, die er in ruhiger, heiterer Gelassenheit und vor allem mit unermeßlicher Liebe vollbringt. Sai Babas Leben ist seine Botschaft. Das ist sicherlich wahr. Seinen Einfluß zu erfahren bedeutet, das eigene Leben in Einklang zu seinen Lehren zu bringen. Auf diese Weise können wir all den Menschen, die nach Führung suchen, ein gutes Beispiel geben.

In seiner Weisheit erkennt Sathya Sai Baba, daß wir alle gewissenhaft und klar wie Kinder schrittweise unterrichtet werden müssen. Aus diesem Grund entwickelte er verschiedene Programme, um das eigene Leben in Einklang mit seinen Lehren bringen zu können.

Besonders heute bedürfen wir vernünftiger Regeln oder eines Vorbildes, nach dem wir unser Leben ausrichten können. Nur so können wir abschätzen, wie weit wir uns von dem gewählten Vorbild entfernt haben. Nur mit Hilfe eines gültigen Konzeptes können wir feststellen, ob sich unser Leben noch im Einklang mit diesen Lehren befindet.

Sri Sathya Sai Babas einfaches und klares Programm erwies sich nicht nur für mich persönlich als hervorragend anzuwendende Lehre, sondern auch für die vielen Menschen, mit denen ich individuell oder in Gruppen zusammenarbeitete. Sai Babas Lehren helfen allen, die an sich arbeiten wollen, allmählich zu entdecken, wer sie wirklich sind. Mit unseren Gewohnheiten, Wünschen und Rollen verdecken wir unser wahres Selbst nicht nur vor uns selbst, sondern auch vor anderen.

Ich werde Sathya Sai Babas Lehren hier umreißen, um zu zeigen, wie Menschen ihr eigenes Leben gestalten und ihre Kinder erziehen können. Ich möchte jedoch keinesfalls den Eindruck erwecken, als ob es nur diesen einen, Sai Babas Weg gäbe. Wichtig ist, eine gültige Idee zu finden und sie erfolgreich anzuwenden.

Falls Sie mehr Einzelheiten über Sathya Sai Baba und seine Lehre erfahren möchten, kann ich Sie auf die vielen Bücher verweisen, die sich nur mit seiner Lehre befassen, und auf andere, in denen seine Schüler eigene Erfahrungen beschrieben haben.

Sai Baba lehrt, daß die Liebe die wichtigste und wirkungsvollste Kraft des Universums ist. Ein von ihm oft zitierter Ausspruch illustriert diese Botschaft: "Beginne den Tag mit Liebe, verbringe den Tag mit Liebe, erfülle den Tag mit Liebe und ende den Tag mit Liebe. Dieser Weg führt zu Gott." Das klingt wunderschön, und wir stimmen eigentlich damit überein. Aber leben wir auch danach, wenigstens gelegentlich während des Tages? Wir rechtfertigen uns damit, zu beschäftigt zu sein; das Leben sei zu hektisch, wir vergäßen es einfach. Das sind alles nur Entschuldigungen. Lebten wir Liebe auch nur gelegentlich, von Zeit zu Zeit, so würden wir langsam feststellen, daß unser Leben allmählich, fast unmerklich, ruhiger und entspannter wird. Auch hätten wir plötzlich viel mehr Zeit, als wir jemals für möglich gehalten haben.

Sai Baba rät uns auch, alles, was wir tun, als einen Dienst an Gott zu betrachten. Wird eine unangenehme oder erniedrigende Arbeit von uns verlangt, sollten wir sie als ein Geschenk an die universelle Kraft Gottes darbringen. Helfen wir einem anderen Menschen, so sollten wir es weder untertänig noch gönnerhaft tun, auch nicht voll Groll oder erzwungenermaßen, sondern wir sollten den anderen Menschen als eine Manifestation Gottes betrachten, denn das ist die Wahrheit, auch wenn sie oft unter einer unerfreulichen Persönlichkeit vergraben liegt.

Sathya Sai Baba befürwortet auch nicht die alleinige Anwendung von Techniken und Ritualen. Er empfiehlt statt starrer Meditationsprogramme, Gebete oder anderer Praktiken, den ganzen Tagesablauf als Meditation zu betrachten. Bei einem meiner Besuche materialisierte Sai Baba mir eine 'japamala', eine Art Rosenkranz. Sie besteht aus 108 Kristallperlen. Als ich ihn fragte, ob ich sie zur Meditation benutzen solle, antwortete er: "Nein, der ganze Tag sollte Meditation sein."

Erziehung in menschlichen Werten

Sathya Sai Babas Programm zur Erziehung in menschlichen Werten (EHV = Education in Human Values) ist sowohl für Eltern und Lehrer als auch für Kinder jeden Alters sinnvoll. Bereiten sich Eltern auf ihre Elternschaft vor, können sie an dieser Lehre ihren Lebensstil messen.

Die Grundsätze dieser Lehre sind Wahrheit, Rechtes Handeln, Friede, Liebe und Gewaltlosigkeit. Diese Auflistung mag auf den ersten Blick recht einschüchternd wirken. Schlüsselt man diese Prinzipien jedoch auf, erweisen sie sich als ausgesprochen sinnvoll, um Kinder und Erwachsene zu einem erfüllten Leben zu führen.

Eltern und Lehrer werden diese Begriffe selbstverständlich nicht sofort in die Praxis umsetzen können. Es braucht Zeit, alte und negative Gewohnheiten, Einstellungen, Gedanken und Emotionen aufzulösen, um positiveren Platz zu machen. Damit diese Aufgabe nicht zu erdrückend wird, sollte immer nur ein kleiner Schritt gemacht werden.

In meiner Beratungsarbeit wende ich eine sehr geeignete Methode an, die einzelnen Schritte zu vereinfachen. Ich schlage meinen Klienten vor, bunte Karten oder buntes Papier zu kaufen. Jeweils eine Karte entspricht einem der oben aufgezählten Grundsätze. So könnte beispielsweise die rote Karte Liebe bedeuten, die weiße Karte Wahrheit, die blaue Friede, die gelbe Rechtes Handeln und die grüne Gewaltlosigkeit.

Es ist hilfreich, sich für jeden einzelnen Wertbegriff eine Woche Zeit lassen. Danach können die einzelnen Grundsätze nach Bedarf wiederholt werden. Täglich sollte auf der jeweiligen Karte vermerkt werden, ob der entsprechende Grundsatz tagsüber verwirklicht wurde oder nicht. Diese Bestandsaufnahme zeigt sehr deutlich, inwieweit diese Prinzipien im täglichen Leben erfolgreich angewandt wurden. Ein bloßes Lesen oder Hören dieses Programmes genügt nicht. Es muß angewandt und in die Tat umgesetzt werden, um die Veränderungen im eigenen Innern im täglichen Leben nachzuvollziehen. Nur so können die Lehren in die verschiedenen Ebenen einsinken und verbleiben nicht nur im Kopf.

Wahrheit

In der ersten Woche könnte beispielsweise der Begriff Wahrheit unter die Lupe genommen werden. Bleiben Erwachsene, die für Kindererziehung verantwortlich sind, nicht bei der Wahrheit, wie können sie dann von den Kindern erwarten, wahrheitsliebend zu werden? Es gibt neben den offensichtlichen Aspekten wie Aufrichtigkeit und Ehrlichkeit viele andere, die auch zum Begriff Wahrheit gehören. Gedanken, Geisteshaltung, Worte und Taten sollten an diesem Wert gemessen werden, damit sie zu einer Einheit verschmelzen, die sich auf Wahrheit gründet.

Rechtes Handeln

Es ist schwierig das Sanskritwort dharma mit einem einzigen Wort zu übersetzen. Die zutreffendste Übersetzung ist höchstwahrscheinlich 'Rechtes Handeln'. Dharma bedeutet, die einem Menschen oder einer Sache innewohnende Natur, das ihm/ihr innewohnende Wesen, das ihn/sie zu dem macht, was er/sie ist, sein/ihr elementares Wesen oder Aroma, das 'So-Sein'. Jede Glocke hat ihren eigenen Ton, jede Blume ihren eigenen Duft, jede Frucht ihren eigenen Geschmack. Ein Granatapfel kann nicht wie ein Apfel schmecken. So kann auch nicht das Dharma eines Menschen das eines Hundes, eines Schmetterlings oder das einer Eiche sein. Noch kann die persönliche Aufgabe eines Menschen die eines anderen sein.

Jeder und alles in der Welt trägt einen göttlichen Funken in sich, der mit einer bestimmten körperlichen Form bekleidet und umhüllt wurde und sich so manifestiert. Ähnlich wie Elektrizität, die durch verschiedene Vorrichtungen und Wege geleitet wird, um bestimmte Wirkungen hervorzurufen.

Elektrizität wärmt durch ein Heizkissen oder einen Ofen. Sie kühlt durch einen Kühlschrank, Ventilator oder ein Kühlsystem, usw. Die universelle Kraft Gottes manifestiert sich in der Welt durch die Vielzahl der Dinge, Mineralien, Pflanzen, Tiere und menschlichen Wesen. Wir Menschen sollten uns darum bemühen, daß sich diese Kraft auch in unserem Leben ausdrücken kann, denn nur wir allein haben den freien Willen, uns zu entscheiden. Dies bedeutet allerdings, unsere wahre Identität dem Höheren Bewußtsein zu übergeben, seinen subtilen Anweisungen zu folgen und unser Leben nicht mehr von den fünf Sinnen, unseren unzähligen Bindungen und Wünschen, beherrschen zu lassen.

Werden wir innerlich vom Höheren Bewußtsein geleitet oder beginnen wir gemäß dem 'Rechten Handeln' zu leben, werden wir feststellen, daß wir stets zur richtigen Zeit am richtigen Ort sein werden und aus richtigem Anlaß richtig handeln.

Um innerlich geführt zu werden, ist es notwendig, das Höhere Bewußtsein zu bitten, sich durch uns auszudrücken, denn nur so können wir 'Rechtes Handeln' in unserem Leben verwirklichen. Nur so können wir auch die zur Gewohnheit gewordene und von unserem Ego bestimmte Lebenseinstellung, die heute so vorherrschend ist, ablegen.

Ich beginne jeden Tag mit der Bitte an das Höhere Bewußtsein, durch mich zu denken, zu sprechen, zu fühlen und zu handeln und das Mantra 'Aufgeben, Vertrauen und Annehmen' nicht zu vergessen. Durch diese tägliche Übung kann ich leichter 'Rechtes Handeln' in meinem Leben verwirklichen.

Beginnen wir den Begriff Wahrheit zu verstehen, folgt daraus ganz natürlich 'Rechtes Handeln'. Werden uns diese beiden Begriffe vertraut, so werden Friede, Liebe und Gewaltlosigkeit wie selbstverständlich in unser Leben einfließen.

Friede

In-Frieden-Sein bedeutet, vom Höheren Bewußtsein geleitet zu werden. Kommen wir zur Ruhe und überlassen dem Höheren Bewußtsein die Führung, so werden wir nicht von Zweifeln, Unschlüssigkeit und den vielen Wünschen heimgesucht, die nur Streß und Unruhe verursachen. In der heutigen Zeit werden wir ständig vom Fernsehen und der Reklame verführt, unseren Frieden nur in Besitz und Tätigkeit zu suchen, anstatt in uns selbst. Suchen wir fieberhaft nach dem erhofften Frieden, werden wir feststellen, daß wir das Gegenteil finden.

Liebe

Sind wir ernsthaft bemüht, nicht von unserem Ego, sondern vom Höheren Bewußtsein motiviert zu werden, werden wir mit unserer Wahrhaftigkeit in immer engere Verbindung treten, denn ihre wahre Natur ist Liebe. Liebe werden wir dann in unseren Gedanken, Worten und Taten ausdrücken. Ich zitiere Sai Baba: "Liebe als Gedanke ist Wahrheit. Liebe als Tat ist Rechtes Handeln. Liebe als Gefühl ist Friede. Liebe als Verstehen ist Gewaltlosigkeit oder Friedfertigkeit."

Gewaltlosigkeit

Gewaltlosigkeit bedeutet, niemandem durch Gedanken, Worte oder Taten bewußt wehzutun oder zu schaden. Gewaltlosigkeit hat aber eine viel größere Bedeutung, als allgemein angenommen. Sie beinhaltet nicht nur Vegetarismus und das majestätische Darbieten der anderen Wange, sondern auch die Sorge um und die Rücksichtnahme auf unseren Planeten und seine Lebensformen.

Begrenzen der Wünsche

Sathya Sai Babas Lehre zur Begrenzung von Wünschen ist eine weitere sinnvolle Hilfe für werdende Eltern, ihren Lebensstil neu zu überdenken, ehe sie andere Seelen einladen, ihr Leben mit ihnen zu teilen. In folgenden vier Bereichen ist es nach Sai Babas Lehre notwendig, Verschwendung zu vermeiden: Geld, Nahrung, Zeit und Energie.

Sathya Sai Baba unterbreitete dieses Programm, um Familien zu helfen, das Beste aus den ihnen zur Verfügung stehenden Mitteln zu machen. Wird auch nur auf einem Gebiet verschwendet, leidet die Familie unter vermindertem Lebensstandard.

- Wird das zur Verfügung stehende Geld nicht gut angelegt, verfügt die Familie nicht über die lebensnotwendigen Mittel.

- Werden Nahrungsmittel verschwendet oder enthalten sie nicht die notwendigen Nährstoffe, kann die Familie nicht stark und gesund werden.

- Wird Zeit nutzlos vertan, leiden die Kinder unter dem Mangel an elterlicher Zuwendung und können sich ihres eigenen Wertes nicht bewußt werden.

- Verschwenden Eltern ihre Energie in Emotionen wie Angst, Ärger, Neid und Eifersucht oder schwächen sich durch Süchte wie Alkohol, Drogen, Zigaretten, Spielleidenschaft und durch eine Unmenge anderer zerstörerischer Eigenschaften, bleibt ihnen nur wenig Energie für die Bedürfnisse ihrer Kinder und für die so wichtigen gemeinsamen Familienunternehmungen.

(Über Sri Sathya Sai Baba ist von Phyllis Krystal das Buch erschienen: 'Sai Baba. Ziel aller Reisen' (Sai Baba – The ultimate experience), zu beziehen über Sathya Sai Baba Buchzentrum, Grenzstraße 43, D-63128 Dietzenbach.

Ebenso eine von Sai Babas Anhängern herausgegebene Broschüre zum Thema dieses Kapitels mit dem Titel: Vorschläge zur Arbeit mit dem Programm 'Ceiling on Desires'; Beiträge zum Thema 'Begrenzung der Wünsche'.)

Vorbereitung auf die Elternschaft

Motive

Die Erziehung eines Kindes beginnt bereits vor der Geburt. Deshalb ist es sinnvoll, daß Eltern ihre wahren Beweggründe, warum sie sich eigene Kinder wünschen, erforschen. Selbstverständlich beziehe ich mich hier nicht auf ungewollte oder zufällige Schwangerschaften. Zu wenige junge Menschen haben klare Beweggründe für eine bevorstehende Elternschaft, und viele werden gegen ihren Willen durch ihre Familie in diese Rolle gedrängt, um konventionelle Erwartungen zu erfüllen. Häufig entsprechen diese jungen Menschen nur dem Verlangen ihrer Eltern nach Enkelkindern, um Schuldgefühle zu vermeiden.

Manche Paare wünschen sich ein Kind, um ihre angeschlagene Beziehung zu kitten. Andere wiederum wünschen sich jemanden, den sie lieben können oder dem sie die Liebe schenken können, die sie vom Partner nicht bekommen.

Viele Menschen wünschen sich einen Erben für ihr Vermögen oder ihren Besitz, einen Nachfolger für den Vater nach seinem Ausscheiden aus der Firma oder nach seinem Tod, und manche Paare wünschen sich Kinder als Vorsorge für ihr Alter. All diese Erwartungen verhindern, daß ein Kind sein eigenes Leben führen kann.

Es gibt noch viele andere Beweggründe, die wie die oben genannten selbstsüchtig sind und kaum auf das Wohlergehen des neuen Erdenbürgers Rücksicht nehmen. Der bewußte Entschluß eines Paares, ein Kind zu bekommen, ermöglicht einer Seele, wieder in die Welt einzutreten, um Versäumtes nachholen und negative Energien vergangener Leben aufzuarbeiten. Denken Paare nur an das winzige Baby, wenn sie sich ein Kind wünschen, so sollten sie nicht vergessen, daß dieses Baby nicht ewig klein bleiben wird. Es trägt den Samen zur eigenen Persönlichkeit in sich, der durch ihre Liebe und Sorge zu sprießen und zu blühen beginnt.

Sathya Sai Baba lehrt, daß sowohl die menschliche Geburt als auch die Elternschaft ein großes Privileg ist. Das sollte der erste und wichtigste Beweggrund sein, diese außerordentliche Verantwortung auf sich zu nehmen.

Vorbereitung auf die Geburt eines Kindes

Eine überlieferte Theorie besagt, daß eine Seele, die im Begriff ist, wieder in die Erdenwelt einzutreten, magnetisch von einem sich entwickelnden Embryo angezogen wird, der von Eltern gezeugt wurde, deren Lebensumstände den Bedürfnissen der Seele am geeignetsten erscheinen, um vergangenes Karma aufzuarbeiten. Daraus kann geschlossen werden, daß werdende Eltern bis zu einem gewissen Grad durch ihre Charaktere, Lebenseinstellung, Lebensweise und durch ihre Motive zur Elternschaft Einfluß nehmen auf die Wesensart des Kindes, das sie anziehen. Der ernst empfundene Wunsch nach Elternschaft ist dem willkürlichen somit vorzuziehen.

Die Verantwortung für die Erziehung eines Kindes zu übernehmen sollte gut vorbereitet werden. Da das Kind von seiner Umgebung abhängig ist, sollten Eltern diese Umgebung so harmonisch wie möglich gestalten. Ich meine damit nicht nur die materiellen Faktoren wie Reichtum, Position und äußere Vorteile, sondern auch die Einstellung zur Geburt des Kindes und die liebevolle Fürsorge, die dem Kind die notwendige Sicherheit während des Säuglingsalters und der Kindheit gibt.

Viele Paare, mit denen ich arbeitete, trafen sorgfältige Vorbereitungen für die Ankunft ihrer Kinder. Einige ergriffen diese neue Verantwortung sogar als Gelegenheit, sich selbst, ihre Beziehung zueinander und ihr gemeinsames Leben zu überprüfen und zu versuchen, all diese Faktoren so günstig wie möglich für das erwartete Kind zu gestalten.

Wieder andere Paare beten, um sich auf die Ankunft des erwarteten Kindes richtig vorzubereiten, und bitten um Träume und Hinweise. Manche Eltern sprechen während der Schwangerschaft täglich mit dem Fötus und versichern ihm, gute Eltern werden zu wollen. Dabei fügen sie den ganz besonders wichtigen Satz hinzu, daß sie sich über einen Jungen und über ein Mädchen gleichermaßen freuen werden.

Ich freue mich immer, wenn Eltern keine besondere Vorliebe für eine Tochter oder einen Sohn haben. Lebhaft erinnere ich mich noch, wie ich während meines Krankenhausaufenthaltes nach der Geburt meiner Töchter Aufschreie im Nebenzimmer hörte. Fragte ich nach dem Grund, wurde mir jedesmal erklärt, die Mütter seien über das Geschlecht ihres Kindes sehr enttäuscht und nicht bereit, es zu akzeptieren. Damals war ich entsetzt und fragte mich, welche Wirkung diese unmittelbare Ablehnung auf das Kind wohl haben würde. Später erfuhr ich von Menschen, mit denen ich arbeitete, wie negativ gerade diese Ablehnung auf ihr gesamtes Leben gewirkt hatte.

Der ausgesprochene Wunsch nach einem Jungen oder Mädchen steht im direkten Gegensatz zu dem Gebot: "Dein Wille geschehe." Dieser Wunsch wird vom Ego und nicht vom Höheren Bewußtsein gesteuert und verhindert das Einssein mit Gott. Die Entwicklung der Seele der Eltern macht also einen Rückschritt.

Um dem Kind einen guten Start im Leben zu sichern, ist es wichtig, die Gesundheit und die Angewohnheiten der Eltern, besonders aber der werdenden Mutter zu prüfen. Viele Ärzte warnen vor den gesundheitsschädigenden Auswirkungen von Tabletten, Tabak, Alkohol usw. auf den sich entwickelnden Embryo, und ein gesunder Menschenverstand lehnt den Verzehr von Suchtmitteln von vornherein ab, denn der Embryo nimmt das auf, was die Mutter einnimmt.

Über die verheerenden Wirkungen von Drogen kann man lesen oder Filme und Videos sehen. Wird beispielsweise ein Kind geboren, dessen Eltern von Heroin, Kokain oder anderen Drogen abhängig sind, wird das Kind höchstwahrscheinlich süchtig zur Welt kommen. Es ist herzzerreißend zu erleben, wie neugeborene Kinder bereits unter Entzugserscheinungen leiden, ganz abgesehen von den noch ernsteren ererbten Problemen.

In allen Kulturen gibt es die sogenannten Altweibergeschichten, die das Verhalten während der Schwangerschaft beeinflussen. Einige sind wahr und sollten befolgt werden, andere wiederum sind längst überholter Aberglaube. Gesunder Menschenverstand ist hier der beste Führer. Wissenschaftliche Erkenntnisse muß man deswegen aber nicht vernachlässigen. Heute gibt es unzählige Möglichkeiten, sich darüber zu informieren. Außerdem werden in jeder Stadt Geburtsvorbereitungskurse für Paare angeboten, die Ängste beseitigen helfen. Gerade während der ersten Schwangerschaft sind diese Kurse von unschätzbarem Wert. Je besser die Eltern auf die Geburt vorbereitet sind, desto ruhiger sind sie. Die gemeinsame Wahl des Arztes oder der Hebamme beruhigt ebenfalls. Immer mehr Frauen entscheiden sich für eine natürliche Geburt, und erfreulicherweise treten heute auch viele Ärzte dafür ein. In den meisten Kliniken bekommt das Neugeborene nach der Geburt ein warmes Bad oder auch leichte Massagen mit Öl, um ihm die erste Zeit außerhalb der Sicherheit und Wohlbehütetheit des Mutterleibes zu erleichtern. In England ist es in den Krankenhäusern heute allgemein üblich, den Müttern zu gestatten, ihr neugeborenes Kind in einem Bettchen neben sich zu haben. Die erste Trennung von Mutter und Kind ist auf diese Weise weniger traumatisch.

Über die neuesten Methoden nachgeburtlicher Betreuung von Säuglingen gibt viele ausgezeichnete Bücher und Filme, die man ausleihen oder kaufen kann, um Antworten auf die vielen Fragen, die in Zusammenhang mit Schwangerschaft und Geburt auftreten, zu bekommen. Die Ärzte Leboyer und Lamaze sind Vorläufer auf diesem Gebiet.

Die Wahl von Hebamme und Arzt

Die Wahl des Arztes oder der Hebamme ist sehr wichtig. Für die bevorstehenden neun Monate ist es hilfreich, eine ausgeglichene Beziehung zum Arzt oder zur Hebamme zu haben. Für die werdende Mutter ist es besonders wichtig, alle aufkommenden Ängste und beunruhigenden Symptome besprechen zu können.

Die erste Schwangerschaft ist oft anstrengend. Deshalb sollte die werdende Mutter sich Zeit nehmen, einen Arzt ihres Vertrauens zu finden, dank dessen Betreuung sie Ängste und Spannungen abbauen und sich geborgen und sicher fühlen kann. Beim Auftreten von Mißtrauen und Befangenheit ist es besser, den Arzt zu wechseln. Das kurze, unerfreuliche

Unterfangen, die Beziehung zum Arzt zu lösen, ist ein geringer Preis für das gesteigerte Wohlbefinden und die Entspannung der kommenden Monate. Es ist kein Verbrechen, den Arzt zu wechseln. Die Schwangere ist es nicht nur sich selbst, sondern auch dem heranwachsenden Kind, ihrem Ehemann und den anderen Familienmitgliedern schuldig, denn sie alle werden von ihrer inneren Unruhe beeinflußt.

Einwirkungen auf den Säugling

Bindungen des Säuglings

Den Säugling an beide Elternteile zu 'binden' ist der erste
Ritus zwischen Eltern und Kind. In den ersten zwanzig Minuten nach der Geburt kann der Säugling sehen. Die natürliche
Geburt ist allen anderen Methoden einschließlich Anästhesie
vorzuziehen, weil Mutter und Kind bei vollem Bewußtsein
sind. Wird der Säugling so gehalten, daß er direkt in die
Augen seiner beiden Eltern schauen kann, wird die 'Bindung'
vollzogen. Dieser Blickkontakt ist für den Säugling sehr wichtig, denn er vermittelt ihm ein Gefühl der Sicherheit und
Zugehörigkeit in der ihm noch nicht vertrauten Welt, nachdem
er den Schutz und die Wärme des Mutterleibes verlassen hat.

Außer dem Blickkontakt braucht der Säugling noch die Bestätigung, in der Familie willkommen zu sein. Durch warmen Körper-
kontakt und Liebkosen wird ihm gezeigt, daß er sein neues Leben
in Sicherheit beginnt. Dieses Gefühl ist für ihn lebenswichtig. Die
Erfahrung, willkommen und geliebt zu sein, bereitet den Boden für
eine normale Entwicklung. Das von vielen Kindern erfahrene
Gefühl der Abweisung begleitet sie häufig ihr ganzes Leben lang
und führt in vielen Fällen sogar zu einem tragischen Ende.

Namengebung

Die Namengebung ist eine weitere, wichtige Zeremonie für Eltern und Kind. Bis zum Ende seines Lebens erhält der Mensch damit seine Identität. Wie so viele andere Riten hat auch dieser seine tiefere Bedeutung verloren und wird sogar manchmal ganz weggelassen. Irgendwann während der Schwangerschaft bestimmen die Eltern den Namen des Kindes, er wird in die Geburtsurkunde eingetragen, und die Angelegenheit ist damit erledigt.

Früher gab es alte Riten, die eine tiefe Bedeutung hatten. Namen waren sehr wichtig. Durch den Namen unterschied sich das Kind von den anderen Familienmitgliedern, seine Rechte als Individuum waren gesichert. In einigen Kulturen wurden und werden die Namen nach Brauchtum und Sitte gewählt. In Indien beispielsweise werden Kinder oft nach einem Gott benannt, entweder um seinen Segen zu erbitten oder in der Hoffnung, daß das heranwachsende Kind die den Gott verkörpernden Tugenden entwickelt. Auch christliche Familien wählten früher öfter als heute Vornamen wie Konstanze oder Clemens für ihre Kinder, um sie zu ermutigen, diese Tugenden (Beständigkeit, Milde) zu entwickeln. Ebenso wurden auch Namen berühmter Persönlichkeiten aus der Geschichte und Mythenwelt gewählt, in der Hoffnung, das Kind werde ihnen nacheifern. In der jüdischen Kultur wurden Kinder oft nach verstorbenen Verwandten benannt, oder ihnen wurden biblische Namen gegeben; selten jedoch wurden sie nach lebenden Menschen benannt. Andere Kulturen dagegen wählen den Namen ihrer Kinder nach lebenden Verwandten, besonders nach Vater und Mutter. Die vielen 'Juniors' unterscheiden dann den Sohn vom Vater. Der Name kann jedoch auch eine Bürde für das Kind werden, wenn von ihm erwartet wird, dem mit dem Namen verbundenen Ruhm oder Erfolg zu entsprechen.

Bevor sich Eltern für den Namen eines Kindes entscheiden, sollten sie die mögliche Wirkung des gewählten Namens auf das heranwachsende Kind bedenken sowie die Wirkung einer eventuellen Kurzform des Namens. Kinder können grausam sein und andere Kinder wegen ihres Namens hänseln und einschüchtern. Oft wirkt die von Kleinkindern erfundene eigene Version ihres Namens oder der Kosename recht peinlich. Erwachsene werden häufig mit einem lächerlich unangebrachten Namen, der noch ein Überbleibsel aus der Kindheit ist, benannt.

Taufe und Paten

In einigen Kulturen wird der Brauch, das Kind in das religiöse Erbe der Familie einzubetten, immer noch geehrt. In der christlichen Taufzeremonie wird das Kind wieder der Obhut Gottes, aus der es kam, übergeben, und die Eltern versprechen, das Kind in der christlichen Tradition zu erziehen.

In christlichen Familien wählen die Eltern einen Mann oder eine Frau, die oder der das Kind in seiner moralischen und geistigen Entwicklung begleitet. Oft haben diese Paten einen größeren Einfluß auf das Kind als die Eltern, die ab einem bestimmten Alter häufig taube Ohren für seine Belange haben nach dem Motto 'zu große Vertraulichkeit führt zu Verachtung'. Die Patenschaft hat jedoch häufig, wie viele andere alte Sitten auch, ihre ursprüngliche Bedeutung verloren. Aus diesem Grund hat die moralische und geistige Erziehung der Kinder weltweit gelitten.

Kinder lernen durch Beispiel mehr als durch Worte. Eltern und Paten sollten deshalb gewissenhaft auf ihre eigenen Worte, Taten und ihr Verhalten achten, wenn sie von Kindern erwarten, daß sie zu verantwortungsbewußten Erwachsenen heranwachsen.

Auch ist es für Eltern wichtig, im Bewußtsein zu behalten, daß ein Kleinkind ein sich entwickelnder Mensch ist und deshalb nicht ewig als Kind behandelt werden sollte. Deshalb ist es sinnvoll, selbst während der Schwangerschaft Babysprache zu vermeiden. Die Einstellung, mit einem intelligenten Menschen zu sprechen, sollte vorherrschen. Das erleichtert es dem Kind, auch intelligent zu werden, was aber nicht bedeutet, komplizierte Sätze und lange Worte zu formulieren. Die Sprache sollte klar und deutlich sein. Klare Anweisungen verwirren nicht, und dieser Umgang mit dem Kind versichert ihm, von seinen Eltern geehrt und angenommen zu sein.

Eine weit verbreitete Klage vieler Erwachsener ist, daß sie von ihren Eltern immer noch wie Kinder behandelt werden. Dieser Zustand kann ausgesprochen frustrierend sein, und zu ihrem größten Entsetzen verhalten sich diese Erwachsenen auch dementsprechend, sobald sie mit ihren Eltern zusammen sind, selbst wenn sie fest entschlossen waren, nicht in das kindliche Verhalten zurückzufallen. Außerdem empfinden sie sich als Individuum nicht anerkannt. Viel zu viele Menschen beteuern mir immer wieder, niemals wirklich ernstgenommen oder von ihren Eltern wirklich gehört worden zu sein. Sie wurden wie Ableger ihrer Eltern behandelt, gehorchten und lebten nicht ihr separates, individuelles Leben.

Das Geburtshoroskop

Ein astrologisches Geburtshoroskop kann Eltern helfen, etwas über das Wesen ihres neugeborenen Kindes zu erfahren.

In vielen Ländern, hauptsächlich in Asien, wird gleich nach der Geburt des Kindes ein Horoskop erstellt. Es wird wie eine Landkarte betrachtet, in der die Bereiche eingezeichnet sind, die der elterlichen Aufmerksamkeit besonders bedürfen, um voll erschlossen zu werden.

Ein Horoskop, von einem kompetenten Astrologen interpretiert, kann mögliche Charakterzüge, Neigungen, Stärken und Schwächen des neugeborenen Kindes aufzeigen. Zeigt beispielsweise das Horoskop eine ungewöhnlich starke Sensibilität des Kindes, sollten seine Eltern es nicht mit zu großer Strenge erziehen. Auch Talente und besondere Fähigkeiten des Kindes können durch das Horoskop aufgedeckt und gefördert werden, anstatt das Kind nach eigenen, elterlichen Vorstellungen zu formen. Andererseits können aber auch Charakterschwächen des Kindes entdeckt werden, die einer strengen, aber verständnisvollen Korrektur bedürfen.

Astrologie kann sinnvoll sein, wenn der Astrologe gut ist und die Eltern das Horoskop als allgemeinen Abriß der Fähigkeiten des Kindes betrachten und nicht feste Erwartungen in es setzen, und es sollte nicht vergessen werden, daß sich ein Horoskop auf verschiedene Weise erfüllen kann.

Eltern sollten die wichtigste Tatsache nicht vergessen, eine Tatsache, die unnötiges Leid von den Kindern fernhält: Jedes Kind ist ein Individuum mit den ihm eigenen Bedürfnissen, die sich von denen seiner Geschwister und seiner Eltern unterscheiden. Diese Unterschiede werden klar ersichtlich, wenn für jedes Familienmitglied ein Geburtshoroskop erstellt wird. Elternschaft wird zu einem Abenteuer, wenn die dem Kind eigenen, wesentlichen Veranlagungen entdeckt werden und es unterstützt wird, diese Fähigkeiten zu entfalten. Kinder sind kein Duplikat ihrer Eltern und haben nicht die Aufgabe, die versäumten Erfolge ihrer Eltern wiedergutzumachen.

Nur mit einer verständnisvollen Einstellung kann wahrhaft erzogen werden, und nur so können die dem Kind angeborenen Fähigkeiten erkannt und gefördert werden. Die Individualität des Kindes wird unterdrückt und erstickt, wenn seine Eltern ihre eigenen Erwartungen und Forderungen auf das Kind projizieren.

Geburtshoroskope verhelfen zu einem besseren Verständnis der Kinder und zeigen auch jene Bereiche des Erwachsenen auf, die einer Korrektur bedürfen. Es ist dagegen nicht ratsam, wegen jeder Kleinigkeit das Horoskop zu befragen. Astrologie kann zur Krücke werden. Man kann davon abhängig und unfähig werden, eigene Entscheidungen zu treffen. Abhängigkeiten üben jedoch früher oder später Macht über uns aus.

Ein von einem geachteten und fähigen Astrologen interpretiertes Geburtshoroskop kann die Funktion einer Landkarte haben, in der die Neigungen, Stärken und Schwächen vergangener Leben, die in diesem Leben korrigiert werden können, sichtbar sind. Ein Horoskop zur Charakteranalyse zu verwerten ist daher sinnvoll. Es als Zukunftsprognose zu verwenden ist jedoch nicht ratsam. Wie alle Zukunftsprognosen verhindern sie die Erkenntnis im Menschen, durch den freien Willen und die eigene Arbeit zukünftige Ereignisse selbst verändern zu können, Schwächen zu beheben und Ansichten zu korrigieren. In die Zukunft zu sehen ist genauso töricht, wie mit Bedauern und Sehnsucht auf die Vergangenheit zurückzublicken. Ich zitiere Sai Baba: "Die Gegenwart ist das Produkt der Vergangenheit und die Saat der Zukunft."

Erziehung

Bei seinem Eintritt in die Welt weiß das Kind vermutlich bis zu einem gewissen Grad von seinem bevorstehenden Lebensmuster, obwohl ihm noch die Fähigkeit fehlt, dieses Wissen bewußt wahrzunehmen.

Eltern sind, und das darf nicht vergessen werden, fast ausschließlich für die frühe Erziehung ihrer Kinder verantwortlich. Sie haben die Aufgabe, dem Kind zu helfen, die ihm angeborenen Fähigkeiten zu entwickeln. Leider aber werden Kinder meistens, genauso wie ihre Eltern, aus Unwissenheit und Schwäche vollkommen willkürlich erzogen.

Stehen Eltern das erste Mal in ihrem Leben diesem neugeborenen Wesen gegenüber, fehlt ihnen oft das notwendige Wissen, um das Kind in seiner Entwicklung zu fördern. Nie werde ich das Gefühl meiner eigenen Hilflosigkeit vergessen, als ich meine erstgeborene Tochter zum erstenmal in meinen Armen hielt. Dieses kleine, unbekannte Wesen, über das ich nichts wußte. Ich hatte nicht die geringste Ahnung, was ich mit ihr machen sollte. Hätte sie nur eine 'Gebrauchsanweisung' für ihren Vater und mich mitgebracht, mit einem Vermerk, wie wir ihr helfen könnten, ihr Leben so aussichtsreich wie möglich zu gestalten!

Das Kind verläßt sich nach seiner Geburt fast ausschließlich auf seine Eltern. Bis zu seiner Unabhängigkeit geben ihm die Eltern Nahrung, Obdach und liebevolle Zuwendung.

Außer diesen praktischen Notwendigkeiten gibt es bis zur unvermeidlichen Volljährigkeit des Kindes eine ungeheure Fülle anderer Erfordernisse, die entweder zufällig richtig oder falsch gemacht werden. Für die meisten Eltern ein verwirrender Ausblick. Normalerweise richten sich die Eltern bei der Erziehung ihrer Kinder nach ihren eigenen Kindheitserfahrungen, die wiederum durch die Kindheitserfahrungen ihrer Eltern geprägt worden sind. Viele positive und negative Erziehungsmuster werden auf diese Weise von Generation zu Generation weitergereicht. Es ist die Reaktion des heranwachsenden Kindes auf seine Umwelt, die seinen Entwicklungsfortschritt oder -rückschritt bestimmt.

Eltern sind Autoritätspersonen, das Kind dagegen ist noch zu hilflos, um allein durch das Leben zu gehen. Erstreckt sich der elterliche Einfluß jedoch über die Kindheit hinaus bis zum Erwachsenenalter, kann der heranwachsende Jugendliche keine Verantwortung für sein eigenes Leben übernehmen. Er bleibt zunächst von seinen Eltern, später von anderen Autoritätspersonen abhängig. Soll ein Kind jedoch zu einem unabhängigen, verantwortungsbewußten und reifen Erwachsenen heranreifen, sollte ihm das Wissen um eine größere Autorität als die seiner Eltern vermittelt werden. In seinem eigenen Herzen kann es mit dieser Autorität in Verbindung treten. Diese innere Autorität oder das Höhere Bewußtsein ist sein eigenes, wahres Selbst. Es ist zuverlässiger als jeder andere Lehrer, zuverlässiger als sein Ego oder seine eigene Persönlichkeit.

Ist das Kind alt genug, können die Eltern es anleiten, sich von seinem Höheren Selbst führen zu lassen, indem sie es lehren, still zu sitzen und auf Gedanken und Bilder zu warten, die in ihm als Antwort auf seine Fragen und Hilferufe aufsteigen. Der Erfolg ist oft bemerkenswert, besonders wenn Eltern ihren Kindern helfend und Beispiel gebend vorangehen. Die meisten Kinder empfinden die Übungen dieser Methode als etwas vollkommen Natürliches, vorausgesetzt, sie wurden damit noch vor der Einflußnahme Gleichaltriger, die sich gern über für sie ungewohnte Verhaltensweisen lustig machen, vertraut gemacht.

Ist das Kind mit dieser Methode aufgewachsen, wird es zur Zeit der Pubertät bereit sein, die inneren Fesseln zu seinen Eltern zu lösen und Hilfe und Führung beim Höheren Bewußtsein, das sein Schicksal und seine Bedürfnisse am besten kennt, zu suchen.

Oft fehlt die elterliche Aufsicht und Führung vorpubertärer Kinder, weil beide Eltern berufstätig sind, um den erwünschten Lebensstandard zu erhalten. Diese Kinder werden dann häufig viel zu lange der Obhut von Babysittern, älteren Geschwistern oder Kindertagesstätten überlassen und die Eltern kümmern sich zeitlich weniger um ihre Kinder als fremde Menschen. Das kann zu gegensätzlicher Betreuung und Erziehung führen. Wenn Kinder tagsüber anderen Regeln als denen ihrer Eltern ausgesetzt sind, erhalten sie verwirrende Botschaften.

Kinder getrennt lebender oder geschiedener Eltern können sehr leicht zum Faustpfand werden, sich im Kreuzfeuer ständiger Streitereien befinden oder als Zielscheibe eines elterlichen Wettbewerbs in Liebe und Zuneigung mißbraucht werden.

Werden Kinder nur von einem Elternteil erzogen, entstehen die Probleme der so oft in Widerspruch stehenden mütterlichen oder väterlichen Erziehungsmethoden nicht. Das Fehlen eines Elternteils im Alltag bringt jedoch den Verlust des spezifisch männlichen bzw. weiblichen Rollenmusters, das dem Kind seine eigene, zukünftige Rolle als Mann oder Frau formen hilft.

Durch praktische Anweisung kann den Erziehenden gezeigt werden, wie sie den Kindern helfen können, eigene, innere Fähigkeiten zu entwickeln, das Leben in seiner Fülle zu erleben und ihren Beitrag für die Welt aus einem Gefühl des Vertrauens und tiefer Sicherheit heraus zu leisten. All das ist nur mit dem Wissen um ihre eigene, wahre Identität möglich.

Da das Elternpaar aus zwei Menschen besteht, die aus verschiedenen Familien mit unterschiedlichen Erziehungsmethoden kommen, ist es oft ausgesprochen schwer für den einzelnen, seine eigenen Ideen zugunsten des anderen aufzugeben. Sollten unterschiedliche Auffassungen über Kindererziehung aufeinanderprallen, kann Hilfe nur in einer neuen, bereits erprobten Methode gefunden werden, die beide akzeptieren.

Als unsere beiden Töchter noch klein waren, so erinnere ich mich, wurde mir ein Buch über Kindererziehung von Ilg und Gesell gegeben. In diesem Buch beschrieben die beiden Autoren die sogenannten 'normalen' Fertigkeiten, die jedes Kind in einer bestimmten Altersstufe beherrschen sollte. Diese Angaben bedeuteten für mich eine große Erleichterung.

Heute gibt es unzählige Bücher über die vielen Aspekte der Kindererziehung, sowie Kurse für werdende Eltern. Konflikte können vermieden werden, wenn beide Eltern mit denselben Methoden bekannt gemacht werden.

Der Akzent vieler Systeme liegt auf körperlicher und verstandesmäßiger Erziehung, der äußerst wichtige moralische und spirituelle Aspekt der Erziehung wird oft vergessen. Gerade dieser Aspekt aber ist wichtig für Kinder, um ihren Platz als ehrliche, umsichtige und verantwortungsbewußte Weltbürger einnehmen und durch eigenes Beispiel die Lebensqualität verbessern zu können und nicht noch zu der weltweiten, um sich greifenden Hilflosigkeit beizutragen.

Kinder können sich besser aus sich selbst heraus entwickeln, wenn sie von Beginn ihres (Erden-)Lebens an unterstützt werden, den ursprünglichen Kontakt mit dem Höheren Bewußtsein aufrechtzuerhalten, und werden wie Blumen oder Bäume ihrer eigenen Art entsprechend erblühen und Früchte tragen. Allzu oft wird das innere Muster des Kindes durch elterlichen Druck erstickt oder verformt.

Kinder sind gegenüber der geringsten Mißbilligung sehr hellhörig und werden sich bemühen, alles zu unterdrücken, was bei ihren Eltern oder Aufsichtspersonen keine positive Resonanz hervorruft. Ihr Leben hängt von der Zustimmung ihrer Eltern ab, und sie werden alles versuchen, diese Zustimmung zu erhalten, sogar dann, wenn sie dafür ihre eigene, innere Wahrheit verleugnen müßten. Auf die Dauer provoziert eine solche Situation entweder die Rebellion des Kindes, das damit sein Recht auf die eigene Identität zu wahren versucht, oder es nimmt sich innerlich zurück, um damit sein Recht, es selbst zu sein, zu schützen. Aber keine dieser beiden Reaktionen führt zu gesundem Wachstum, zu Ausgeglichenheit oder Reife.

Suchen die Eltern aber Führung vom Höheren Bewußtsein, werden sie sehr wahrscheinlich auch ihre Kinder dazu anleiten. Durch das gelebte Beispiel folgen Kinder dem elterlichen Vorbild, reifen zu verantwortungsbewußten, erwachsenen Menschen heran und suchen die Führung beim Höheren Selbst, wohin auch immer sie gehen. Sathya Sai Baba sagt immer wieder, nur so könne sich die Welt zum Besseren ändern, denn die Welt setze sich aus Menschen zusammen, und ändere sich der Mensch, werde sich die Welt verändern. Aus diesem Grund hat er ein umfangreiches Programm zur Erziehung in menschlichen Werten ins Leben gerufen, das Kindern ab dem fünften Lebensjahr einen auf moralische Werte ausgerichteten Unterricht ermöglicht und sie dazu ermutigt, mit der innewohnenden Kraft Gottes in Berührung zu bleiben.

Sein Erziehungsprogramm für ältere Kinder umfaßt alle grundlegenden Richtlinien für eine wirkungsvolle und vervollkommnende Erziehung. Es beinhaltet neben den heutzutage ausschließlich gelehrten akademischen Fächern auch die Lehre der moralischen Werte.

Verschiedene indische Regierungen haben dieses Programm in den Lehrplan aufgenommen. Auch die zuständigen Behörden anderer Länder schenken Sai Babas Erziehungsprogramm immer mehr Beachtung.

Auf diese Weise können Kindern in der ganzen Welt allmählich wahre Werte vermittelt werden, aus denen sich positive Geisteshaltungen entwickeln. Reifen diese Kinder heran und bekleiden später verantwortungsvolle Ämter in ihren Ländern, ist ein bedeutender Schritt für eine bessere Welt getan. Anstatt instinktiv dem Verhaltensmuster ihrer Eltern zu folgen, sind sie dann fähig, ihre eigene Wahl, die durchaus nicht mit der ihrer Eltern übereinstimmen muß, zu treffen.

Instinkt und freier Wille, die beiden motivierenden Kräfte, liegen oft im Widerstreit miteinander und verursachen Verwirrung, Schuldgefühle, Unschlüssigkeit und viele andere menschliche Probleme. Instinktives Handeln, durch altbewährtes und erprobtes Gruppenverhalten geprägt, kann zu einem bestimmten Verhaltensmuster führen. Steht dieses Verhaltensmuster aber im Gegensatz zu den Wünschen und dem Rechtsempfinden eines Menschen, wird er mit zwei gegensätzlichen Verhaltensmustern konfrontiert. Hat er einen starken Willen, wird er zu seinen Überzeugungen stehen. Ein unbewußtes Schuldgefühl aber, seinem angeborenen, ererbten Sittenkodex untreu geworden zu sein, kann tief im Verborgenen Unentschlossenheit verursachen.

Menschen, die keinen starken Willen haben, wählen den Weg des geringsten Widerstandes und fügen sich dem Diktat ihrer Familie oder Sippe. Häufig befällt sie jedoch die nicht eingestandene Angst, einem wichtigen Aspekt ihres Selbst nicht Ausdruck verliehen zu haben. Dies ist ein unleugbarer Verlust und kann ebenfalls Schuldgefühle verursachen.

Eltern und Lehrer sollten die ihnen anvertrauten Kinder so erziehen, daß sich weder Schuld verursachender Widerstand noch unangemessene Anpassung entwickeln müssen. Das ist möglich, indem sie die wahren und ewigen Werte, die allen Kulturen, Weltreligionen und Philosophien zugrundeliegen, zuerst für sich selbst klar umreißen und sie dann an die Kinder weitergeben.

Sathya Sai Baba hat in seinem Programm zur Erziehung in menschlichen Werten viele dieser Grundsätze dargelegt. Die fünf wichtigsten Werte, Sathya (Wahrheit), Dharma (Rechtes Handeln), Shanti (Friede), Prema (Liebe) und Ahimsa (Gewaltlosigkeit), können nicht getrennt voneinander existieren, denn jeder einzelne Wert ist mit den anderen verbunden. Harmonie, Ausgeglichenheit, wahre Reife oder Ganzheit zu erlangen ist nur dann möglich, wenn alle fünf Werte gleichzeitig angewandt werden. Liebe aber ist die wichtigste dieser fünf Qualitäten; ohne Liebe, das schöpferischste Element, kann kein anderer Wert verwirklicht werden. Wie können aber Eltern ihre Kinder Liebe lehren, wenn sie selbst nie gelernt haben, zu lieben oder Liebe zu empfangen? Liebe ist der wichtigste Aspekt der Kindererziehung. Wird die wahre Bedeutung dieses häufig verunstalteten Begriffes nicht verstanden, sind die Eltern hilflos.

Zuviel Liebe, falsch angewandt, ist für das Kind genauso schädlich wie zuwenig Liebe. Es ist wichtig, die dünne Trennlinie zwischen beiden Extremen herauszufinden. Kinder, die niemals Liebe empfangen haben, sind unfähig, andere zu lieben, und was noch schlimmer ist, sie sind auch nicht in der Lage, sich selbst zu lieben oder Liebe von anderen zu bekommen. Kinder aber, die von vernarrten Eltern verwöhnt worden sind, haben gleichschwere Bedingungen, denn sie interessieren sich oft nur für sich selbst und für die augenblickliche Befriedigung ihrer Wünsche. Von jedem, dem sie begegnen, erwarten sie die gleiche lähmende Schmeichelei, die sie von ihren Eltern bekommen haben, und werden mit jedem Mal, wenn sie sie erhalten, noch verwöhnter, selbstbezogener und fordernder. Bekommen sie aber nicht, was sie sich wünschen, werden sie zu verärgerten, klagenden und hilflosen erwachsenen Kindern, die eine Last für ihre Familien, für ihre Freunde und für die Gesellschaft allgemein sind.

Wie können Eltern vermeiden, ihre Kinder entweder zu wenig oder zu stark zu lieben? Um Kinder erfolgreich und liebend zu erziehen, dürfen wir nicht vergessen, daß wir auf der Ebene des Höheren Bewußtseins alle eins sind, obwohl die Persönlichkeitsstruktur eines jeden einzelnen verschieden ist. Eltern sollten zunächst das Höhere Bewußtsein in sich selbst erkennen und um Führung bitten – denn es ist weiser als sie, und seine Liebe ist wahrhaftiger als ihre – und dann auch das Höhere Bewußtsein des Kindes als sein wahres Selbst ehren. Nur so können sie ihren Kindern helfen, ihr wahres Selbst zu erkennen und zu offenbaren. Das wahre Selbst ist mit einem Samenkorn vergleichbar, in dem ein einzigartiger Baum oder eine einzigartige Blume schlummert und darauf wartet, heranreifen zu dürfen.

Gehen Eltern von der Tatsache aus, daß ihre Kinder ihr Eigentum sind, werden sie sie nicht als eigenständige Lebewesen mit den ihnen eigenen Lebensmustern behandeln. Irrtümlich versuchen sie dann, jede einzelne Bewegung, jeden Gedanken, jedes Wort und jede Tat ihrer Kinder zu kontrollieren, um sie nach ihren eigenen Vorstellungen zu formen und sie zu ihrem Ebenbild zu machen. Diese unglückselige Einstellung bringt viel Leid nicht nur über unzählige Kinder, sondern auch über die Eltern, denn am Ende steht die Entfremdung.

Übungen für den Umgang mit kleinen Kindern

Viele in meinem Buch 'Die inneren Fesseln sprengen' darge-
stellten Techniken können auch bei kleinen Kindern erfolgreich angewandt werden. Normalerweise sind sie noch mit
ihrer inneren Welt in Berührung, und die Verbindung mit dem
Höheren Bewußtsein ist noch nicht durch übergestülpte Ver-
haltensschablonen getrennt worden. Meistens nehmen kleine
Kinder die verschiedenen Symbole und Riten noch frei und
ungezwungen an. Das sich entwickelnde Ego hinterfragt
noch wenig und leistet kaum Widerstand. Die große Vorstellungskraft, die das Kind bei der Geburt mitbekommen hat,
wendet es gern an, um das für das tägliche Leben notwendige
Handwerkszeug zu erhalten.

Werden Kinder gefragt, beschämen sie Erwachsene häufig
mit ihren ruhig vorgeschlagenen Problemlösungen. Dürfen
Kinder bei Familienbesprechungen teilnehmen und werden
sie gebeten, mit Hilfe des Höheren Bewußtseins Lösungen zu
einfachen Problemen zu suchen, dann werden sie diese
Gewohnheit mit in ihr erwachsenes Leben nehmen und sich
schwierigen Situationen gegenüber weder verloren noch
unsicher und hilflos fühlen.

Oft werden Kinder von ihren Eltern unterschätzt, zu abhängig gehalten oder entmutigt, auch ihren Beitrag zu leisten.

Werden sie aber gefragt, zeigt es sich unweigerlich, daß sie zum Höheren Bewußtsein in engerer Verbindung stehen als Erwachsene. Ihr ursprünglicher Kontakt wird erst durch äußere Autoritäten oder auch durch ihr eigenes Ego überschattet.

Der Maibaum

Um jedes einzelne Familienmitglied mit dem gemeinsamen Höheren Bewußtsein zu verbinden, kann die Familie das Symbol des Maibaums benutzen. Jedes Familienmitglied visualisiert oder denkt sich in der Mitte des Zimmers eine Stange, von deren Spitze herab viele bunte Bänder hängen. Jeder einzelne stellt sich vor, zu diesem Maibaum zu gehen, sich ein Band seiner Farbe herauszusuchen und mit diesem Band, das er lose in der Hand hält, wieder auf seinen Platz zu gehen. Dieses Band verbindet jeden mit der Spitze des Maibaumes. Diese Spitze wiederum symbolisiert das gemeinsame Höhere Bewußtsein.

Ein kleines Mädchen sprang während eines Workshops begeistert auf und rief: "Oh, Mrs. Krystal, ich habe an meinem Band gezogen, und das Höhere Bewußtsein zog zurück. Ich konnte es richtig fühlen. Ehrlich!" Dies zeigt, wie natürlich und vertrauensvoll Kinder diese Ubungen annehmen. Sie sind noch nicht vom Höheren Bewußtsein getrennt, und ihr Verstand ist noch nicht so kritisch, analytisch und zweifelnd wie der Verstand der Erwachsenen.

Ist nun jedes Familienmitglied durch das Band mit dem Höheren Bewußtsein verbunden, kann es um ein Symbol oder Bild bitten, durch das sich das Höhere Selbst ausdrückt. Kinder entlocken dem Höheren Bewußtsein schnell eine Antwort. Einige 'sehen' ein Licht, andere die Gestalt Jesu, Sai Babas oder eines Engels, oder sie erkennen eine Sonne, einen Mond oder Stern oder irgendein anderes Symbol. Durch ein visualisiertes Symbol ist es einfacher, den Kontakt herzustellen.

Das Höhere Bewußtsein kann nun gebeten werden, durch das Band die Liebe zu schicken, die nur durch diese Quelle empfangen werden kann. Man kann diese Liebe einatmen und jedes Gefühl oder jeden Gedanken ausatmen, der das Einströmen dieser wahrhaftigen Liebe verhindern könnte. Man kann auch jedes Problem, jede Traurigkeit, Verletzung und Angst ausseufzen und die wunderbare Liebe einatmen, die diese negativen Emotionen durch das Gefühl des Wohl-Seins ersetzt.

Jedes Familienmitglied kann um ein Zeichen der Führung oder der Lösung des in Frage stehenden Problems bitten, sei es durch ein Bild, einen Gedanken oder ein Gefühl. Es ist oft erstaunlich, was Kinder auf diese Weise erhalten. Die von der Familie zu unternehmenden Schritte für die Lösung des Problems werden oft durch eine klare Botschaft signalisiert. Für die Familienmitglieder ist es meistens sehr verbindend, Antworten auf Fragen außerhalb des bewußten Verstandes und Willens zu finden.

Kinder, die mit dem Wissen um diese innere, ständig verfügbare Hilfe aufwachsen, reifen mit einem Gefühl tiefer Sicherheit heran und nicht mit einem angsterfüllten Gefühl der Unsicherheit. Viele Erwachsene tragen während ihres ganzes Lebens diese Unsicherheit, die ihnen viel Leid und ein Gefühl des Versagens verursacht, in sich.

Ein kleines Mädchen überraschte eines Tages seine Mutter, als eine Meinungsverschiedenheit zwischen ihnen entstand, indem es sagte: "Fragen wir doch Sai Baba und sehen, was er darüber denkt." In diesem Falle symbolisierte Sathya Sai Baba das Höhere Bewußtsein. Ein anderes Beispiel ist das Kind, dessen Vorstellungen sich nicht mit denen seines Vaters deckten. Um herauszufinden was richtig sei, schlug es vor, das Höhere Bewußtsein um Rat zu bitten.

Kinder besitzen eine kraftvolle Vorstellungsgabe, wenn sie nicht abgeschwächt oder unterdrückt worden ist. Bei auftretenden, sie belastenden Problemen setzen sie gern diese Vorstellungsgabe ein, denn sie wollen lieber die Wahrheit wissen und sich der Angst stellen, als in Tagträume und furchterregende Gedanken verfallen.

Wird ein Familienmitglied zum Störfaktor, so kann die beeinträchtigende Wirkung auf die anderen maßgeblich dadurch gelindert werden, daß alle einen goldenen Kreis um sich herum auf dem Boden visualisieren. Das störende Element verbleibt so innerhalb des eigenen Territoriums, und die anderen werden weniger beeinträchtigt.

Die Acht

Kinder wenden gerne die Übung der 'Acht' an, um sich gegen Übergriffe von außen abzuschirmen und zu schützen. Denn wenn sie das Vorschulalter erreichen oder eingeschult werden, sind sie nicht nur den Aggressionen ihrer Geschwister und Gleichaltriger ausgesetzt, sondern auch den Aggressionen anderer Kinder. Wie bei allen Lebewesen entfaltet sich die Hackordnung in voller Blüte. Der Aggressivste überlebt.

Schon kleinen Kindern kann gezeigt werden, wie sie ihre eigene Vorstellungskraft zu ihrem Schutz anwenden können. In seiner Vorstellung visualisiert das Kind einen goldenen Kreis auf dem Boden um sich herum, so daß es sich in seinem Mittelpunkt befindet. Dann stellt es sich einen zweiten goldenen Lichtkreis auf dem Boden vor, der sich vor seinem eigenen befindet, und visualisiert beispielsweise das angreifende Kind darin. Die beiden Kreise berühren sich an einer Stelle. Nun beginnt, vom Berührungspunkt der beiden Kreise aus, neonblaues Licht zuerst im Uhrzeigersinn um den gegenüberliegenden Kreis zu fließen, zurück zum Berührungspunkt und dann um den eigenen Kreis. Das neonblaue Licht formt in seiner Bewegung das Symbol der Acht. Diese Übung kann Eltern und Kindern auf verschiedenste Weise helfen.

Mütter von Säuglingen sind oft erschöpft, und wenn der Säugling dann nachts auch noch mehrmals aufwacht, hat die Mutter nicht genügend Schlaf. Manchmal weint das Kind aus gutem Grund, weil es Hunger oder Schmerzen hat, weil es ist ihm zu warm oder zu kalt ist. Es kann aber auch sein, daß das Baby nur Aufmerksamkeit will. Ist das der Fall, kann die Mutter um sich und das Baby herum die Acht visualisieren, um ungerechtfertigte Ansprüche abzugrenzen.

Kürzlich hielt ich ein Seminar. Eine Teilnehmerin berichtete den Anwesenden, wie sie diese Methode angewandt hatte, als ihr Enkelsohn im Krankenhaus gelegen und ein Zimmer mit anderen Säuglingen geteilt hatte. In diesem Zimmer hatte ein Baby ununterbrochen geweint und die anderen damit gestört. Die Erzählerin hatte sich an die Acht erinnert und um das gereizte Kind einen goldenen Kreis gezogen sowie einen gegenüberliegenden Kreis um die anderen Säuglinge visualisiert und für wenige Minuten ein neonblaues Licht in Form einer Acht um beide Kreise fließen lassen. Zu ihrer Freude und Überraschung hatte das Baby nach einer oder zwei Minuten zu weinen aufgehört. Als sie an sein Bettchen getreten war, um nach ihm zu sehen, hatte es friedlich geschlafen.

Erfolgreich kann die Acht auch bei sich streitenden Geschwistern angewandt werden. Ein Elternteil oder ein anderer Erwachsener visualisiert die Acht um beide Kinder, um den Zusammenstoß abzufangen. – Manchmal besteht eine negative Beziehung zwischen einem Kind und einem Elternteil. Sollte das der Fall sein, kann der andere Elternteil die Acht um die beiden herum visualisieren; auch das Kind kann lernen, diese Übung anzuwenden. (Wichtige Hinweise

zur Frage 'Darf ich die Acht für jemand anderen visualisieren?' finden sie in 'Die inneren Fesseln sprengen/ Allgemeine Fragen zur Arbeit mit der Phyllis-Krystal-Methode'.)
Zusätzlich kann es ermutigt werden, zu seinem entsprechenden Kosmischen Elternteil Kontakt aufzunehmen, um die
schwierige elterliche Bezugsperson zu ersetzen und um von
dem Kosmischen Elternteil das zu erhalten, was es in dieser
Beziehung vermißt. Diese Technik ist auch für Kinder sinnvoll, die nur von einem Elternteil erzogen werden und denen
das Vorbild des abwesenden Elternteiles fehlt. Dasselbe gilt
auch für Kinder geschiedener Eltern. Für Kinder getrennt
lebender Familien kann dies eine innere Quelle der Sicherheit
bedeuten.

Das Dreieck

Ist das Kind physisch oder emotional gestört, verärgert, rebellisch oder in irgendeiner Weise nicht beherrscht, kann die
Anwendung des 'Dreiecks' zusätzlich zur 'Acht' zweckmäßig sein. Der Elternteil, der Lehrer oder die Aufsichtsper-
son denkt oder visualisiert sich selbst als Punkt A der Grundlinie eines Dreiecks und das Kind als gegenüberliegenden
Punkt B. Ein goldener Lichtstrahl verbindet sie beide miteinander. Zwei weitere goldene Lichtstrahlen werden entlang
beider Wirbelsäulen und darüber hinaus als zwei Schenkel
eines goldenen Dreiecks visualisiert, die sich in Punkt C treffen. Dieser Punkt C symbolisiert das Höhere Bewußtsein. Es
kann sich durch ein Symbol offenbaren, aber das ist nicht
wichtig. Manchmal wird auch nur ein diffuses Licht gesehen.
Das Höhere Bewußtsein wird nun gebeten, auf der elterlichen Seite des Dreiecks seine Liebe und all das, was das Kind
zu diesem Zeitpunkt benötigt, herunterfließen zu lassen. Mit

geöffneten Händen im Schoß, die Aufnahmebereitschaft anzeigen, atmet der Elternteil die ihm vom Höheren Bewußtsein zufließenden Energien ein. Mit aufeinandergelegten Handflächen und ausgestreckten Fingern richtet er nun nach einigen Minuten den entgegengenommenen Energiestrom auf das Kind.

Diese einfache Übung wirkt Wunder, wenn sie wie auch die anderen Techniken tatsächlich praktiziert wird. Häufig versuchen wir eine Lösung mit unserem Willen zu erzwingen, anstatt die Angelegenheit dem Höheren Bewußtsein zu übergeben und es um Hilfe zu bitten.

Selbstverständlich ist diese Übung nicht nur auf Kinder beschränkt. Sie kann zu jeder Zeit, unter allen Umständen und mit jeder Person ausgeführt werden. Es ist das Äußerste, was man für einen Menschen tun kann, denn er wird durch diese Übung mit dem Höheren Bewußtsein verbunden, und dieses wird ihm das schenken, was er gerade braucht. Diese Übung ist absolut sicher und umfassend. Sollte ein Mensch dagegen nicht bereit und willens sein, Führung vom Höheren Bewußtsein zu erhalten, muß sein freier Wille geachtet werden; ihm wird nichts aufgezwungen. Ist er hingegen aufnahmefähig, wird ihm gegeben, was immer er braucht, selbst wenn sich herausstellt, daß er oder ein anderer dieses Bedürfnisses nicht gewahr sind. (Wichtige Hinweise zum Visualisieren des 'Dreiecks' für andere finden sie in 'Die inneren Fesseln sprengen/ Allgemeine Fragen zur Arbeit mit der Phyllis-Krystal-Methode'.)

Sollte jedoch ein Mensch etwas ganz Besonderes nötig haben, kann es vom Höheren Bewußtsein erbeten werden. Jeder braucht Liebe und ganz besonders die Liebe des Höheren Bewußtseins; jederzeit kann darum gebeten werden. Liebe einzuatmen und weiterzugeben, steigert die eigene menschliche Liebesfähigkeit. Unsere eigene Liebesfähigkeit wird in dem Maße erhöht, wie wir bereit sind, die Liebe des Höheren Bewußtseins durch uns fließen zu lassen und sie anderen weiterzureichen.

Der Baum und die Kosmischen Eltern

Kinder reagieren auf die Baumübung sehr gut und verstehen es meisterlich, einen oder beide Kosmischen Eltern anzurufen, wenn sie Hilfe brauchen und ihre leiblichen Eltern entweder nicht erreichbar oder unfähig sind zu helfen. Der Kosmische Vater und die Kosmische Mutter bilden zusammen das Höhere Bewußtsein.

Zuerst bittet jedes Kind das Höhere Bewußtsein, ihm einen Baum zu zeigen. Es geht dann auf diesen Baum zu, legt seine Arme um ihn und drückt sich an ihn. Nun dreht es sich um, lehnt sich mit dem Rücken an den Stamm und fühlt die Stärke des Baumes und seine Sicherheit. Es stellt sich vor, genau wie der Baum mit den Wurzeln tief in der Erde verankert zu sein und aus der Großen Mutter Erde herauszuziehen, was immer es braucht. Das Kind atmet diese Nahrung ein und atmet aus, was es bekümmert oder ihm Schwierigkeiten macht, das anzunehmen, was ihm gegeben wird.

Nun wird das Kind angewiesen zu visualisieren, wie es sich gegen den Himmel und die Sonne streckt, um das einzuatmen, was ihm die Sonne, der Große Vater, zu geben hat. Es atmet all das aus, was es daran hindern könnte, zu empfangen, was es wirklich braucht.

Bitten nun die Kinder ihre Kosmischen Eltern, auf der jeweiligen Seite des Baumes zu erscheinen, die Mutter links und der Vater rechts, ist es oft erstaunlich, wie sich die inneren Eltern personifizieren. Für innerlich vereinsamte Kinder, die sich von einem oder beiden Elternteilen nicht angenommen fühlen, die einen oder beide Elternteile entweder durch Tod oder Scheidung verloren haben und das entsprechende Vorbild vermissen, bedeutet diese Übung eine große Erleichterung. Sie eignet sich auch sehr für die bevorstehenden Pubertätsriten, wenn das Kind die Bande zu seinen leiblichen Eltern lösen, die Verbindung zu seinen Kosmischen Eltern aber bewahren sollte. Zu diesem Zeitpunkt müßte sich das Kind bereits auf diese inneren Eltern verlassen können, um den Übergang des jugendlichen Kampfes um Unabhängigkeit von elterlicher Aufsicht gleitender und weniger spannungsreich zu gestalten.

Der Lichtstern

Viele Kinder haben Angst, ob sie sich dessen nun bewußt sind oder nicht. Wird Angst aber zu einem Problem, kann das Kind den Lichtstern als Hilfe benutzen, um die Angst und die Macht der Angst zu überwinden, und sie durch Licht ersetzen. Kinder wenden das Symbol des Lichtsternes gerne an.

Das Kind stellt sich einen vielstrahligen Stern aus goldenem Licht über seinem Kopf vor. Es streckt sich, um diesen goldenen Stern, der an einer Art Flaschenzug befestigt ist, bis zu seinem Solarplexus herunterzuziehen. Nun wird es in Gedanken zu seinem letzten Angsterlebnis zurückgeführt und gefragt, wo es im Körper die Angst verspürt. Es betrachtet die Angst und kann sie beschreiben. Nun wird es gebeten, sich die Mitte des Lichtsternes als ein schwarzes Loch vorzustellen, ähnlich wie die schwarzen Löcher im Weltall, die alles verschlingen. Es ist schön zu beobachten, wie Kinder ihre Angst ausblasen und das vom Lichtstern ausstrahlende Licht einatmen, um die Angst zu ersetzen. Meistens geben sie sich dieser Übung mit so viel Begeisterung hin, daß sie viel erfolgreicher sind als Erwachsene. Ich habe mit vielen Kindern zu tun gehabt, die sich mit dieser Übung von den verschiedensten Ängsten befreien konnten.

Alpträume

Folgende Technik bietet sich bei Kindern an, die Alpträume haben und im Schlaf von wilden Tieren verfolgt oder angegriffen werden oder im Schlaf andere angsteinflößende Dinge erleben. Dem Kind wird erklärt, daß es selbst mit seiner Phantasie, seinen Gedanken und Ängsten diese Gestalten erschaffen hat, und wenn es sich selber so schaurige Gestalten ausdenken kann, kann es diese genauso leicht wieder verschwinden lassen. Es sollte sich nur vorstellen, daß diese Gestalten immer kleiner werden, bis sie in seine eigene Hand hineinpassen. Die Gestalten sind jetzt viel kleiner als es selbst geworden, und das Kind ist nun ganz sicher stärker als sie. Hat das Kind das verstanden und angenommen, kann man ihm den Vorschlag machen, diese Gestalten entweder ganz verschwinden zu lassen oder sie als Spielzeug zu behalten. Dieses Spielzeug erinnert es stets daran, sich vor diesen Gestalten nie mehr fürchten zu müssen.

Mit dieser Technik lernen Kinder, ihre eigenen Gedanken zu kontrollieren und auch andere Situationen zu beherrschen, ohne negativ zu reagieren.

Der Strandball

Als ich einmal ein Seminar in den Bergen gab, brachten einige Teilnehmer ihre Kinder mit, um Ferien zu machen. Ein Parkaufseher teilte den Familien mit, es hielten sich Bären auf dem Gelände auf. Er warnte sie, vorsichtig zu sein und sich nicht zu weit vom Zeltlager zu entfernen, besonders nicht nachts. Auch sollten Nahrungsmittel nicht außerhalb der Zelte aufbewahrt werden. Diese Warnung erschreckte einige der jüngeren Kinder so, daß sie sich fürchteten, alleine auf die Toilette zu gehen. Einige Mütter erinnerten sich an das Symbol des Strandballes, das ich als Hilfe gegen äußere Bedrohung während des Seminars veranschaulicht hatte. Sie erklärten den Kindern, sie sollten um sich herum einen großen, regenbogenfarbenen Strandball aus hartem Gummi visualisieren, so daß alles, was diesen harten Gummiball berührte, sofort abprallen würde. Sie seien absolut geschützt und sicher, solange dieser Strandball sie umgeben würde, und bräuchten keine Angst mehr zu haben.

Zu ihrer großen Überraschung hatte diese Methode Erfolg. Wachte jedoch ein kleines Kind in der Nacht auf, kam die Angst wieder. Die Mutter erinnerte es dann an den Strandball. Bereitwillig befolgte das Kind den mütterlichen Ratschlag und fühlte sich entsprechend sicher, allein auf die Toilette zu gehen und auch wieder zurückzukommen, und war glücklich über seinen Mut.

Der Lichtzylinder

Einige Kinder sind von Geburt an sehr sensibel und aus diesem Grund durch äußere, positive oder negative Einflüsse außergewöhnlich leicht zu beeindrucken. Für diese hochsensiblen Kleinen ist der 'Lichtzylinder' eine gute Hilfe. Die Eltern können, bis das Kind selbst alt genug dafür ist, um das Kind einen Lichtzylinder visualisieren. Vater oder Mutter stellt sich auf dem Boden um das Kind herum einen goldenen Kreis vor, und zieht diesen Kreis imaginär in die Höhe, so daß ein durchlässiger Zylinder aus Licht entsteht, der das Kind vor zu starken Einflüssen und Energien schützt. Das Kind ist auf diese Weise äußeren Mächten nicht mehr so ausgeliefert. Häufig befähigt diese Technik das Kind, eigene Entscheidungen zu treffen, sich nicht von dominierenden

Menschen oder Gewohnheiten beeinflussen zu lassen oder dem Druck Gleichaltriger nachzugeben.

Waage und Wegkreuzung

Die 'Waage' ist oft eine wirksame Hilfe für Kinder und Eltern, die richtige Entscheidung zu treffen. Kindern kann das Modell oder die Zeichnung einer Balkenwaage gezeigt werden. Die Waagschalen sind entweder kleine Becher oder Schüsseln. Für jede Entscheidungsmöglichkeit wird ein entsprechendes Symbol gefunden und das eine Symbol in die linke, das andere in die rechte Waagschale gelegt. Beide Waagschalen befinden sich im Gleichgewicht. Das Kind wird nun gebeten, dieses innere Bild für ein oder zwei Minuten zu vergessen, um es sich dann ganz schnell wieder zu vergegenwärtigen und zu sehen, welche Schale sich tiefer geneigt hat. Das Symbol in der tieferen Waagschale wiegt schwerer und zeigt die zu treffende Entscheidung an.

Hat man zwischen mehr als zwei Möglichkeiten zu wählen, kann die Übung 'Wegkreuzung' anstelle der 'Waage' angewandt werden. Das Kind stellt sich eine Wegkreuzung vor, von der aus mehrere Wege in verschiedene Richtungen abzweigen. Ein Wegweiser, der an dieser Kreuzung steht, stellt mit seinen Richtungsschildern die verschiedenen Entscheidungsmöglichkeiten dar, die durch entsprechende Symbole erkennbar sind. Nachdem das Kind den Wegweiser deutlich wahrgenommen hat, wird es gebeten, das innere Bild zu vergessen, um es sich dann ganz schnell wieder in Erinnerung zu rufen und festzustellen, welche Richtung klar erkennbar ist; die anderen sind verschwunden.

Sind die Kinder erst einmal mit diesen Übungen vertraut, steuern sie sehr schnell eigene, recht erfindungsreiche Ideen bei. Häufig ist es möglich, daß Kinder durch Malen oder Modellieren negative Züge und Verhaltensmuster loslassen können. Sie fertigen entweder ein Bild oder ein Tonmodell ihres negativen Verhaltens an und legen es in den gegenüberliegenden Kreis der Acht. Nach zweiwöchiger Übung kann die Zeichnung oder das Tonmodell dann nach Anweisung des Höheren Bewußtseins vernichtet werden.

Das Mandala und die Pyramide

Was bedeutet eigentlich Erziehung? Gemäß Lexikon bedeutet Erziehung (lat.: educare, engl.:educate): "führen, herausziehen oder herausbringen". Folglich sollte Erziehung das wahre Potential eines jeden Individuums 'herausziehen'.

Wir alle haben außer den vier Funktionen – Sinneswahrnehmung, Intellekt, Emotion und Intuition –, aus denen sich unsere Persönlichkeit zusammensetzt, einen fünften, den geistigen Aspekt, unser wahres Selbst. Diese Aspekte sind jedoch nicht immer gleich stark entwickelt.

1. Die Sinneswahrnehmung oder das Empfinden bezieht sich – im Unterschied zu Verstand, Emotion und Geist – auf den Körper. Sie drückt sich durch die fünf Sinne (sehen, hören, fühlen, riechen und schmecken) aus.
2. Die Verstandesfunktion bezieht sich auf das Lernen, Analysieren, Urteilen und Denken und die Fähigkeit, intellektuell zu wissen und zu verstehen.
3. Die Emotionsfunktion befähigt den Menschen, subjektive Gefühle der Freude, des Leides, der Ehrfurcht, des Hasses, der Liebe usw. zu erleben.
4. Intuition oder die psychische Funktion bezieht sich auf außergewöhnliche, außersinnliche und nichtphysische Vorgänge.

5. Der geistige Aspekt bezieht sich auf das innere Wesen des Menschen, die zeitlose, formlose und universale Dimension der Göttlichkeit.

Alle fünf Aspekte sind für die Verwirklichung des ganzen Potentials eines Menschen von gleich wichtiger Bedeutung. Wahre Erziehung ermutigt das Kind, alle Aspekte voll zu entwickeln. Obwohl sich das Kind dieser Aspekte nur teilweise bewußt ist, suchen sie in seinem Leben nach einem Ausdruck. Leider werden diese Funktionen durch die frühkindliche Erziehung meistens eher unterdrückt als gefördert, existieren aber selbstverständlich weiter. Oft sind sie so tief im Unbewußten vergraben, daß sie völlig zu fehlen scheinen.

Die Sinneswahrnehmung ist in der gegenwärtigen Zeit normalerweise gut entwickelt; viele Menschen sind Sklaven ihres Körpers und ihrer fünf Sinne, d. h., sie sind Sklaven ihrer Gelüste und Süchte und der daraus entstehenden zahllosen Wünsche. Eine gewissenhafte Erziehung sollte dem Kind beibringen, seinem Körper nicht hörig zu sein, sondern ihn zu beherrschen.

Der Intellekt ist heute bei einem höheren Prozentsatz der Weltbevölkerung stärker ausgebildet als früher. Die Mehrheit aller Erziehungssysteme betont diesen Aspekt oft auf Kosten der Emotion, die unter dieser Verdrängung oder Unterdrückung bedenklich gelitten hat. Die Ursache der stark anwachsenden Gewalttätigkeit und der erschreckenden Sorglosigkeit gegenüber dem Wohlergehen anderer liegt in dem Verlust der Fähigkeit, wahre Gefühle ausdrücken zu können. Die meisten Schulsysteme haben diesen inneren Aspekt im Lehrplan nicht vorgesehen. Da die entsprechende Erziehung fehlt, leben viele Menschen ohne geringste Anteilnahme für ihre Mitmenschen, vandalieren und werden gewalttätig. Eine weitverbreitete Erscheinung auf der ganzen Welt.

Die Intuition erlebt eine Renaissance. In der Vergangenheit wurde sie in Randgebiete der Gesellschaft verbannt, da sie in gewisser Hinsicht verdächtig und zu okkult schien, um akzeptiert zu werden. Heute erfreut sie sich einer Wiedererweckung. Intuitionstraining wird als respektables und somit akzeptables Studienfach von einigen amerikanischen Universitäten angeboten. Dies wird sicherlich auch bald in Europa der Fall sein.

Der geistige Aspekt, nämlich den angeborenen inneren göttlichen Funken auszudrücken, wird bedauerlicherweise zugunsten der greifbareren, materiellen Funktionen der Sinneswahrnehmung und des Intellekts weithin übersehen, selbst zugunsten des sensationelleren Reizes psychischer Fähigkeiten.

Um die Erziehung zu vervollständigen und damit das Potential des ganzen Menschen zur Entwicklung zu bringen, müßten alle fünf Funktionen angesprochen werden.

Durch das Symbol des Mandala kann dem einzelnen und auch Familien geholfen werden, diese angeborenen fünf Funktionen in Gleichklang zu bringen. Es wird angewandt, um überentwickelte Funktionen zu dämpfen und unterentwickelte Funktionen zu stärken und mehr zur Geltung zu bringen. Wir verwenden hierfür zwei verschiedene Symbole: das mehr visuell wirkende Mandala und die eher experimentell zu erfahrende Pyramide. Beide Wirkungsweisen sind ähnlich.

Das Mandala (genaue Beschreibung siehe 'Die inneren Fesseln sprengen') ist im wesentlichen ein Kreis, der wie der Vollmond die Sonne reflektiert. Der Mond steht für die individuelle, die Sonne für die universelle Kraft Gottes. Dieser Kreis wird in acht Segmente geteilt. Die vier farbigen Kreisausschnitte formen ein Malteserkreuz, die anderen vier Segmente sind farblos. Das obere Segment ist gelb, das direkt untere grün. Im rechten Winkel zu diesem Paar befindet sich links ein rotes und rechts ein blaues Segment. Die Farben symbolisieren die verschiedenen Funktionen: Gelb verkörpert Intuition, Grün die Sinneswahrnehmung, Rot die Emotion und Blau den Intellekt.

Ein Diamant im Mittelpunkt des Kreises symbolisiert die Vollendung der geistigen Funktion, die aus der innersten Göttlichkeit ausstrahlt. Wie ein Diamant oder Kristall, der das Licht der Sonne reflektiert und es in alle Farben des Regenbogens bricht, spiegelt er das wahre Selbst in uns allen wider. Er ist vollkommen und makellos und gibt, wenn er darum gebeten wird, an jede andere Funktion Energie ab, um alle Funktionen des Menschen in vollkommenes Gleichgewicht zu bringen.

Hinter jedem Farbsegment stellt man sich einen Rheostaten oder Dimmer vor. Überentwickelte Funktionen müssen gedämpft, schwache gestärkt werden. Die Übung ist beendet, wenn alle Farben gleich stark leuchten, also ausbalanciert sind. Die erwünschte Botschaft kann so in das Unbewußte eindringen.

Eine andere Übung, mit der die vier Funktionen ausgeglichen werden können, ist die 'Pyramide'. Man stellt sich vor, innerhalb einer Pyramide zu stehen, deren vier Wände mit jeweils einer der vier Farben – Gelb, Grün, Rot und Blau – bemalt sind. Zuerst stellt man sich für einige Minuten der Wand gegenüber, deren Farbe die schwächste Funktion symbolisiert. Je stärker die Funktion ausgebildet ist, um so kürzer ist die Verweildauer vor der jeweiligen farbigen Pyramidenwand. Ein verstandesbetonter Mensch mit einem schwachen emotionalen Aspekt würde sich zuerst vor die rote Wand stellen, während ein gefühlsbetonter aber intuitionsschwacher Mensch sich zuerst vor die gelbe Wand stellen würde usw. An der Pyramidenspitze visualisiert man den Diamanten oder Kristall, der die Sonnenstrahlen reflektiert und sie wie einen herabströmenden Regenbogen bricht.

Kinder lieben diese beiden Übungen, besonders wenn sie erfahren, daß nicht jedes Familienmitglied gleich stark oder schwach ist. Da ihre Funktionen voneinander verschieden sind, sind auch sie voneinander verschieden, was nicht zu bedeuten hat, daß der eine dem anderen überlegen oder unterlegen sein muß. Jeder hat seinen eigenen Beitrag zu leisten und seine schwachen Stellen zu stärken, und keiner sollte sich auf die Stärken anderer Familienmitglieder verlassen.

Diese Unterschiede lassen aber auch erkennen, warum manche Familienmitglieder miteinander besser auskommen als andere. Menschen, die gleiche Funktionen gut entwickelt haben, sprechen die gleiche Sprache und verstehen sich gut. Herrschen jedoch gegensätzliche Funktionen vor, besteht die Gefahr, sich auf die stärker ausgebildeten Funktionen des anderen zu verlassen, anstatt selbst den Versuch zu unternehmen, die eigenen Schwächen zu stärken. Eine solche Symbiose hemmt mehr, als daß sie wachsen läßt. Jedes einzelne Familienmitglied sollte deshalb ermutigt werden, seine eigenen vier Funktionen so gut wie möglich zu entwickeln. Das kann mit Hilfe des Höheren Bewußtseins oder des 'Diamentenen Selbst' erreicht werden.

Kinder sollten niemals abträglich mit anderen verglichen werden, sei es mit Freunden, Geschwistern oder Verwandten. Ein unnötiger Wettbewerb verursacht Abneigung, Neid und Eifersucht. Die zu verbessernden Schwächen sollten vielmehr aufgedeckt und die Kinder zu gegenseitiger Hilfestellung ermutigt werden.

Es ist ein tröstlicher Gedanke, daß das Höhere Bewußtsein in der Lage ist, einem Menschen über Schwächen hinwegzuhelfen, die tief im Unbewußten liegen und vom Ego nicht kontrolliert werden können. Das Ego beherrscht leichter die Fähigkeiten und Begabungen, auf die der Mensch stolz ist. Kann er irgend etwas gut, wird er leicht eingebildet, kann er dagegen irgend etwas schlecht, ist er eher bereit, das Höhere Bewußtsein um Hilfe zu bitten.

Kinder sollten ermutigt werden, Fragen zu stellen. Ihre natürliche Neugierde sollte nicht unterdrückt werden durch Eltern, die oft weder Zeit haben noch sich Mühe geben, Antworten auf die Fragen ihrer Kinder zu finden. Fragen zu stellen aber hilft, die Urteilskraft zu entwickeln. Auf dieses

Weise werden die Kinder weniger anfällig für Massenhypnose oder Massenhysterie in jedweder Form. Die Fähigkeit, Fragen zu stellen, ist ein inneres Hilfsmittel, bewußt Entscheidungen zu treffen und nicht äußeren Umständen und Zwängen nachzugeben. Viel zu viele junge Menschen finden es schwierig, Entscheidungen zu fällen, und werden so für Manipulationen anfällig. Sie müßten lernen, ihr Handeln selbst zu bestimmen, auch wenn dies zum Mißerfolg führt. Nur aus eigenen Fehlern kann gelernt werden, nicht aus den Ratschlägen anderer. Nur eine selbst erlebte Erfahrung wird ein Teil des Selbst. Den Rat anderer zu suchen, die vielleicht nicht immer zuverlässig oder erreichbar sind, kann in größte Verlegenheit führen.

Wir sollten das Höhere Bewußtsein täglich um seine Führung bitten und es sollte selbstverständlich sein, es immer um Hilfe anzurufen. Wird diese Gewohnheit von Kindheit an gepflegt und durch gelebtes Beispiel der Eltern unterstützt, muß im späteren Leben weniger negative Konditionierung abgebaut werden.

Pubertätsriten

In einigen isolierten Kulturkreisen ist es üblich – wie in den meisten alten Kulturen – heranwachsende Jungen und Mädchen vom Elternhaus zu trennen und sie der Obhut alter weiser Männer und Frauen anzuvertrauen, die weitaus geeigneter sind, die jungen Menschen auf ihr bevorstehendes Erwachsensein vorzubereiten. Die Jugendlichen werden dann – nach heutigen Maßstäben – sehr strengen Prüfungen unterzogen, damit sie zeigen können, ob sie die notwendigen Fertigkeiten erworben haben, ihren Platz als verantwortungsbewußte Mitglieder der Sippe einzunehmen. Dieses Brauchtum hinterläßt einen tiefen, dauerhaften Eindruck auf die jungen Leute. Die einengenden Bande zu ihren Eltern werden gelöst, und sie machen ihre erste Erfahrung von Unabhängigkeit.

Die Pubertätsriten sind in den einzelnen Kulturen sehr verschieden. Eine moderne Version dieser Pubertätsriten wurde mir vom Höheren Bewußtsein übermittelt. Auch sie lösen die Bande zu den Eltern sehr wirksam und ermöglichen den Jugendlichen, frei und selbständig die Verantwortung für das eigene Leben zu übernehmen und ihren inneren Führer, das Höhere Bewußtsein, um Rat zu bitten.

Die Ablösung von lebenden oder bereits verstorbenen Eltern oder Autoritätspersonen kann zu jedem Zeitpunkt nach der Pubertät vollzogen werden. Natürlich ist es einfacher, alte

Muster so zeitig wie möglich im Leben abzulegen. Wird die Trennung zu Beginn der Pubertätsjahre vollzogen, müssen weniger Konditionierungen abgebaut werden.

Werden Kinder nach den hier beschriebenen Richtlinien erzogen, sind sie – frei von Zwängen – für ihr späteres Leben besser gerüstet und können Anleitung und Führung aus sich selbst heraus finden.

Wenn sie dann das heiratsfähige Alter erreichen, sind sie reif und unabhängig genug, um den passenden Partner zur Gründung einer eigenen Familie zu wählen. Besitzen beide Partner Selbstvertrauen, so besteht weniger Gefahr, daß der eine sich auf den anderen stützt. Da sie gelernt haben, sich auf das beiden gemeinsame Höhere Bewußtsein zu verlassen, werden sie relativ einsichtsvolle Eltern, die ihre eigenen Kinder entsprechend erziehen, und die seit Generationen bestehende Kette negativer Konditionierung ist unterbrochen. Eltern, die sich mit Hilfe dieser Methode Klarheit über ihre Handlungen verschaffen und die gemeinsam das Höhere Bewußtsein um Rat bitten, werden weniger Probleme in ihrer Ehe und mit ihren Kindern haben.

Liebe

Liebe ist ein so kleines Wort für eine so große und vielschichtige Kraft. Liebe ist für jedes Kind lebensnotwendig, und leidenschaftlich sucht sie jeder bewußt oder unbewußt sein ganzes Leben lang. Aber so oft wird sie mißverstanden.

Sathya Sai Baba sagt, daß seine und die in jedem von uns lebende Liebe Gottes sich von der Liebe der meisten Menschen stark unterscheidet. Seine Liebe ist umfassend, selbstlos und ohne Urteil. Sie akzeptiert jeden Menschen so, wie er ist, und mit all seinen Fehlern. Die Liebe der meisten Menschen dagegen ist einengend, selbstbezogen, erdrückend und beherrschend. Vielen Menschen wurde nie die notwendige elterliche Liebe geschenkt, um erblühen zu können, denn ihre Eltern haben als Kinder auch nicht die notwendige Liebe erfahren und nicht gelernt, ihre Liebe auszudrücken.

Für erstaunlich viele Menschen bedeutet Liebe sexuelle Verbindung. Viele Paare, mit denen ich arbeitete, erkannten diese Verwechslung als das Hauptproblem ihrer Beziehung. Auch ist die Gleichsetzung von Liebe und Sexualität häufig ein Grund für Inzest. Inzest ist ein ernstes Problem, das allmählich aus dem Verborgenen auftaucht und in unserer Gesellschaft heute öffentlich erörtert werden kann. Kann ein Mensch seine Gefühle nur durch Sex ausdrücken, ist Sex auch der einzige Weg, die Liebe seinen Kindern mitzuteilen. Ein Elternteil, der sein Kind sexuell mißbraucht, wird sich aber sehr wahrscheinlich schuldig fühlen und seinen Unwillen gerade bei diesem Kind abreagieren. Viele kleine Kinder sind über den plötzlichen Stimmungsumschwung des Elternteils, der seine Liebe nur durch Sex auszudrücken vermag, bestürzt.

Es ist ausgesprochen wichtig, Heranwachsenden den tatsächlich bestehenden Unterschied zwischen Liebe und sexuellen Empfindungen zu erklären. Diese beiden Gefühle müssen nicht unbedingt – wie oft geglaubt wird – gleichzeitig erfahren werden. Die Liebe des Höheren Bewußtseins ist eine kraftvolle Energie, die sich durch eine oder alle Funktionen ausdrücken kann. Drückt sich Liebe durch Sex aus und werden Kinder gezeugt, so ist die Sinnesfunktion des Körpers angesprochen; sie kann durch einen oder auch durch alle fünf Sinne angeregt werden.

Auf der Gefühlsebene drückt sich Liebe durch Zuneigung, Zärtlichkeit, Einfühlungsvermögen und Mitgefühl aus. Diese Gefühle kommen von Herzen und erzeugen Freundschaft und Sorge für andere.

Können Menschen ihre Liebe nur denken, drückt sie sich durch den Kopf und den Intellekt aus. Sie ist nicht warm, beruhigend und mitfühlend, sondern kalt und oft berechnend. Auf der Verstandesebene ist sie schöpferisch und läßt Ideen, Pläne und Entwürfe gedeihen, die dann in die Tat umgesetzt werden können.

Drückt sich Liebe durch Intuition auf psychischer Ebene aus, kann der Mensch sich in andere Dimensionen hineinversetzen und die Gefühle, Stimmungen, Probleme und Ereignisse im Leben anderer verstehen. Auf dieser Ebene manifestiert Liebe sich schöpferisch in wundersamem Einfallsreichtum.

Die Kraft der Liebe hat viele Facetten und offenbart sich auf verschiedene Weise. Je differenzierter und vielgestaltiger sich die Liebe durch den Menschen ausdrückt, um so erfüllter ist er.

Wie aber kann Liebe ohne Anleitung auf derart verschiedene Weisen ausgedrückt werden? Dieses Problem ist ernstzunehmen und wird zunehmend kritisch.

Da Liebe Energie ist, muß sie fließen. Wird sie blockiert oder unterdrückt, wendet sie sich in ihr Gegenteil, in Haß. Liebe für selbstsüchtige Zwecke einzusetzen – was am häufigsten geschieht – blockiert ihren Fluß. Zwar müssen wir uns auch selbst lieben; bleibt es aber nur bei dieser Eigenliebe, hört Liebe auf zu fließen. Liebe muß verschenkt werden, wenn wir sie weiterhin empfangen wollen.

Nur wenige Menschen verstehen zu lieben. Wurde sie niemals die Liebe gelehrt oder konnten sie als Kind niemals positiven, liebevollen Vorbildern folgen, müssen sie erst lernen zu lieben. Aus diesem Grund sind verschiedene Techniken und Übungen dieser Methode entwickelt worden.

Eine Möglichkeit, Liebe zu entwickeln besteht darin, das 'Mandala' oder die 'Pyramide' (siehe Kapitel 'Übungen für den Umgang mit kleinen Kindern') zu üben. Das rote Segment des Mandala oder die rote Pyramidenwand sollten konzentriert betrachtet werden, da beide das Gefühl symbolisieren. Bewußtes Einatmen der Farbe Rot regt die Gefühlsfunktion, durch die sich Liebe ausdrückt, an.

Durch die Baumübung wird man mit seinen liebenden Kosmischen Eltern, den beiden Aspekten des Höheren Bewußtseins, verbunden. Die von den Kosmischen Eltern erbetene Liebe wird eingeatmet, und alle Blockaden, die verhindern, diese Liebe zu empfangen, werden ausgeatmet. Diese Liebe kann den oft in der Kindheit erfahrenen Mangel ersetzen.

Das wahre, innere Wesen des Höheren Bewußtseins ist Liebe. Warum sollte sie nur gelehrt und nicht auch reichlich verströmt werden? Bitten wir das Höhere Bewußtsein, uns Liebe zu schenken, Liebe durch uns fließen zu lassen, und lenken wir diese empfangene Liebe auf andere, ist der Fluß unendlich. Nicht nur der Empfänger ist der Nutznießer der Liebe, sondern jeder Mensch, mit dem sie geteilt wird.

Elterliche Gewalt

Viele Eltern versuchen, über ihre Kinder zu gebieten. Sie erwarten, daß ihre Kinder an ihrer Stelle ihre eigenen unerfüllten Träume und Hoffnungen ausleben, und erhoffen sich so stellvertretend Befriedigung.

Diese Einstellung ist weder für Eltern noch für Kinder besonders sinnvoll. Eltern müssen ihre eigenen Talente und Ziele selbst verwirklichen. Niemand – auch nicht ihre eigenen Kinder – kann das für sie erledigen. Durch das Hineinpressen in die elterliche Gußform werden Kinder ernsthaft geschädigt. Anspruchsvolle Erwartungen der Eltern verbiegen das Leben ihrer Kinder. Sie werden fustriert und verbittert, weil sie nicht ihr eigenes Leben entsprechend den ihnen angeborenen Fähigkeiten leben dürfen.

Erwarten Eltern von ihren Kindern, besonders von ihren Söhnen, in die Fußstapfen des Vaters zu treten und trotz anders gelagerter Begabungen beispielsweise den Beruf eines Arztes oder Rechtsanwaltes zu ergreifen oder das Familienunternehmen weiterzuführen, kann dieser Zwang ähnlich frustrierend sein. Diese elterliche Machtausübung schädigt viele Leben. Die daraus erwachsende negative Beziehung zwischen Eltern und Kindern ist gleich schlimm, ob die Kinder nun den Wünschen der Eltern entsprechen und ihre Verbitterung verbergen oder ob sie rebellieren und ihre eigenen Wege gehen. Denn gehen Kinder ihre eigenen Wege, werden sie oft von verärgerten Eltern enterbt oder gemieden, und bei jeder Gelegenheit werden ihnen Schwierigkeiten in den Weg gelegt.

Würden Eltern versuchen, die natürlichen Talente und Neigungen ihrer Kinder zu entdecken, könnten die Kinder ermutigt werden, die noch nicht entwickelten Begabungen voll zu entfalten. Diese verständnisvolle Einstellung Kindern gegenüber würde die häufige Entfremdung zwischen Eltern und Kindern verhindern.

Niemals sollte vergessen werden, daß Kinder kein Besitz sind; sie gehören den Eltern nicht. Es ist elterliche Pflicht, die angeborenen Fähigkeiten ihrer Kinder bestmöglich zu entwickeln. Sie dürfen den Kindern aber nicht ihren eigenen Willen aufzwingen, weder von ihnen erwarten, in die elterlichen Fußstapfen zu treten, noch durch sie ihre persönlichen, verhinderten Träume ausleben wollen. Sie sollten die einzuschlagenden Wege ihrer Kinder ausfindig machen und ihnen helfen, ihre speziellen Reiseziele anzusteuern.

Gründe derartiger Dominierung liegen oft in der Familie selbst. Seit Generationen wurden Regeln und Verhaltensmuster, ohne sie der sich ändernden Zeit anzupassen, weitergereicht bzw. vererbt. Sitten und Erbe aber sind nur dann sinnvoll, wenn sie den wahren Bedürfnissen entsprechen. Sie können Kindern zu einem Gefängnis werden, deren Gefängniswärter die Eltern sind.

Häufig entstehen ernstzunehmende Probleme, wenn Eltern versuchen, ihren eigenen Willen bei der Partnerwahl ihrer Kinder durchzusetzen. Viele Ehen sind von vorn herein zum Scheitern verurteilt, weil sie entweder auf Familiendruck zustande kamen oder ein Elternteil bzw. beide dagegen waren.

In Indien und auch in anderen Ländern ist es seit Jahrhunderten üblich, Ehen zu arrangieren. Die zukünftigen Eheleute werden nach Temperament, Familie, Lebensstandard, Horoskop und Glauben ausgewählt. Viele dieser Verbindungen gehen gut, viele aber auch nicht. Vor allem nicht in Großstädten, wo die Verwestlichung traditionelle Werte ausgehöhlt hat und neue Erwartungen an die Ehe gestellt werden. Sogar von Mitgiftmördern wird berichtet: Ein Ehemann tötete seine junge Frau, um von einer nochmaligen Heirat und Mitgift profitieren zu können. Die Aufgabe aller Eltern sollte sein, dem ihnen anvertrauten Kind zu helfen, die dunklen, negativen Schleier vergangener Leben zu lüften, denn sie verdunkeln das wahre Selbst, den göttlichen Teil in uns. Um diese Aufgabe jedoch erfüllen zu können, müssen Eltern ihre eigenen, alten Schichten entfernen. Beginnen Eltern und Kinder gleichzeitig mit dieser Aufgabe, können sie zusammen wachsen und sich mit ihrem wahren Selbst wiedervereinen.

Die meisten Menschen aber wissen nichts über ihre eigene Göttlichkeit, ganz zu schweigen von der Möglichkeit, sie zu erkennen, ihre Führung zu suchen und mit ihr eins zu werden. Sai Baba sagt, solange wir Führung, Wahrheit und Erfüllung nicht in uns selbst suchten, seien wir zum Scheitern verurteilt.

Wenn wir keine innere Führung haben, werden wir hin- und hergerissen und lassen uns, um unseren Appetit zu stillen und unsere Wünsche zu erfüllen, von den unzähligen Versuchungen der Welt verführen. Die Wünsche aber werden von Körper, Verstand und Gefühl genährt; sie sind nur die Hüllen, in denen unser wahres Selbst wohnt. Deshalb kann auf dieser Ebene immer nur eine vorübergehende Linderung erreicht werden.

Die Lösung dieses Problems lautet: "Trachtet zuerst nach dem Reich Gottes und nach seiner Gerechtigkeit, so wird euch dies alles hinzugegeben werden." Wir selbst schmälern die uns zugedachten Gaben, da wir zu sehr an dem haften, was wir meinen haben zu wollen. Begraben wir aber unsere Wünsche, werden wir uns langsam öffnen und reicher beschenkt werden, als wir je zu träumen wagten. Gelingt es uns, die uns überlassenen Gaben leicht und ohne Besitzdenken zu bewahren, wird unser Leben reicher werden. Unser ängstliches Besitzen-Wollen hält uns nicht mehr gefangen und engt uns nicht länger ein.

Das bedeutet aber nicht, sorglos und verantwortungslos mit unserem materiellen Besitz umzugehen. Wir sollten unseren Besitz als vorübergehende Leihgabe auf unbestimmte Dauer betrachten und bereit sein, ihn wieder in gleich gutem, möglichst besserem Zustand zurückzugeben. Auch Eltern sollten diese Einstellung gegenüber ihren Kindern haben. Kinder sind unter keinen Umständen das Eigentum der Eltern. Sie dürfen sich so lange um ihre Kinder sorgen, bis diese selbst von ihrer eigenen, inneren Quelle geleitet werden können. Kinder sollten dann ihrem eigenen weisen, inneren Ratgeber überlassen werden, indem die Eltern dem Verlangen widerstehen, die seit der Geburt übernommene Verantwortung für ihre Kinder weiterhin zu tragen.

Unweigerlich werden wir und unsere Kinder enttäuscht werden, wenn wir die Befriedigung und Erfüllung unserer Wünsche in der äußeren Welt, die aus vergänglichen Menschen, Erfahrungen und Zielen besteht, suchen. Wir werden unser Leben in Haß und Neid auf die verbringen, die das erreicht haben, was wir so gerne erreicht hätten. Werden unsere kühnsten Wünsche jedoch erfüllt, leben wir in Angst und Unruhe, das Erreichte wieder zu verlieren.

Wie Lehrer helfen können

Da die Eltern auf das Leben des Kindes den ersten Einfluß ausüben, wurde bis jetzt nur die elterliche Rolle in der Kindererziehung berücksichtigt. Aber auch Lehrer spielen eine wichtige und verantwortungsvolle Rolle, da sie genauso für die moralische wie für die schulische Ausbildung der Kinder verantwortlich sind. Lehrer sollten die von den Eltern begonnene Erziehung weiterführen und mit ihnen diese Aufgabe teilen. Das Leben der Kinder wird von Eltern und Lehrern am stärksten und nachhaltigsten geprägt. Die Lebensgeschichten erfolgreicher Menschen bezeugen immer wieder, wie Eltern oder Lehrer es verstanden haben, den inneren, schlummernden Funken eines Kindes zu entzünden.

Viele Lehrer, mit denen ich zusammengearbeitet habe, berichteten mir von dem ausgezeichneten Erfolg der Übungen aus meinem Buch 'Die inneren Fesseln sprengen', die sie behutsam, ohne den Stundenplan zu beeinträchtigen, bei ihren Schülern angewandt hatten.

Der Maibaum

Das Visualisieren des Maibaumes beispielsweise ermöglicht allen Schülern, die für diese Übung bereit sind, mit ihrem Höheren Bewußtsein in Verbindung zu treten. Wird dieses Symbol regelmäßig angewandt, hebt sich das Niveau der Klasse, denn diese Übung bringt das allgemeine Bewußtsein auf den höchsten gemeinsamen Nenner. Energie, Weisheit und Liebe können auf diese Weise vom gemeinsamen Höheren Bewußtsein aktiviert werden. Erkennt der Lehrer außerdem das Höhere Bewußtsein als den gemeinsamen und wahren inneren Lehrer an und beansprucht diese Rolle nicht für sich selbst, wird nicht nur er, sondern auch die ganze Klasse durch die höhere Führung bereichert.

Der Kreis aus goldenem Licht

Ebenso wie der goldene Kreis um ein störendes Familienmitglied visualisiert werden kann, kann auch der Lehrer einen goldenen Kreis, auf dem Boden liegend, um ein hyperaktives, unverträgliches Kind visualisieren, damit es sich beruhigt. Dieser einfache Kunstgriff zügelt das Kind und seine negative Energie und läßt es auf diese Weise ruhiger werden. Anfänglich sollte diese Übung täglich mehrmals wiederholt werden. Die in dieses Symbol regelmäßig investierte Energie wird mit der Zeit so stark, daß das Kind sein Verhalten ändern wird. Für einen Lehrer ist das hyperaktive, emotional traumatisierte oder mißbrauchte Kind das schwierigste, denn es läßt seine eigene Frustration an anderen aus. Der Goldene Kreis zügelt die störende Energie und kann dem Kind das fehlende, lang ersehnte Gefühl der Sicherheit geben.

Ich schlug diese Übung einer jungen Lehrerin vor, die mir später erzählte, daß sie an der örtlichen Universität einen Kurs für Sondererziehung belegt hätte. In einer Vorlesung informierte der Lehrer seine Studenten über die neuesten Erkenntnisse im Umgang mit hyperaktiven Kindern: Da die Eltern in ihrer Erziehung versäumt hätten, den Kindern Grenzen zu setzen, müßten sie nun gezügelt und eingegrenzt werden. Würden die Füße des betreffenden Kindes während des Unterrichtes in eine Pappschachtel gestellt, verbessere sich ihr Verhalten beträchtlich. Als die junge Frau mir dies erzählte, lachte sie und erklärte, daß der von mir vorgeschlagene Goldene Kreis weit bessere Resultate erzielen würde, denn die Kinder, die bereits starker, negativer Beachtung ausgesetzt seien, würden durch das Visualisieren des Goldenen Kreises nicht zusätzlich gebrandmarkt.

Den Kindern wird geholfen, ohne daß es ihnen bewußt ist. Wirkt die Technik und zeigen sich die ersten Erfolge, kann dem Kind der Goldene Kreis erklärt werden, damit es ihn selbst visualisieren kann.

Sathya Sai Babas EMW(Erziehung in menschlichen Werten)-Programm kann in den Unterricht eingeflochten und von den Kindern in Aufsätzen und Vorträgen veranschaulicht werden. Als Basis aller Fächer kann Wahrheit, Rechtes Handeln, Friede, Liebe und Gewaltlosigkeit gelehrt werden. Diese zusätzliche Ausrichtung bereichert den Lehrplan und bietet den Kindern die dringend notwendige Grundlage für das tägliche Leben.

Eine der Übungen dieses Programmes ist 'Stilles Sitzen'. Es ersetzt die umstrittenere 'Meditation'. Diese Übung sollte täglich, wenn alle Schüler in der Klasse versammelt sind, praktiziert werden. Sie sollte nur einige Minuten dauern und den Kindern die Gelegenheit geben, innerlich zur Ruhe zu kommen. Ferner sollte den Schülern vorgeschlagen werden, sich während des Tages immer wieder innerlich zurückzunehmen und bewußt mit dem inneren, allen zugänglichen

Ratgeber Verbindung aufzunehmen. Treten beispielsweise Schwierigkeiten in einem ganz bestimmten Fach auf, sollten sie sich ruhig hinsetzten und um Anleitung bitten. Ganz sicher erhalten sie dann diese Anleitung in Form eines Gedankens, Bildes oder eines plötzlichen Einfalls. Mit etwas Übung gewöhnen sich die Kinder daran, auf diese Weise Rat zu erbitten, und finden oft überraschende Antworten auf ihre Fragen.

Ein kleiner Junge, mit dem ich arbeitete, verkündete eines Tages ganz spontan, daß er schon immer gewußt hätte, einen Arzt in sich zu haben, den er bei jeder Krankheit konsultieren könne. Außerdem hätte er auch noch einen anderen, versteckten Lehrer in sich, den er bei Schwierigkeiten in der Rechtschreibung befragen würde, denn dieses Fach lag ihm nicht besonders.

Im allgemeinen braucht man Kindern die ungenutzten, inneren Quellen nur anzudeuten. Meistens sind sie ganz spontan bereit, dieses Wissen anzuwenden, und werden im Laufe der Zeit immer selbstbewußter, vor allem, wenn sie merken, wie erfolgreich diese Methode ist.

Ich vergleiche die Übungen und Techniken immer mit einem Werkzeugkasten, der für das tägliche Leben unerläßlich ist. Kinder brauchen gut funktionierende Werkzeuge, um mit den verschiedenen Herausforderungen des Lebens umgehen zu können. Wenn sie dann feststellen, daß diese Werkzeuge auch gut zu gebrauchen sind, sind sie begeistert.

Ein weiteres Programm von Sathya Sai Baba ist seva oder Dienst an der Gemeinschaft. Dieser Dienst kann entweder von Gruppen oder einem einzelnen Kind geleistet werden. Viele Schulklassen übernehmen Patenschaften in sehr armen Gegenden. Die Kinder werden gebeten, Spielsachen oder abgelegte Kleidungsstücke zu sammeln, die an bedürftige Kinder der Patenschulen verteilt werden. Schulen und Familien kümmern sich auch um andere Schulen und Kinder in weniger entwickelten Ländern oder Katastrophengebieten .

Unsere beiden Töchter hatten mehrere hilfsbedürftige 'Schwestern' in anderen Ländern. Sie schrieben ihnen und schickten ihnen Kleider, Bücher und Spielsachen. Kinder, die auf diese Art lernen zu teilen, werden Verständnis für weniger bemittelte Menschen entwickeln. Anderen zu helfen und für sie zu sorgen, läßt sie weniger selbstbezogen werden.

Kinder bedürfen kaum der Ermunterung durch Eltern und Lehrer, um ausgezeichnete und praktische Ideen zu entwickeln, anderen zu helfen. Sie lernen zu schätzen, was sie haben, und nehmen nicht alles als selbstverständlich – heutzutage eine weitverbreitete Einstellung.

Die oben erwähnten Vorschläge beeinträchtigen den Stundenplan kaum. Werden diese Programme eingeführt, kompensiert das verbesserte Verhalten der Schüler die dafür aufgewandte Zeit reichlich. Auch das bereits beschriebene Programm zur Begrenzung vonWünschen kann in Schulen eingeführt werden. In unseren Schulen wird nicht nur Material, sondern auch Zeit und Energie verschwendet. Wenn Kindern veranschaulicht wird, wie sie Zeit und Energie einsparen können, um mehr Zeit für das zu haben, was ihnen Spaß macht, fällt die entsprechende Einschränkung nicht schwer. Unnötiges Geschwätz, Tagträume, Unaufmerksamkeit, belanglose Fragen, Streitereien und andere nutzlose Angewohnheiten rauben Zeit und Energie. Erklärt man Kindern diesen Gedanken klar und deutlich, sind Eltern und Lehrer von der kindlichen Mitarbeit und dem Einfallsreichtum sehr überrascht. Mit nur wenigen Vorschlägen können Eltern und Lehrer die den Kindern angeborene Kreativität aktivieren. Kinder müssen aber für ihre Anstrengungen gelobt werden, und mit ein wenig Ermunterung wenden sie sich wieder anderen Herausforderungen zu.

Süchte

Eltern und Lehrer werden in zunehmendem Maße mit dem Problem der verschiedenen Süchte, die bereits bei Kindern im Grundschulalter auftreten, konfrontiert. Weitverbreiteter Drogenmißbrauch scheint symptomatisch für den allgemeinen Werteverfall zu sein. Er ist auch ein Symptom für die fehlende Liebe im Leben so vieler Erwachsener und Kinder, denn nur Liebe gibt das Gefühl, ein vollwertiger Mensch zu sein.

Instinktiv suchen Menschen ihren Schmerzen zu entfliehen, seien es Schmerzen physischer, seelischer, gefühlsmäßiger oder geistiger Art. Aber jeder Schmerz schützt und warnt vor ungelösten Problemen, denen man sich stellen sollte.

Zeitweise werden wir durch das Fernsehen mit unzähligen Naturkatastrophen konfrontiert, mit Erdbeben, Überschwemmungen, Dürren, Hungersnöten und Wirbelstürmen und sehen Bilder von Kriegen, Aufständen, Epidemien, Morden, Vergewaltigungen, Kindesmißbrauch und vielen anderen Greueln; von Schreckensnachrichten über Umweltverschmutzung, den Treibhauseffekt und die Löcher in der schützenden Ozonschicht ganz zu schweigen.

Dieser tägliche Schwall von Schreckensmeldungen erzeugt eine emotionale Überbelastung. Der einzelne Mensch hat nicht die Fähigkeit, mit dieser Unzahl von Problemen, für die er persönlich keine Lösung finden kann, umzugehen. Dieses Zuviel an Erschreckendem unterdrückt bei vielen die Gefühle, und sie stumpfen aus Selbstschutz ab. Dieser Mechanismus läßt das Herz verhärten und unterdrückt Anteilnahme und Mitgefühl. Es ist ein Ausdruck unserer Zeit, daß sonst liebevolle und besorgte Menschen sich durch diese Gewalttätigkeiten kaum noch angesprochen fühlen.

Probleme können nur dann eine Herausforderung sein, wenn eine Lösung in Sicht ist. Ist das aber nicht der Fall, stauen sie sich zu einer unüberwindbaren Bedrohung auf, aus der verzweifelt nach irgendwelchen Auswegen gesucht wird. Auch die vielen Süchte stellen einen Teil dieser verzweifelt gesuchten Auswege dar, die Erleichterung versprechen,. Menschen reagieren auf Suchtmittel unterschiedlich. Entweder werden sie ruhig und reagieren auf Probleme weniger stark, oder sie werden derart angeregt und überaktiv, daß sie die Ausdauer verlieren, Probleme überhaupt zu lösen.

Suchtmittel aber lindern nur, sie heilen nicht und lösen keine Probleme. Läßt ihre betäubende Wirkung nach, hat sich an der ursächlichen Situation nichts geändert. – Sie haben aber noch einen anderen ernstzunehmenden Nebeneffekt. Sie machen abhängig, und eine Heilung scheint in dem meisten Fällen ausgeschlossen. Für Abhängige, ist es nicht nur äußerst schwierig, sich von ihrer Sucht zu befreien, es besteht auch die Gefahr, nach der Heilung von der einen Sucht einer anderen zu verfallen.

Die vielen Fälle bleibender Abhängigkeit von diesen 'Helfern' belegen, daß es besonders suchtanfällige Menschen mit einer entsprechenden Persönlichkeitsstruktur gibt, die auf verschiedene Ursachen zurückgeführt werden kann, beispielsweise auf frühzeitiges Nachahmen elterlichen oder familiären Verhaltens. Sehen Kinder, wie sich ihre Eltern oder andere Autoritätspersonen durch Alkohol, Zigaretten, Tabletten, Drogen oder andere zwanghafte Gewohnheiten entspannen, werden sie allmählich auch diese Angewohnheiten annehmen, um vor sich selbst zu fliehen.

Suchtverhalten kann aber auch auf ererbte Labilität des Körpers zurückzuführen sein, wie Mangel oder Überschuß an bestimmten Chemikalien oder Mineralien. Viele Alkoholiker beispielsweise haben einen gestörten Zuckerhaushalt geerbt.

Vor kurzem wurde mir gezeigt, daß es neben diesen offensichtlichen Ursachen noch sehr viel ernstere gibt. Alles im Universum hat seine Entsprechung, jeder Ton, jeder Duft, jede Substanz und jede Wellenlänge. Oft sprechen wir von Menschen oder Dingen, die aufeinander abgestimmt sind. Zu jeder Zeit erzeugen wir alle Gedankenformen, und zwar aus dem einfachen Grund, weil wir, außer im Tiefschlaf und bei Bewußtlosigkeit, ständig denken. Wenn wir über etwas nachdenken oder uns mit etwas beschäftigen, wird diese Tätigkeit mit unserer Energie erfüllt. Wir benötigen Energie zum Denken, Sprechen, Handeln und Leben. Lenken viele Menschen ihre Aufmerksamkeit immer wieder auf eine Sache, so wird sie mit ständig wachsender Energie geladen. Sie gewinnt über den einzelnen Menschen Macht und wird schließlich stärker als er. – Diese in Gedankenformen angehäuften ungeheuren Energien können mit Archetypen verglichen werden. Ihre Macht ist stärker als die der Menschen, die sie mit ihren Gedanken ursprünglich erschaffen haben und auch weiterhin erhalten. Einige dieser Gedankenformen sind positiv, andere wiederum negativ; bestimmend dafür ist die Eigenschaft des ersten Gedankens. Einige dieser Energieanballungen sind derart kraftvoll, daß sie fast spürbar sind und als schwarze Wolken in der Atmosphäre erfühlt werden können, an bestimmte Gebiete gebunden sind oder von einem Gebäude ausstrahlen.

Es gibt Menschen, die diese Archetypen mit sich tragen, von ihnen, oft unbewußt, kontrolliert werden und unter ihrem Einfluß hilflos sind, da sie ihre Kraft an diese unpersönlichen Schöpfungen weggegeben haben. – Versuchen diese Menschen nun, ihrem unbewußten Schmerz durch Sucht zu entfliehen, stimmen sie sich häufig, ohne es zu wissen, auf die mannigfachen, mit Süchten verbundenen Archetypen ein. Einmal mit diesen Archetypen verbunden, sind sie absolut unfähig, sich wieder von diesen Kräften zu befreien. Aus diesem Grund ist es den meisten Menschen nicht möglich, von den 'Hilfsmitteln', die eine Flucht vor den Lebensproblemen versprachen, wieder unabhängig zu werden.

Es sollte Kindern klar gesagt werden, daß nur Probleme die Möglichkeit bieten, auch Lösungen zu finden. Dann werden sie Schwierigkeiten nicht als Signal zur Flucht benutzen, sondern als Herausforderung, um stärker und freier zu werden und das Leben in seiner ganzen Fülle zu leben.

Häufig experimentierenKinder zum ersten Mal mit Drogen, wenn zuviel Neues auf sie einströmt, wenn sie unter dem Druck Gleichaltriger stehen oder wenn sie einfach beliebt oder 'in' sein wollen.

Es ist daher notwendig, daß Eltern und Lehrer die Kinder über die mit diesen Angewohnheiten verbundenen und sie überlagernden Kräfte aufklären. Gleichzeitig muß ihnen aber auch gezeigt werden, wie Probleme mit Hilfe des Höheren Bewußtseins gelöst werden können. Auch ist es sinnvoll ihnen zu erklären, daß wir alle zu schwach sind, eine so kraftvolle Konditionierung mit dem Willen unseres eigenen, vertrauten Egos zu überwinden. Es bedarf der gesteigerten Energie des Höheren Bewußtseins, diese gewaltige, archetypische Macht zu besiegen.

Teil II

Identifiziert euch nicht mit Klassen und Rassen, löst euch von den Bedingungen der Kindheit, der Jugend, des Erwachsenseins, des Alters, vom Geschlecht von Mann und Frau.

Sri Sathya Sai Baba

Identität und Aufgabe

Wer sind wir?

Sathya Sai Baba sagt, wir seien drei Menschen: Der, der wir glauben zu sein (der Körper), der, von dem andere glauben, daß wir es seien (der Verstand), und der, der wir wirklich sind (göttlich und Teil der universalen Kraft Gottes). Er fordert uns auf, Körper und Verstand mit unserem wirklichen Selbst zu vereinen. Nur so könnten wir unsere wahre Identität als Göttlichkeit erkennen.

Mein erstes Buch zu dieser Methode, 'Die inneren Fesseln sprengen', handelt von Schichten früher Konditionierung durch Eltern, Erzieher, Geistliche, Freunde, Geliebte oder andere Autoritätspersonen. Die meisten Menschen haben sich ihre Überzeugungen, Einstellungen, ihre Reaktionen auf Ereignisse, Menschen und Erfahrungen bewußt oder unbewußt von diesen Personen ausgeliehen. Diese leichter zu erkennenden Schichten müssen zuerst behandelt werden, um von negativer persönlicher Familienprägung frei zu werden. Ist dies vollzogen, kann die subtilere Programmierung gelöst und der wahre Mensch unter ihren vielen Schichten offenbar werden.

Dieser Teil des Buches zeigt, wie wir uns von den größeren, mannigfaltigeren und komplexeren Systemen befreien können, die uns und unser Verhalten auf verschiedene Weise geprägt haben. Jedes durch äußere Einflüsse empfangene

Muster kann in Zwiespalt zu unserem wahren Selbst stehen. Es überschattet den Funken der Wirklichkeit, den wir alle in uns haben, unseren Berater und Lehrer, unser wahres Selbst, und verhindert die Zwiesprache mit dem Höheren Bewußtsein. Wie eine Störung im Telefon verhindert es, richtig zu hören und verstanden zu werden, wenn andere Teilnehmer das Telefon mitbenutzen. Beide Parteien hören nur einen Teil der Unterhaltung. Sprechen mehrere Stimmen auf einmal, ist die Verständigung verworren. Erinnert man sich immer noch unterschwellig der Stimmen der Eltern oder anderer Autoritätspersonen, ist der Empfang der Botschaften des Höheren Bewußtseins unklar.

Woher kommen wir, was ist unser Ziel? Die Antwort scheint zu sein, daß wir ursprünglich von Gott kamen, um wieder zu ihm zurückzukehren. Auf dieser Wanderung, reich an Umwegen, Verirrungen und durch zahlreiche Wünsche und Bindungen an die materielle Welt abgelenkt, bietet sich uns die Gelegenheit, zu einem klareren Bewußtsein zu gelangen.

Warum sind wir hier?

Warum sind wir hier, und was sollen wir durch unser Leben lernen? Auf diese Frage gibt es viele verschiedene Antworten, je nachdem, wer sie stellt und an wen sie gerichtet ist. Ich kann nur das schreiben, was mich meine Arbeit und vor nicht allzu langer Zeit Sai Baba gelehrt hat. Er hat die Lehren der alten Schriften, die von Weisen und Propheten aus Quellen außerhalb ihres eigenen, begrenzten Verstandes empfangen wurden, sorgfältig bearbeitet.

Daraus geht hervor, daß wir hauptsächlich aus zwei Gründen hier sind. Erstens müssen wir die irgendwann früher einmal durch unsere Gedanken, Worte und Taten erzeugte und in die Welt ausgestrahlte Energie ausgleichen. Denn die von unserem Ego und Willen, unseren Gedanken, Worten und Taten ausgesandte Energie kommt zu uns zurück, so wie Brieftauben immer wieder in ihren Schlag zurückfliegen. Wir ernten, was wir säen, und können entweder eine reiche Ernte einfahren oder durch eigenes Leid erfahren, was wir anderen zu irgendeiner Zeit zufügt haben.

Der zweite Grund unseres Daseins ist, zu lernen, mit unseren Mitmenschen in Harmonie zu leben, denn wir haben alle einen gemeinsamen Ursprung. Was immer wir anderen zufügen, fügen wir automatisch uns selbst auf unserer langen Reise, zurück zu diesem Ursprung, zu. – Um besser zu verstehen, was wir hier zu lernen haben, listete Sai Baba die verschiedenen auf dieser Welt zu entwickelnden Fähigkeiten auf. Die Fähigkeiten, die er am häufigsten erwähnt, sind: Geduld, Toleranz, Standhaftigkeit und Nachsicht.

Geduld ist eng mit Zeit verbunden. Alles hat seine Zeit. So wie die Sonne und der Mond zu ihren Zeiten auf- und untergehen, lösen sich auch die Jahreszeiten in entsprechender Folge ab. Ein natürlicher Rhythmus bestimmt die Weltereignisse und verhindert Chaos. Gemäß dem Prediger Salomo, 3,1: "Ein jegliches hat seine Zeit, und alles Vornehmen unter dem Himmel hat seine Stunde. Geboren werden und sterben, pflanzen und ausrotten, was gepflanzt ist."

Wird Zeit erzwungen, entsteht Verwirrung. Wenn wir uns fügen, entspannen und um ein Zeichen für den richtigen Zeitpunkt unseres Handelns bitten, offenbart sich uns die rechte Zeit und der rechte Ort. Diesen Zeitpunkt abzuwarten erfordert Geduld, wie es auch Geduld erfordert, der Versuchung zu widerstehen, Zeit zu verkürzen und den Zeitpunkt zum Handeln mit Gewalt herbeizuführen. Nicht wir bestimmen die Zeit, sondern das Höhere Bewußtsein.

Geduld ist auch eng mit Wünschen verbunden. Wir verlieren unsere Geduld, wenn wir etwas haben oder etwas vermeiden wollen und wir sind enttäuscht, wenn etwas nicht unseren

Vorstellungen entspricht. – Wir sollten lernen, dem Höheren Bewußtsein so uneingeschränkt zu vertrauen, daß wir entspannt und geduldig auf das Beste zum besten Zeitpunkt warten können.

Toleranz bedeutet, weder über einen Menschen zu urteilen, noch ihn zu kritisieren oder zu verdammen; die Überzeugungen anderer zu respektieren, sie nicht zu verspotten und zu verachten. Toleranz bedeutet klar und einfach definiert: "Leben und leben lassen." Sie bedeutet aber auch, nicht negativ auf Menschen, Ereignisse oder Situationen zu reagieren und unter allen Umständen gelassen zu bleiben. Gleichzeitig aber sollten wir über genügend Unterscheidungskraft verfügen, nicht jede Untat und jedes Fehlverhalten um der Toleranz willen zu 'tolerieren'.

Standhaftigkeit bedeutet, so eng mit dem Höheren Bewußtsein in Verbindung zu stehen und sich seiner Führung so uneingeschränkt anzuvertrauen, daß wir trotz des Widerstandes und des Druckes anderer der tiefsten Wahrheit in uns treu bleiben.

Zum Ende dieses Abschnittes möchte ich noch Sathya Sai Babas Beschreibung von Nachsicht zitieren: "Nachsicht bedeutet, durch Trauer, Verlust, Undankbarkeit und Bosheit anderer sich weder berührt noch belastet zu fühlen. Sie sind das Ergebnis eigener Taten, die jetzt auf uns selbst zurückfallen. Betrachte die, die dir Leid zufügen, als Freunde und Wohlwollende. Die Last des Karmas muß erduldet und aufgehoben werden. Das ist das Gesetz von Ursache und Wirkung."

Marionetten und ihre Spieler

"Bin ich die Marionette meines eigenen Ego, eines anderen Ego, des Willens anderer oder die des Höheren Bewußtseins?"

Nie werde ich vergessen, wie ich während eines Besuches diese Frage Sai Baba zur Klärung stellen durfte. Mehrere Teilnehmer einer amerikanischen Delegation waren anwesend, und das zur Diskussion stehende Problem war, wie mit Menschen umgegangen werden sollte, die einen starken Willen haben und darauf bestehen, ihn auch durchzusetzen. Da ich selbst auch schon mit diesem Problem zu tun hatte, war ich gespannt zu erfahren, welcher Wille befolgt werden sollte: mein eigener, der eines anderen oder der Wille des Höheren Selbst, das für die Teilnehmer dieser Gruppe Sai Baba verkörperte. Sai Baba spürte meine Frage, wandte sich lächelnd zu mir und ermutigte mich, diese Frage zu stellen. Er antwortete: "Sind wir unschlüssig, sollten wir uns an einen stillen Platz zurückziehen und uns ganz auf uns selbst konzentrieren, um eine Antwort zu erhalten." Er versicherte mir, daß wir innerhalb von zwanzig Minuten eine Antwort erhalten würden. Manche Menschen erwarten eine laute Stimme, die die Antwort verkündet, oder sie rechnen damit, die Antwort auf ähnlich dramatische Weise zu erfahren. Das ist aber selten der Fall. Die Antwort kann durch einen anderen Menschen ausgedrückt werden, ein Buch, einen Artikel, sogar durch ein Lied im Radio und selbstverständlich durch Gedanken oder das Erinnerungsvermögen. Ich habe die Erfahrung gemacht, daß ich immer eine Antwort erhalten habe, solange ich aufrichtig und von Herzen darum gebeten habe.

Die Gewohnheit, ein Leben lang wie eine Puppe zu reagieren und die verschiedenen Rollen anderer zu spielen, hat ihren Ursprung in der Kindheit. Von vielen Kindern wird erwartet, daß sie sich wie Marionetten verhalten. Die Eltern ziehen an den Fäden, und die Kinder müssen nach ihrer Pfeife tanzen.

Das Höhere Bewußtsein ist die einzige Wesenheit, die unsere wahren Bedürfnisse kennt. Nur das Höhere Selbst kann uns unserer Vollendung und Ganzheit entgegenführen. Einem anderen Menschen, einer Sache, Sitten, Ideen oder einem herrschenden System Macht über sich selbst einzuräumen bedeutet, das Schicksal herauszufordern. Wir verleugnen damit unsere eigene Identität und versuchen, nach den Vorstellungen anderer zu leben.

Wir müssen unser eigenes Verhalten sehr genau beobachten, um feststellen zu können, wo wir uns wie Marionetten verhalten und von alten Auffassungen und Kindheitsprägungen manipulieren lassen. Diese Prägungen können unser ganzes Leben bestimmen und uns verschiedene Rollen annehmen lassen. – Wir sollten jedoch niemals von einer bestimmten Rolle dominiert oder beherrscht werden. Besser ist es, der jeweiligen Situation entsprechend die passende Rolle zu spielen und sie nach Bedarf auszutauschen. Nicht nur die Eltern oder andere Autoritätspersonen sind, als die Marionettenspieler, verantwortlich für die Manipulation, sondern auch die 'Marionetten' selbst und jeder andere, der sich benutzen läßt.

Das Höhere Bewußtsein ist der einzige vertrauenswürdige 'Marionettenspieler'. Kein Mensch hat das Recht, als Rattenfänger von Hameln aufzutreten und nach seiner Pfeife tanzen zu lassen. Aber man darf auch selbst nicht zur Marionette werden.

Menschen, denen ein klares Selbstbildnis fehlt, können leicht zur Marionette werden. Da sie nicht wissen, wer sie sind, gehen sie der vermeintlichen Stärke und Sicherheit anderer in die Falle und werden in eine ihnen angenehme oder unangenehme Rolle hineinkatapultiert. Dies kann so lange andauern, bis sie durch einen Schock wachgerüttelt werden und zu rebellieren beginnen. Befreit sie diese Rebellion jedoch nicht aus den Zwängen, bleiben sie weiterhin Marionetten und unterdrücken ihren Ärger, die Frustration und den Groll. Daraus erwächst für sie jedoch ein noch viel ernsteres Problem: Sie richten die negativen Emotionen nun gegen sich selbst und beginnen ihre eigene Unfähigkeit zu hassen.

Seit Jahrhunderten gibt es das Puppentheater, und in vielen Kulturen gilt das Theaterstück als Lehrstück. Die äußere Form mag verschieden sein, das zugrundeliegende Thema jedoch ist meist ähnlich, und jede einzelne Szene beschreibt eine Situation des täglichen Lebens. Der Marionettenspieler selbst fungiert hinter der Bühne, und indem er an den Fäden der Marionette zieht, kontrolliert er ihre Bewegungen und ihr Handeln nach seinen Vorstellungen. Der Marionettenspieler kann mit dem Höheren Bewußtsein verglichen werden und die Marionetten mit den verschiedenen Aspekten der Persönlichkeit.

Als Kinder beginnen wir unser Leben mit bestimmten familiären Erbanlagen, durch die wir lernen können, die Taten unserer vergangenen Leben auszugleichen. Das Höhere Bewußtsein oder der innere göttliche Funke ist unser wahres Selbst. Unser Körper, der Verstand, die Gefühle, das Ego und die Persönlichkeit sind nur Hüllen, die den göttlichen Funken beherbergen. Diese Hüllen erhalten ihre Gestalt durch unsere mannigfaltigen früheren Erfahrungen. Wir verkörpern uns immer wieder in dieser Welt, um das zu lernen, was wir lernen müssen. Jede Aktion verursacht eine Reaktion. Wir alle erfahren heute die Reaktionen unserer vergangenen Aktionen, positiv wie negativ. Wir säen heute, was wir in zukünftigen Leben ernten werden. Übergeben wir aber unser Ego und unseren Willen dem Höheren Bewußtsein und lassen zu, daß es durch uns handelt, entsteht kein neues Karma. Der Wille des Höheren Bewußtseins wird unser Leben bestimmen.

Wir alle haben einen freien Willen, der vom Höheren Bewußtsein immer geachtet wird. Niemals würde es sich einmischen oder uns zu etwas zwingen. Wenn wir fähig werden, unser Leben in seine Hände zu legen, und es bitten, uns zu führen, wird es unser Karma beschleunigen und uns helfen, es auszugleichen. Das Höhere Bewußtsein mutet uns immer nur soviel zu, wie wir auch tragen können. Es ist unser freier Wille, uns bewußt für seine Hilfe zu entscheiden und mit ihm zusammenzuarbeiten. Wir können uns aber auch seiner Unterstützung verweigern und weiterhin unseren eigenen Kurs bestimmen, bis wir entweder scheitern, um Hilfe bitten oder zusammenbrechen. Wenn wir wollen, können wir unsere eigene Evolution beschleunigen und uns dem Höheren Bewußtsein anvertrauen, denn es weiß, was uns fehlt. Der sogenannte normale Weg, einfach auf alles zu reagieren, was uns das Leben vor die Füße wirft, würde selbstverständlich auch zu unserem Ursprung zurückführen; dieser Weg ist aber viel langsamer. Ohne Führung durch das Höhere Bewußtsein gehen wir unweigerlich gerade den Lektionen aus dem Weg, die wir in jedem Leben zu lernen haben. Übernimmt aber das Höhere Bewußtsein für uns die Steuerung, werden wir alle Höhen und Tiefen, alle Stürme umschiffen und heil unser Ziel erreichen.

Um sich diesem Ziel zu nähern, gibt es ein sehr geeignetes Mantra, es heißt: "Sich hingeben, vertrauen, annehmen." Das bedeutet: "Ich gebe mich dem Höheren Bewußtsein hin, das am besten weiß, was ich brauche. Ich vertraue ihm, daß alles, was kommen mag, richtig sein wird. Ich werde alles annehmen, egal ob es mir gefällt oder nicht."

Unser bewußter Ausblick ist begrenzt, wir können nicht wissen, was das Beste für uns ist. Das Höhere Bewußtsein kennt jedoch unsere Vergangenheit und Gegenwart und kann aus diesem Grund besser für uns entscheiden. Wir müssen es nur dazu ermächtigen.

Aus den verschiedensten Gründen, ob aus Angst, Schüchternheit, geringer Selbstachtung, Schuld oder sogar Faulheit, begrenzen wir allzu oft unser Wachstum. Bitten wir jedoch immer wieder um richtiges Handeln zum richtigen Zeitpunkt, werden wir feststellen, daß uns viel mehr gegeben wird, als wir je zu hoffen wagten. Wenn wir die uns einschränkenden Verhaltensmuster, die sich seit vielen Leben angesammelt haben, entfernen, so werden wir unwillkürlich frei, um bewußt mit dem Höheren Bewußtsein in Verbindung zu treten. Uns wird der Weg zum Eins-Sein mit dem Höheren Bewußtsein gewiesen. Verschwindet in uns die Dunkelheit, kann das innere Licht des Höheren Bewußtseins erstrahlen und erleuchtet nicht nur uns, sondern jeden und alles, was es durch uns berührt.

Für all jene, die Hilfe und Unterstützung auf ihrem inneren Weg zur Vereinigung mit Gott suchen und nicht weiter den äußeren Weg, der zur Bindung an die materielle Welt führt, beschreiten wollen, werde ich nun fortgeschrittenere Techniken und Übungen beschreiben.

Frühe Konditionierung

Schaue ich auf die Jahre zurück, seit ich mit Klienten arbeite, zeigt sich, daß meine Klienten vorwiegend in zwei Kategorien eingeteilt werden können: Die erste Kategorie besteht aus Menschen, die das entsprechende Handwerkszeug benötigen, um ihr Leben positiv und harmonisch zu gestalten. Die zweite besteht aus Personen, die zwar auch einen besseren Lebensstil anstreben, aber ihr Leben dem Ziel widmen möchten, Ganzheit zu erlangen und sich von Wünschen zu befreien, d. h. der Weltlichkeit entrinnen möchten. Diese Menschen wurden ausnahmslos in Familien hineingeboren, in denen sie sich fremd fühlten wie das häßliche Entlein.

Treffe ich einen Menschen, der in die zweite Kategorie fällt, erkläre ich ihm, daß die Erfahrung, sich als Fremder in der eigenen Familie zu fühlen, große Vorteile in sich birgt. Diese Menschen verlassen sich nicht auf die Unterstützung und Sicherheit der Familie. Dieser Start ins Leben ist äußerst schwierig und schmerzlich, denn schon in jungen Jahren waren sie gezwungen, sich auf sich selbst zu verlassen, und vielen Menschen fehlt die Kraft, unversehrt zu überleben. Sogar diejenigen, die es schaffen, sind gewöhnlich gezwungen, während schwieriger Perioden ihres Lebens Hilfe zu suchen. Solche Krisen können aber Initiationen auf dem Weg sein. Sie erzeugen die notwendige Spannung und den Schmerz, der dazu zwingt, die Krise zu überwinden und einen neuen Bewußtseinsgrad zu erreichen. Für zukünftige Entwicklungen wird so mehr Energie freigesetzt.

Für die besonderen Bedürfnisse dieser Menschen muß die ursprüngliche Methode, die inneren Fesseln zu sprengen, erweitert und angepaßt werden. Die Vorgehensweise paßt sich dann den Bedürfnissen des einzelnen an, besonders wenn die Lösung von den Eltern vorbereitet worden ist. Es ist wichtig, den geistigen, seelischen und gefühlsmäßigen Hintergrund des Elternhauses zu berücksichtigen, damit die ererbten Verhaltensmuster klar zum Vorschein kommen. Denn diese Muster deuten auf die Lektionen hin, die derjenige gerade in dieser Familie und zu dieser Zeit zu lernen hat, und ermöglichen ihm entsprechendes Reifen.

Es ist notwendig, die seit der Kindheit vorherrschenden Lebensumstände genau zu analysieren und rückblickend die eigenen Reaktionen auf die verschiedenen Einflüsse zu studieren, um festzustellen, ob man sie angenommen, verworfen oder gegen sie rebelliert hat. Man sollte sich klar darüber werden, ob man aus jeder Erfahrung gelernt oder die Gelegenheit zum Lernen versäumt hat. – Es ist sinnvoll, sich immer zu fragen: Habe ich diese oder jene Erfahrung verstanden? Was hätte sie mir beibringen können? War ich reif genug, um daraus zu lernen? Wenn nicht, habe ich aus einer ähnlichen Erfahrung gelernt, oder muß ich diese Erfahrung noch einmal machen? Wenn ja, habe ich jetzt die entsprechende Einsicht, daraus zu lernen?

Aus eigener Erfahrung und durch die Arbeit mit anderen habe ich die Notwendigkeit erkannt, die allgemeinen und die persönlichen frühen Einflüsse genau zu prüfen. Diese Einflüsse sind: Nationalität, Sitten und Gebräuche, Überzeugungen, Vorurteile, Lebenseinstellung, Charakterstrukturen, Nahrung, Aberglaube und vieles mehr. Auch haben der Aufenthaltsort der Familie, der soziale und finanzielle Hintergrund, die Ausbildung, die kulturellen Interessen, Sport, Kunst, Musik, Literatur, Spielleidenschaft, Trinkgewohnheiten, Parties und andere Aktivitäten einen Einfluß auf jeden Menschen. Alles muß unter die Lupe genommen werden, um feststellen zu können, inwieweit man davon beeinflußt wurde und die Gelegenheit zu wachsen genutzt oder versäumt hat. – Auch ist es wichtig zu erkennen, inwieweit diese Einflüsse das gegenwärtige Verhalten geprägt haben, denn man mag sich der noch bestehenden Einflüsse auf sein Leben nicht wirklich bewußt sein. Träume sind eine unschätzbare Hilfe, unbewußte Einflüsse zu entlarven. Ich werde später auf sie eingehen.

An dieser Stelle möchte ich betonen, daß die genaue Untersuchung der Kindheit nicht eine Kritik an irgend jemandem oder irgend etwas bedeutet. Wichtig ist nicht, ob irgend jemand oder irgend etwas gut oder schlecht war, sondern wie man auf die entsprechenden Umstände reagiert hat und inwieweit sie die gegenwärtige Perspektive färben.

Um im wahrsten Sinne des Wortes frei zu sein, muß man sich von vergangenen Einflüssen lösen, damit man den höchsten Gewinn aus der unmittelbaren Gegenwart ziehen kann. Anders ausgedrückt: Man sollte frei sein, Wertvolles anzunehmen und Wertloses abzulegen, und sich nicht einfach den verschiedenen Möglichkeiten ausliefern. – Alles kann den Menschen seinem Ziel näher bringen, auch scheinbar negative Einflüsse. Kein einziges Jahr seines Lebens muß vergeudet sein oder als verfehlt oder verloren betrachtet werden, wenn die damit erteilten Lehren angenommen und angewandt wurden.

Die Auflistung der elterlichen Eigenschaften, die zur Zeit der Ablösung angelegt wurde (siehe 'Die inneren Fesseln sprengen'), sollte sorgfältig auf Hinweise frühkindlicher Programmierung überprüft werden. Für diese tiefergehende Arbeit muß die Liste der Einflüsse jedoch erheblich erweitert und die familiäre Erbmasse durchleuchtet werden, um das ganze Muster, die daraus folgenden Prägungen und Reaktionen zu erkennen. Hat man zustimmend oder rebellisch reagiert, hat man sich angeglichen oder war man kompromißbereit?

Der Glaube an die Idee der Wiedergeburt erleichtert es, mögliche Gründe zu finden, warum jemand in eine ganz bestimmte Familie hineingeboren wird. Diese Theorie geht davon aus, daß die gegenwärtigen Lebensbedingungen dem Menschen ermöglichen, die noch zu lernenden Lektionen zu erkennen.

Manchmal ist es unerläßlich, einen Menschen mit seinen Kosmischen Eltern in Verbindung zu bringen, bevor er sich von seinen leiblichen Eltern löst, denn die Kosmischen Eltern müssen ihn erst mit der für ihn notwendigen Nahrung versorgen und ihm das Gefühl der Sicherheit und des Angenommenseins vermitteln, das ihm seine eigenen Eltern, als begrenzte menschliche Wesen, nicht in dem erwünschten Maße geben konnten.

Durch Geburt tritt die Seele in einen neuen Körper und in eine neue Familie ein und übernimmt alles, was seit Generationen an dieser Familie haftet. Für relativ kurze Zeit ist der Körper ein Gefäß der Seele; für ungefähr "dreimal zwanzig und zehn Jahre", wie in der Bibel steht. Diese Einflüsse wirken sich auf das jetzige Leben aus und werden die Zukunft bestimmen, so wie die Einflüsse vergangener Leben das heutige Leben bestimmt haben.

Es scheint, als ob die Seele ihrem Karma entsprechend in einen bestimmten Embryo schlüpft. Der neue Körper und die vorhandenen Umstände sind am besten geeignet, um vergangene Fehler gutzumachen, versäumte Lektionen zu lernen und den Lohn vergangener Taten zu empfangen. Dieser Gedanke ist am besten ausgedrückt durch: "Was ihr sät, werdet ihr ernten." – Nie werde ich meine Erleichterung vergessen, als ich erfuhr, daß ich für die ererbten Probleme meiner Töchter, z. B. Allergien, nicht verantwortlich war – wenn es stimmt, daß sie durch ihr selbstgewähltes Erbgut lernen sollte, bestimmte Probleme zu lösen. Das Gesetz von Ursache und Wirkung irrt sich nie. Was immer wir in der Vergangenheit in Gang setzten, wird uns in diesem oder in späteren

Leben erreichen. Immer wieder müssen wir uns fragen, was uns auf unserem Weg zurück zu Gott weiterbringt und was dies verzögert.

Das Kind, das durch die Geburt in eine Familie ein neues Leben beginnt, wird demnach nicht nur durch die Menschen und Umstände seines jetzigen Lebens geprägt, sondern auch durch die ihm eigenen Muster aller vergangenen Leben. Es kommt nicht als unbeschriebenes Blatt auf die Welt, sondern es wurde von seiner gesamten Vergangenheit geprägt und trägt auf unbewußter Ebene die Erinnerung an alles bis jetzt Erlebte in sich, sei es. daß diese Erfahrungen in einem männlichen oder weiblichen Körper gemacht worden sind.

Um uns vom Rad der Geburt, des Todes und der Wiedergeburt zu befreien, müssen wir uns von den mannigfaltigen Persönlichkeiten trennen, von den Körpern, in denen wir wohnten, und den Wünschen, die wir über riesige Zeiträume hegten. Wir haben vieles in Gang gesetzt, Gutes und Schlechtes, dafür sind wir verantwortlich, und wir müssen unser Handeln ausgleichen, ehe wir zu Gott zurückkehren dürfen, befreit von der Last vergangener Taten.

Durch jedes Leben als Mitglied einer neuen Familie erhalten wir genau die notwendigen Möglichkeiten, unsere Schulden abzutragen; nur so befreien wir uns für die Rückkehr zu unserem Ursprung, die Wiedervereinigung mit dem Höheren Bewußtsein und gleichzeitig mit der universalen Kraft Gottes, die in allen lebenden Wesen wohnt. – Wir können die Einflüsse und die äußeren Umstände, in die eine Seele geboren wird, mit einer Schule vergleichen, in der die noch nicht gelernten Lektionen gelehrt werden. Die Reaktion auf die verschiedenen Probleme ist wichtig, nicht das Elend, das sie möglicherweise verursachen.

Jeder von uns hatte bereits sehr unterschiedliche Leben. Jedesmal, wenn wir auf diese Welt zurückkommen, werden wir genau von den Wünschen angezogen, die uns zu unserer Erfüllung unentbehrlich schienen, und diese Wünsche führen uns zu den entsprechenden Menschen, Dingen und Orten. Sind wir dagegen wunschlos, werden wir feststellen, daß wir uns von den Bindungen dieser Welt und ihren Inhalten gelöst haben. Wir leben zwar weiterhin auf dieser Welt, aber so frei und ungebunden, daß sie die Macht verliert, uns wieder in einen Körper zurückzulocken. – Aus diesem Grund bieten uns die äußeren Umstände alles, was wir brauchen, um stark, weise, liebevoll und selbstlos zu werden und die vielen anderen positiven Charakterzüge zu entwickeln, damit wir ganz werden können. Das führt beispielsweise zu der Fähigkeit, zwischen Wahrem, das angenommen, und Falschem, das verworfen werden sollte, zu unterscheiden.

Alles und jeder kann als Prüfung betrachtet werden. Es ist weise, sich immer zu fragen: "Was kann ich gerade durch diese Erfahrung, diesen Menschen, diesen Vorfall lernen?" Diese einfache Frage kann viel Herzeleid, Widerstand und Sorgen verhindern. Eine solche Einstellung ist aber für die meisten Menschen sehr schwer zu erreichen; steht sie doch in direktem Gegensatz zu dem, was wir gelernt haben. Ständig aber sollten wir uns um diese Einstellung bemühen.

Symbole

Symbole sind Mittel, um bestimmte Botschaften an das Unbewußte weiterzuleiten und seine Mitarbeit im Selbstintegrationsprozeß zu gewinnen. Sie sind eine wirkungsvolle Methode, mit der Seele zu kommunizieren, und – wie Träume – die natürliche Sprache der Seele. Denen, die mein vorangegangenes Buch gelesen haben, ist das geläufig.

In diesem zweiten Buch zur Phyllis-Krystal-Methode haben Symbole eine noch wichtigere Bedeutung, um subtilere Botschaften genau weiterzuleiten. Ein Symbol ist das Gefäß für eine Botschaft oder, was häufiger der Fall ist, für eine Gesamtheit verschiedener Botschaften. Je öfter ein Symbol benutzt wird, umso stärker wird es mit Energie geladen. Die in dem Symbol enthaltene Botschaft wird dadurch mit ständig steigender Kraft an das Unbewußte ausgestrahlt. Symbole können Gedankenformen verglichen werden, die mit Energie gefüllt sind.

Die gleichen Symbole können entweder konstruktiv oder destruktiv angewandt werden. In der Massenhypnose wird ein Symbol als Träger eines Konzeptes benutzt, das – mit starken Gefühlen und emotionaler Energie geladen – auf Menschenmassen projiziert wird. Die Wirkung eines derart starken emotionalen Aufpralls auf Menschen ist allgemein bekannt. Der Einzelmensch verliert seine Individualität und agiert als Einheit. Er steht unter dem Bann desjenigen, der ihn beeinflussen will. Eine derart kraftvolle Botschaft, von einer charismatischen Autorität ausgestrahlt, dringt direkt in das Unbewußte ein.

Hitler ist dafür bekannt, negative Massenhypnose wirkungsvoll eingesetzt zu haben. Er benutzte ein altes Symbol, die Swastika oder das Hakenkreuz, das durch langen Gebrauch über viele Jahrhunderte gespeicherte Energie in sich trug. Er benutzte jedoch eine Version des Hakenkreuzes entgegen dem Uhrzeigersinn. Diese Version steht für den negativen oder linkshändigen Weg der Schwarzen Magie, die totale Beherrschung. Die positive Version im Uhrzeigersinn hat eine befreiende, integrierende und wohltätige Wirkung.

Von der Geburt bis zum Tod werden wir alle von Symbolen und Gedankenformen beeinflußt. Mancher Symbole sind wir uns bewußt, viele aber werden von der unbewußten Ebene entsandt und empfangen. Der alte Spruch 'Gedanken sind Dinge' drückt das Wesen einer Gedankenform oder eines Symbols sehr anschaulich aus. Gedanken haben Gestalt angenommen und sind mit Energie gefüllt. Sie sind aus diesem Grund eine lebende Form, angefüllt mit der Energie derer, die sie anwenden. Der Spruch 'Du bist, was Du denkst' drückt die Macht der Gedanken aus. Es dreht sich jedoch nicht allein darum, was wir denken; viel stärker wird unser Leben und Verhalten auf unbewußter Ebene beeinflußt.

Alles, was regelmäßig und mit Überzeugung durch Denken, Reden oder Handeln wiederholt wird, leitet bewußt oder unbewußt Energie weiter. Letzteres ist von größerer Wirkung, denn das so empfangene Material wird nicht durch den logischen Teil unseres Gehirns bearbeitet. Es wird, ohne überprüft zu werden, angenommen. Aus diesem Grund ist es so wichtig, alles zu hinterfragen oder zu überprüfen, bevor wir es akzeptieren. Wir sollten nicht alles blind gelten lassen oder hinnehmen.

Wir alle werden auf verschiedene Weise durch Überzeugungskraft beeinflußt. Im Augenblick unserer Geburt werden wir sofort mit den Sitten und Gebräuchen, den Tabus, Vorurteilen, dem Aberglauben und den Überzeugungen der entsprechenden Familie bestürmt. Sehr viele Menschen haben diese von ihnen akzeptierten und angewandten Gedankenformen mit ihrer Energie gefüllt und zu ihrer Wirksamkeit beigetragen. Einige dieser Gedankenformen sind zeitlos und immer noch sinnvoll, andere dagegen sind veraltet und auf unser heutiges Leben nicht mehr übertragbar.

Wir können feststellen, ob wir von ungeeigneten Vorbildern gesteuert werden. Ist das der Fall, ist es für uns nicht möglich, unser wahres Selbst frei auszudrücken, und wir sind Sklaven der Symbole, die unsere Gewohnheiten und Überzeugungen verkörpern. Sind sie positiv, bereichern unser Leben und stimmen mit dem Höheren Bewußtsein überein, wären wir verrückt, sie aufzugeben. Auf keinen Fall sollten wir die wertvollen Aspekte unseres Erbgutes aufgeben, sondern nur die, die uns versklaven und uns daran hindern, zu reifen und um die Führung des Höheren Bewußtseins zu bitten.

Entdecken wir eine uns abträgliche Einstellung, Überzeugung oder Gewohnheit, sollten wir ihren Ursprung bis in die Kindheit zurückverfolgen. Auf welche immer wiederkehrenden, ererbten Überzeugungen, Theorien, auf welchen Aberglauben oder auf welche Ideen reagieren oder welche wiederholen wir? Sobald wir darüber Klarheit haben, können wir ein entsprechendes Symbol dafür finden. Am besten ist es, das Höhere Bewußtsein darum zu bitten. Das Symbol kann sich in Form eines Bildes, einer Erinnerung, eines Gedankens oder eines Gefühles ausdrücken. Wenn es zutreffend ist, hat es eine persönliche, innere Entsprechung.

Dieses Symbol sollte dann in den gegenüberliegenden Kreis der Acht gelegt werden, die in gewohnter Weise praktiziert wird. Diese Übung ist morgens und abends täglich zwei Wochen lang durchzuführen. Die durch das Symbol ausgedrückte Angewohnheit oder Handlungsweise wird gegen

Ende der zwei Wochen viel von ihrer Macht eingebüßt haben. Erst jetzt können wir erkennen, wie stark wir beherrscht und versklavt wurden. Diese neugewonnene Erkenntnis hilft uns, uns von der Macht dieser Gedankenform, die uns regierte und in der unsere Energie gebunden war, zu befreien. Die nun folgende Ablösung kann in der üblichen Weise vollzogen werden. Man stellt sich das Symbol entweder durch eine Schnur oder Fessel mit dem Körper verbunden vor, oder als ein Gewächs oder eine Wucherung. Um zu entscheiden, wie diese Gedankenform zu entfernen oder zu vernichten ist, sollte das Höhere Bewußtsein um Unterstützung gebeten werden. Auch um die in dieser Gedankenform gebundene Energie zu lösen und sie der Person wieder zuzuleiten, benötigt man seine Hilfe. – Es ist von größter Wichtigkeit, das genaue Symbol für diese ursprüngliche Gedankenform zu finden. Sie hat sich durch ständige Projektion so tief in unser Unbewußtes eingebettet, daß sie zu einem selbständigen Verhaltensmuster geworden ist.

Da wir aber alle unserem selbstverdienten Karma entsprechend in die 'passende' Familie geboren wurden, bietet uns jede Geburt auch die Möglichkeit, das zu lernen, was wir in vergangenen Leben versäumten. Durch die auftretenden Probleme und Frustrationen können wir Versäumtes nachholen; besonders in jungen Jahren erhalten wir die Gelegenheit, selbst die Schmerzen zu durchleiden, die wir anderen in früheren Leben zugefügt haben.

Wir haben einen freien Willen und können uns bewußt entscheiden, aus den sich uns stellenden Problemen nicht nur zu lernen, sondern auch unser Leben in ein besseres Gleichgewicht zu bringen. Die enge Beziehung zwischen den Familienmitgliedern und uns bietet uns eine gute Möglichkeit dazu. – Bestimmen wir unser Karma, können wir uns schneller von ihm lösen und werden eher aus dem Gefängnis unserer physischen, geistigen und gefühlsmäßigen Wünsche befreit. Wir können uns nicht von der Vergangenheit lösen, ehe sie nicht verschwunden ist. Wir können und sollten hingegen in der Gegenwart leben und uns bemühen, uns dem Höheren Bewußtsein zu überlassen. So entsteht weder gutes noch schlechtes Karma, das in zukünftigen Leben wieder ausgeglichen werden muß.

Rollen

Wenn wir die Fesseln zu Menschen, Gewohnheiten, ererbten Charakterzügen und anderen äußeren Zwängen lösen, übernehmen wir die Verantwortung für unser Karma und bemühen uns, es zu überwinden. Dieser Prozeß setzt genaue Selbstprüfung voraus. Wir sollten uns immer wieder fragen: "Wer bin ich?" und die verschiedenen Rollen überprüfen, mit denen wir uns identifizieren. Wenn wir jedoch meinen, daß wir von jeglicher Identifizierung mit irgendwelchen Rollen frei sind, werden wir auch keine Antwort auf diese Frage finden.

Eine andere Möglichkeit, die spezifischen Rollen zu erkennen, besteht darin, zu klären: "Ich bin weder dies noch das." Sobald dann eine Rolle klar erkennbar wird, kann das entsprechende Symbol für diese Funktion im gegenüberliegenden Kreis der Acht visualisiert und zwei Wochen lang morgens und abends für zwei Minuten geübt werden.

Manchmal genügt bereits diese einfache Übung, um sich aus der Macht der Rollen zu befreien. Ist dies jedoch nicht der Fall, sollte das Höhere Bewußtsein um Rat angerufen werden. Wir können es allein oder zusammen mit einer anderen Person darum bitten. Die in dieser Rolle gebundene Energie muß freigesetzt und dem eigenen Selbst wieder zugeführt werden. Das geschieht am wirkungsvollsten, wenn man die Energie einatmet und jede Bindung an diese Rolle ausatmet.

In meinem Buch 'Die inneren Fesseln sprengen' habe ich viele hilfreiche und sinnvolle Symbole und Techniken beschrieben, um sich von unterschiedlichen kontrollierenden Faktoren zu befreien. In diesem Buch hingegen empfehle ich, sich auf die vom Höheren Bewußtsein übermittelten Methoden zu verlassen. Symbole, die selbst empfangen werden, sind allgemein empfohlenen Symbolen vorzuziehen. Man wird so weniger von äußeren Quellen abhängig und reagiert bewußter auf die Eingebungen des Höheren Bewußtseins. In diesem Befreiungsprozeß können wir uns vollkommen auf die Führung des Höheren Bewußtseins verlassen. Tägliches Üben erleichtert es, Mitteilungen dieses Ursprunges zu erhalten.

Unsere Welt wird von vielen menschlichen Wesen bevölkert, die in männlichen bzw. weiblichen Körpern fungieren. Durch die Vereinigung beider werden neue Menschen gezeugt, durch die sich die Bevölkerung vermehrt. Das wahre Selbst, das sich durch Neugeborene in dieser Welt inkarniert, ist weder ausschließlich männlich noch weiblich, sondern im wesentlichen beides. In seinen früheren Leben hat der Mensch mit Sicherheit Erfahrungen in männlichen und weiblichen Körpern gemacht. Diese wechselnden Erfahrungen haben es ihm ermöglicht, Wissen über die Bedürfnisse beider Geschlechter zu sammeln.

Der im Körper wohnende Geist ist das wahre, dauerhafte und unzerstörbare Selbst. Die körperliche Form ist nur ein vorübergehendes Gefährt, durch das sich der göttliche Geist in der Welt manifestiert. Das Endziel eines jeden Geistes ist es, wieder mit seinem Innersten zu verschmelzen. Die Seele hat viele Facetten und Entwicklungsmöglichkeiten, die durch die verschiedenen Erfahrungen in vergangenen Leben bewußtgemacht worden sind; bisher Unbewußtes wurde bewußt.

Auf unbewußter Ebene speichern wir, wie in einer Datenbank, alle Eigenschaften, die wir während unserer verschiedenen Leben entwickelt haben. Sie stehen uns jederzeit zur

Verfügung, wenn wir uns gewissenhaft bemühen, sie uns bewußtzumachen, und können in unserem täglichen Leben angewandt werden. Unser wahres Potential kann jedoch nicht in jedem Leben ausgelebt werden, denn die verschiedenen Einflüsse überlagern die ursprünglichen Muster. Manche Einflüsse fördern unser Wachsen, andere hingegen hemmen es. Es ist, als ob viele Überzüge oder Schalen sich schichtweise auf unserem Innersten, dem göttlichen Funken unseres Wesens, abgelagert haben. Aus diesem Grund ist es so schwer, mit unserem Selbst in engem Kontakt zu bleiben oder seine Existenz überhaupt wahrzunehmen.

Diese Hüllen und Rollen müssen wir zuerst wahrnehmen, um sie dann systematisch zu entfernen. Nur so kann sich die reine Flamme des Geistes offenbaren, und nur so kann sie die physischen Hüllen unseres Körpers, Verstandes und unserer Gefühle unverfälscht und rein erstrahlen lassen. Wir können dann jederzeit die Kontrolle über unser Handeln haben und frei von allen äußeren Einflüssen leben. 'Dein Wille geschehe' verwirklicht sich. 'Dein Wille' bezieht sich auf den Willen unseres wahren Selbst, das freigelegt worden ist und sich offenbaren kann und nun seinen rechtmäßigen Platz in unserem Leben hat. Das ist das höchste Ziel aller menschlichen Wesen, die schon über Jahrhunderte die Wiedervereinigung mit dem wahren Selbst und daher auch mit allen anderen Menschen anstreben, denn auf der Ebene des Höheren Bewußtseins sind wir alle eins.

Durch diesen so wichtigen Prozeß erlangen wir unser volles Bewußtsein. Denn nur, wenn wir uns einer Einstellung, Schwäche, Rolle oder eines Verlangens bewußt sind, können wir entscheiden, diese Eigenschaften fallenzulassen oder an ihnen festzuhalten. Entscheidend ist, ob sie uns auf unserem Weg behindern oder fördern. Dies erfordert harte Arbeit. Können wir aber unser Leben einem besseren Ziel widmen als dem Weg zurück, zurück zur Wiedervereinigung mit unserem wahren Selbst?

Besonders im Westen fehlen weitgehend diese Richtlinien in der Erziehung. Wir sind für diese schwere Arbeit schlecht gerüstet. Zuwenige Wegweiser zeigen uns den Weg, und unser äußeres physisches Leben verwickelt uns in unendliche Schwierigkeiten. Entweder haben wir diesen inneren Weg wieder vergessen, oder wir sind uns seiner nicht bewußtgeworden. Nur dieser innere Weg kann uns jedoch zu unserem Ursprung zurückführen und von der menschlichen auf die göttliche Ebene führen. Das ist unser einzigartiges Geburtsrecht.

Es kling nicht nur so, als ob dieser Prozeß eine ungeheure Aufgabe sei – er ist es auch, und er sollte unser Lebenswerk sein, das nicht auf einmal vollendet werden kann. Schritt für Schritt werden wir aus unseren Käfigen oder Gefängnissen herausgeführt, der Sonne entgegen, der wahren Freiheit. Diese Freiheit ist unser wirklicher, göttlicher Zustand.

Mann und Frau

Die in der Welt vorherrschende Verwirrung und die dringende Notwendigkeit, die Rollen von Mann und Frau neu festzulegen, zwingen uns, alte Konzepte aufzugeben und wirklich notwendige Veränderungen zuzulassen. Wir müssen der Kindererziehung neue Impulse geben, so daß jedes Kind jeden Geschlechtes seine ihm angeborenen Fähigkeiten entfalten kann, um zu einer abgerundeten und selbstsicheren Persönlichkeit heranzuwachsen und zu lernen, seine männlichen und weiblichen Anlagen im rechten Verhältnis einzusetzen.

Bei der Geburt tritt eine Seele, die weder männlich noch weiblich, sondern übergeordnet ist, in einen männlichen oder weiblichen Körper ein. Seit Urzeiten bestehen entsprechende

Verhaltensmuster, Sitten und Tabus für beide Geschlechter. Diese Strukturen ändern sich entsprechend der Kultur und der Gemeinschaft, in die der Mensch hineingeboren wird. Einige dieser Verhaltensmuster sind noch brauchbar, andere dagegen veraltet und nicht mehr lebensfähig. Wir müssen zwischen tauglichen, die uns ein Leben als Mann oder Frau in vollem Umfang ermöglichen, und untauglichen unterscheiden. Sind die Rollen zu starr, wird unsere Entwicklung eingeengt, und wir können keine Verbindung zum Höheren Bewußtsein aufnehmen.

Diese ursprünglichen männlichen und weiblichen Rollen wurden dem Kind bewußt und unbewußt zuerst von den Eltern und dann von der Gesellschaft auferlegt. Manchmal ist es schwierig, die männliche bzw. die weibliche Rolle zu akzeptieren; besonders schwierig wird es aber, wenn auch beide Eltern sie nicht akzeptieren. Jedes Geschlecht ermöglicht unterschiedliche Lebenserfahrungen. Werden diese Erfahrungen angenommen, lernt die Seele, werden sie dagegen zurückgewiesen. verpaßt die Seele die Gelegenheit, daraus zu lernen. Eine Frau jedoch ist nicht nur eine Frau, ein Mann nicht nur ein Mann. Jedes Geschlecht besitzt beide Eigenschaften. Herz und Verstand, Yin und Yang sollten in beiden Geschlechtern Ausdruck finden.

Bewohnen wir einen weiblichen Körper, sollten Gefühl, Empfänglichkeit und Mitgefühl vorherrschend sein und vom Intellekt, dem Selbstbewußtsein und der Logik unterstützt werden. Menschen, die einen männlichen Körper bewohnen, sollten die entsprechenden entgegengesetzten Eigenschaften anstreben. Sind beide Aspekte ausgewogen, wird dieser Ausgleich nicht mehr so fieberhaft im anderen Geschlecht gesucht. Verbindungen konnen dann eingegangen und aufrechterhalten werden, ohne daß einer den anderen dominiert. Die Möglichkeit, beide Seiten ihres Wesens auszudrücken, macht Mann und Frau ausgeglichener. Sie leben nicht mehr in einer Symbiose. Indem die eigenen schwachen Seiten gestärkt und entfaltet werden, müssen sie sich nicht mehr auf die Stärke des Partners verlassen.

Seit Jahrhunderten wurde der Mann dazu erzogen, sich der Frau überlegen zu fühlen, das heißt, das führende Geschlecht zu sein. Dadurch wurde die Frau nicht nur abgewertet, sondern auch die eigene innere, weibliche Natur des Mannes. Das hat zu einem Umgehen des Herzens geführt. Einmal träumte ich von einer über die Erde gestülpten, riesigen menschlichen Gestalt, bei der alle Chakras als Energiewirbel klar erkennbar waren. Das Herz-Chakra war jedoch von allen anderen Chakras abgeschnitten, getrennt vom Fluß der universalen Kraft Gottes. Dies ist sowohl auf weltweiter wie auch auf persönlicher Ebene wahr. Das Herz oder der weibliche Aspekt wird auf jeder Ebene unterdrückt. Liebe und Mitgefühl scheinen zu verschwinden, dagegen nehmen Aggression und Gewalttätigkeit immer mehr zu.

Männer sollten nicht nur denken, analysieren, rationalisieren und herrschen, sondern diese Fähigkeiten durch Einfühlungsvermögen, Rücksichtnahme und echte Liebe ausgleichen. Ähnlich sollten Frauen ihre Fähigkeit zu denken in das tägliche Leben mit einbringen und sich in dieser Hinsicht nicht nur auf den Mann verlassen. Allerdings sollte das nicht auf Kosten ihres Gefühls geschehen.

Das Festhalten einzelner Menschen oder ganzer Gruppen an diesem festgefahrenen Rollenverhalten erzeugt Unausgewogenheit und Starrheit statt eines natürlichen Fließens. Es ist, als ob ein Pendel zu stark auf eine Seite ausgeschwungen wäre und aufgehört hätte, zwischen beiden Polen hin- und herzuschwingen.

Männliches und weibliches Rollenverhalten

Sofort nach der Geburt wird das Kind den ererbten Überzeugungen, Erwartungen und Verhaltensmustern seiner Familie ausgesetzt. Sie bestimmen seine zukünftige Rolle als Mann oder Frau. Diese Muster werden über Generationen in der Familie weitergereicht. Bis vor kurzem schienen Familien und ethnische Gruppen noch intakt zu sein. Viele Nationalitäten waren sehr stolz, die Reinheit ihrer Familien, frei von fremden Einflüssen, bewahrt zu haben. Dies bedeutete, daß ein heiratswilliges Paar ähnliche Familienmuster erbte, und einige Familien bestanden auch entgegen den Wünschen des Brautpaares auf diesen Mustern. – Im Osten gab es die arrangierte Ehe, im Westen Heiratsvermittler. Beide suchten die Partner nach dem entsprechenden Hintergrund aus. Dies bedeutete selbstverständlich auch, daß beiden Partnern die nationalen und religiösen Sitten vertraut waren, und durch diese Verbindung wurden sie weiter gestärkt und erhalten.

Besonders seit der Entwicklung des Autos und des Flugzeuges und den sich daraus ergebenden ausgedehnten Reisen verbinden sich sehr viele Menschen mit Angehörigen anderer Kulturgruppen. Es werden Verbindungen aus unterschiedlichstem Milieu eingegangen. Halten beide Partner aber starr an ihren jeweiligen Sitten und Überzeugungen fest, können ernsthafte Probleme auftreten. Noch gibt es keine angemessenen Richtlinien für das Rollenverhalten von Mann und Frau. Die alten Richtlinien sind in der sich schnell ändernden Zeit kaum noch anwendbar, neue haben noch nicht Fuß gefaßt. – Es wäre sinnvoll, die zugrundeliegenden menschlichen Werte zu beachten und die alten Rollen der gegenwärtigen Zeit anzupassen. Das neue Modell müßte weltweit anwendbar sein, denn die alten, festgesetzten Grenzen zwischen den nationalen Gruppen und ihren eigenen Sitten verschwinden schnell.

Die konventionelle Rolle von Mann und Frau ist überholt. Was aber tritt an ihre Stelle? Immer häufiger arbeiten Mann und Frau Seite an Seite in den gleichen Berufen. Dadurch könnten sie ihre eigenen Fähigkeiten entwickeln, aber nicht auf Kosten der Fähigkeiten, die normalerweise dem anderen

Geschlecht zugeschrieben werden. Beide, Mann und Frau, sollten Verstand und Herz in sich selbst ausgleichen und genauso gut denken wie fühlen können.

Besonders den Frauen sollte nicht das Gefühl der Unzulänglichkeit gegeben werden, wenn sie nicht dem erwarteten Muster ihrer Familie oder nationalen Gruppe entsprechen. Nicht jede Frau entspricht beispielsweise dem Stereotyp einer hübschen sexy Blondine. Auch nicht jeder Mann entspricht dem schon lange überbewerteten Macho-Bild. Diese Rollen, durch Gedankenformen erzeugt, müssen geändert werden. Jeder einzelne Mensch sollte seine einzigartigen Anlagen frei entfalten können und nicht in ein traditionelles Verhaltensmuster gepreßt werden.

Nur Frauen werden Kinder auf die Welt bringen, aber das muß nicht ihr einziger Beitrag für die Gesellschaft sein. Andererseits bedeutet das nicht, daß Männer, die keine Kinder gebären können, sich nicht auch um ihre Kinder kümmern und sie erziehen sollten. – Da immer mehr Frauen außerhalb des Hauses arbeiten, beginnen Ehemänner auch ihren Teil zur Hausarbeit beizusteuern. Die einzelnen Rollen sind nicht mehr scharf voneinander getrennt. Wenn Eltern sich heute die Sorge um ihre Kinder teilen, prägt ihr Beispiel die kommende Generation. Pioniere aber haben es immer schwer.

In diesem Zwischenstadium versuchen moderne Eltern, sich den Bedürfnissen der Zeit anzupassen. Nutzlos gewordene Schablonen müssen weggeworfen werden, um Platz für neue Muster, die langsam erkennbar werden, zu schaffen. Wir müssen uns von Vergangenem trennen, um frei in die Zukunft gehen zu können.

Ein Grund für männlichen Chauvinismus ist die Überzeugung, daß verstandesmäßige und intellektuelle Errungenschaften allen anderen überlegen sind. Dieser Gedankengang scheint der Tatsache zu entspringen, daß die Kultivierung des Verstandes die jüngste Entwicklung des Menschen auf seiner evolutionären Reise aus tiefen Urzeiten bis hin zur Gegenwart darstellt. Aus diesem Grund wird die Macht des Verstandes überbewertet, und man neigt dazu, die anderen drei Funktionen des Menschen zu vernachlässigen, nämlich: Sinneswahrnehmung, Gefühl und Intuition. Alle Funktionen aber sind gleich wichtig, und jede einzelne muß zur Erlangung der Ganzheit entwickelt werden.

Das Gefühl oder Gemüt wurde nicht nur vernachlässigt, sondern auch besonders geringgeschätzt. Diese Funktion aber drückt Liebe, Mitgefühl, Einfühlungsvermögen, Barmherzigkeit und andere edle und selbstlose Gefühle aus. Sie drohen heute zugunsten des Intellektes verlorenzugehen. – Die chauvinistische Einstellung der Männer gegenüber den Frauen begleitet der Lobpreis auf die Vernunft und die Verunglimpfung des Gefühls. Da dem Mann seit langem größere intellektuelle Fähigkeiten zugesprochen werden, ist es verständlich, daß sie sich den Frauen überlegen fühlen. Der Aufstand der Frauen gegen diese unausgewogenen Zustände ist eine unvermeidliche Reaktion auf diese unnatürliche, irrige Auffassung.

Männer und Frauen sind nicht identisch. Jedes Geschlecht trägt anteilig männliche und weibliche Anlagen in sich und drückt sie unterschiedlich aus. Die beiden Pole männlich-weiblich, positiv-negativ, Yang-Yin müssen jedoch von Mann und Frau im Innern ausgeglichen, und Herz und Verstand müssen von beiden Geschlechtern kultiviert und gelebt werden. Keine der beiden Funktionen ist der anderen überlegen. Beide sollten in Harmonie zusammenarbeiten, um Polarität und Ausgewogenheit im Menschen zu ermöglichen. Nur so können Mann und Frau zu klaren Kanälen werden, durch die das Höhere Bewußtsein sie leiten kann. Eines Tages können dann ihr Ego und ihre Persönlichkeit mit dem Höheren Bewußtsein verschmelzen, und sie kehren zur Gottheit zurück.

Jeder einzelne Mensch muß seine eigene Wahrheit bestimmen. Wir sollten uns nicht länger durch enge Überzeugungen, den Aberglauben unserer Eltern oder anderer Sippenangehöriger beeinflussen lassen. Das ursprüngliche männliche und weibliche Rollenmuster ist von vielen Varianten überlagert, die vom Kind sehr schnell als kleinere Rollen angenommen werden. Da das Kind beiden Eltern geboren wird, und in der Familie selbst bereits viele andere Beziehungen bestehen, werden dem neuen Erdenbürger automatisch mehrere Rollen vorgegeben. Auf diese werde ich weiter unten eingehen.

Sohn und Tochter

Bei der Geburt ist das Kind entweder ein Sohn oder eine Tochter. Beide tragen die Summe aller entsprechenden Erwartungen und Muster in sich. Das Kind schlüpft sofort in einen Verhaltenskodex, den es zu befolgen hat, der sein Verstehen prägt und der sein zukünftiges Verhalten vorschreibt.

Die Sohn- oder Tochterrolle sollte aber nur vorübergehend eingenommen werden. Wird das entsprechende Rollenverhalten unverändert bis in das Erwachsenenalter fortgesetzt, erwächst daraus eine ungesunde Abhängigkeit von den Eltern. Halten Eltern an ihren einstigen autoritären Rollen fest, werden sich der Sohn oder die Tochter weiterhin wie Kinder verhalten und sich auch mit diesen frühen Rollen weiter identifizieren, selbst wenn sie bereits Eltern oder Großeltern sind. Nur wenn die einstige Sohn- oder Tochterrolle aufgegeben wird, können Menschen zu reifen Eltern werden. Erwachsene, die noch wie Kinder handeln, denken oder fühlen, sind für eine starke elterliche Rolle nicht fähig. Sie werden mit ihren eigenen Kindern konkurrieren, anstatt ihnen ein Vorbild zu sein. Es gibt viel zu viele 'Kind-Erwachsene', die selbst Kinder erziehen und dieses falsche Verhaltensmuster automatisch an zukünftige Generationen weiterreichen.

Nachdem die Bindungen zu jedem Elternteil gelöst worden sind, genügt es normalerweise, die 'Acht' mit einem Symbol der eigenen Sohn- bzw. Tochterrolle im gegenüberliegenden Kreis zu praktizieren. Nach zweiwöchiger Übungszeit kann der Kreis abgetrennt und in das Weltall oder in einen Vulkan gestoßen werden, oder man kann sich dieses Kreises sonstwie entledigen. Wenn diese Rolle sehr lange gespielt, worden ist, kann sogar der Ablösungsritus angebracht sein. Das Höhere Bewußtsein kann dazu um Rat gebeten werden. Nach der Ablösung liegt es nun in der freien Entscheidung des einzelnen Menschen, die Rolle aus gegebenem Anlaß wieder anzunehmen, ohne sich jedoch vollständig mit ihr zu identifizieren oder sich ihr grundlos auszuliefern.

Bruder und Schwester

Bei der Geburt wird nicht nur die Rolle des Sohnes oder der Tochter angenommen, sondern auch die des Bruders oder der Schwester. Diese Geschwisterbeziehung kann entweder eng und einträchtig oder aber ausgesprochen konkurrierend und feindselig sein. Das hängt von vielen Faktoren ab. Manchmal wird die Beziehung auch durch das Karma von Bruder und Schwester bestimmt. Ist das der Fall, ermöglicht die gegenwärtige Verbindung, alte Schulden oder Unverträglichkeiten zu begleichen und dadurch die notwendigen Erfahrungen zu sammeln.

Manchmal inkarnieren sich mehrere Seelen gleichzeitig, um wechselseitig voneinander zu lernen. Sind vergangene Probleme nicht gelöst, kann die gegenwärtige Beziehung schwierig werden. Eine Mutter kann beispielsweise früher einmal ein Bruder, eine Schwester, ein Ehemann, eine Ehefrau oder ein Kind ihres jetzigen Kindes gewesen sein. War die vorausgegangene Beziehung emotional aufgeladen, kann sie die gegenwärtige Beziehung unheilvoll überschatten.

Andererseits wird daraus klar ersichtlich, daß nicht nur ein bestimmter Mensch unsere Schwester, Mutter, unser Kind oder sonstiger Verwandter ist. Jeweils nur für eine einzige Lebenszeit ist eine Beziehung gültig. Sathya Sai Baba sagt dazu: "Jeder Mann ist dein Bruder, jede Frau ist deine Schwester, jedes Kind ist dein Kind. Alle sind Mitglieder der menschlichen Familie."

Durch die Klärung der verschiedenen Rollen und durch das Sich-Lösen von ihnen wird die so offensichtliche Verwirrung menschlicher Beziehungen gemildert. Aber nur dieses gegenwärtige Leben sollte uns kümmern. Nur hier und jetzt können wir lernen und wachsen. Die Vergangenheit ist vergangen, wir können sie nicht mehr verändern. Die Zukunft ist unbekannt, wird aber durch unser Handeln vorbereitet. Deshalb sollten wir so weise und liebevoll wie möglich in der Gegenwart leben und das Höhere Bewußtsein um Führung bitten.

Enkel und Enkelin

Noch zwei weitere Rollen werden auch schon bei der Geburt angenommen: die des Enkels und der Enkelin. Dabei ist es gleich, ob die Großeltern noch leben oder schon verstorben sind. Auch diese Rollen müssen aufgegeben werden, damit das Enkelkind frei und unabhängig heranwachsen und das Höhere Bewußtsein als einzige Autorität anerkennen kann.

Großeltern können dem Kind viel Liebe und Aufmerksamkeit schenken. Sie haben Zeit dafür. Von ihnen aber abhängig zu bleiben, schränkt nicht nur den Reifeprozeß des Kindes unendlich ein, sondern auch die freie Entfaltung seiner

Fähigkeiten. Wird das Enkelkind erwachsen, kann es den Großeltern immer noch die entsprechende Achtung erweisen. Der inneren Führung des Höheren Bewußtseins zu folgen ist jedoch ein 'Muß', genauso wie es eine Notwendigkeit ist, dem großelterlichen Druck gegen eigene, innere Überzeugungen zu widerstehen.

Die wahre Identität und der wahre Wert eines Enkelkindes hängt nicht vom Ruhm, Reichtum oder der Tüchtigkeit der Großeltern ab, genausowenig wie von den Qualitäten der Eltern. Das Enkelkind hat seinen eigenen Weg zu gehen und sich allen Herausforderungen selbst zu stellen. Im Schatten berühmter Eltern, Großeltern oder anderer Verwandter zu stehen kann den eigenen Reifeprozeß behindern und das Selbstbewußtsein bedrohen. Jeder Mensch hat sein eigenes Schicksal und kann nicht das eines anderen Menschen leben. Auch für die Ablösung von dieser Rolle sollte die Übung der 'Acht' mit dem Symbol der Rolle des Enkelkindes im gegenüberliegenden Kreis praktiziert werden.

Vater und Mutter

Nicht nur die Kinder sollten ihre Bindungen zu den Eltern lösen, sondern auch die Eltern die Bande zu ihnen, wenn ihre Kinder die Volljährigkeit erreicht haben. Die 'Pubertätsriten' befreien die Eltern und ihre Kinder, und sie können als unabhängige Erwachsene miteinander umgehen. Eltern, die ihre Kinder nach bestem Gewissen erzogen haben, können sie nun der Führung des Höheren Bewußtseins überlassen. Nur so können sich Kinder zu reifen und unabhängigen Erwachsenen entwickeln und sich der unmittelbaren Führung des Höheren Bewußtseins anvertrauen. Haben Eltern und Kinder die rituelle Ablösung voneinander vollzogen, empfängt ihr

Unbewußtes eine starke, symbolische Botschaft. Als freie, separate Menschen können sie nun ihr Leben verwirklichen. Für die Eltern besteht weniger Gefahr, weiterhin als Autoritätspersonen aufzutreten. Eltern, die ihre Kinder noch bis in das Erwachsenenalter hinein zu kontrollieren versuchen, sind nicht die liebevollen Eltern, die sie zu sein glauben, sondern sie sind das Gegenteil, sie behindern den Reifeprozeß ihrer Kinder und verzögern deren Unabhängigkeit.

Dieser Emanzipationsprozeß beinhaltet noch einen weiteren Schritt. Auch um nicht in Versuchung zu geraten, sich ständig in die Belange ihrer Kinder einzumischen, sollten Eltern bereit sein, ihre eigene elterliche Rolle ihren erwachsenen Kindern gegenüber aufzugeben. Nur so können sich Eltern und ihre erwachsenen Kinder wie Gleichberechtigte verhalten.

Großeltern

Nach der Elternschaft wird meistens irgendwann die Großelternrolle eingenommen, die aber auch wieder aufgegeben werden sollte. Großeltern können unterstützen, sollten aber nicht dominieren. In manchen Familien haben sie sogar mehr Autorität als die Eltern. Auf diese Weise wird die Kluft zwischen den Generationen, zwischen elterlichem und dem eher veralteten und überholten Lebensstil der Großeltern, noch größer. Das kann schnell zu einem Konflikt zwischen Eltern und Großeltern führen, in dessen Mitte die Kinder gefangen sind.

Für die heranwachsenden Kinder ist es bereichernd, in der Beziehung zu beiden Generationen, den Eltern und den Großeltern, zu leben. Leider leben die Familien meist aus Tradition oder durch die Entfernung voneinander getrennt. Den

Kindern wird dadurch aber die Unterstützung und die Liebe einer Großfamilie entzogen. Normalerweise haben sich die Großeltern aus dem aktiven Leben zurückgezogen und könnten ihren Enkelkindern mehr Zeit widmen und aufgrund ihrer Lebenserfahrung mehr Weisheit und Liebe vermitteln, als früher ihren eigenen Kindern.

Die Gefahr dabei ist jedoch, daß sie zusätzlich zur Rolle der Großeltern auch noch die der autoritären Eltern übernehmen und daher mehr herrschen als unterstützen. Deshalb ist es wichtig, sich von beiden Rollen zu trennen. Nur so bietet sich den Großeltern die Möglichkeit, einen wichtigen und positiven Beitrag zur Entwicklung ihrer Enkelkinder zu leisten, denn oft ist das Verhältnis zu den Großeltern für das Kind die einzige Quelle der Liebe und des Verständnisses. Das Gefühl der Liebe und des Angenommenseins kann ihm dann die so dringend notwendige Sicherheit und das Selbstwertgefühl geben, das es braucht, um zu einem unabhängigen und gesunden Erwachsenen heranzureifen.

Andere Rollen

Zu den bisher benannten Rollen gibt es noch einige andere, z.B. Neffe, Nichte, Cousin und Cousine, die je nach Stärke der Bindung auch abgelöst werden sollten.

Wenn der Mensch herangereift ist und das Elternhaus verläßt, um selbst eine Familie zu gründen, wird er wahrscheinlich neue Rollen annehmen, beispielsweise als Ehepartner, Elternteil, Tante oder Onkel, Großmutter oder Großvater. Die Bindungen an alle diese Rollen sollten aber abgelöst werden, denn keine entspricht unserer wahren Identität.

Lösung von Rollen

Zusätzlich zu den durch die verschiedenen Familienmitglieder schon bei der Geburt festgelegten Rollen gibt es noch zwei charakteristische, ausgeprägte Rollen, die sich recht frühzeitig entwickeln. Die eine Rolle, den 'Ballon', initiiert das Kind selbst, während die andere, die 'Babuschka', von den Eltern oder anderen Familienmitgliedern auf das heranwachsende Kind projiziert wird. Beide Rollen bestehen während der gesamten Kindheit und können auch Teil des Erwachsenen werden.

Diese beiden frühkindlichen Rollen legen Verhaltensmuster fest, die unmittelbar auf andere Rollen, die dann im späteren Leben angenommen werden, hinsteuern.

Der Ballon

Wenn ein Kind geboren wird und seinen Platz in der Familie einnimmt, lernt es instinktiv sofort, seine lebensnotwendigen Bedürfnisse nach Nahrung, Geborgenheit, Anerkennung und Liebe zu stillen.

Es ist faszinierend zu beobachten, wie schon winzige Säuglinge die Aufmerksamkeit ihrer Eltern oder anderer

Familienangehöriger mit verschiedenen Tricks auf sich zu ziehen versuchen, damit ihre Wünsche erfüllt werden. Schon sehr früh beginnen sie, bestimmt durch das Verhalten der Eltern oder anderer Aufsichtspersonen, eine ganz bestimmte oder auch mehrere Rollen zu spielen. Auf diese Weise versucht das Kind mit seiner begrenzten Lebenserfahrung, seine Bedürfnisse zu stillen, und entdeckt gleichzeitig seinen eigenen Platz in der Familie.

Die wenigsten Eltern scheinen in der Lage zu sein, die wahre Identität ihres Kindes zu begreifen und zu akzeptieren und dem Kind zu gestatten, wie eine Blume, die mit ihrer Liebe und Fürsorge gewässert wird, zu erblühen. Meistens bestehen feste, vorgefertigte Ideen über das Kind, und es hat entweder ihren Vorstellungen von Perfektion zu entsprechen oder ein Abklatsch ihrer selbst zu werden, oder beides! − Viele Eltern betrachten ihre Kinder als eine Vervollkommnung ihrer selbst und erwarten, daß sie der Welt in dieser Hinsicht ein vollendetes Bild bieten. Damit hoffen sie, ihren eigenen Wert in den Augen ihrer Verwandten, Freunde und Bekannten und der restlichen Welt zu steigern.

Kinder sind in erster Linie schutzbedürftig. Aus diesem Grund nehmen sie instinktiv die geeignetste Rolle an, die ihnen die notwendige Sicherheit verspricht. Diese Rollen, die je nach Bedarf im frühkindlichen Alter angenommen und ausgebaut werden, sind eine Art Rettungsfloß, Sicherheitsmaßnahme oder Rüstung, die die empfindsame und sich gerade entwickelnde Persönlichkeit des Kindes schützt.

Die gewählte Rolle kann beispielsweise in Gefallsucht ausarten, wenn das Kind erkennt, daß es nur dann bekommt, was es will, wenn es den Wünschen der Eltern oder anderer Menschen entspricht. Zieht es dagegen nur durch Aufsässigkeit die Aufmerksamkeit seiner Eltern in Form von Strafe und Kritik auf sich, wird es die Rolle des bösen, unartigen rebellischen Kindes spielen. Diese Rollen sind zwar schmerzhaft, aber leichter zu ertragen als Gleichgültigkeit.

Andere Kinder beispielsweise, die nur wegen guter Noten in der Schule, oder weil sie gut in Sport, Musik, Kunst oder Schauspielerei sind, gelobt werden, entwickeln sich, nur um das ersehnte Lob zu erhalten, zu 'Überfliegern' oder 'Erfolgstypen'.

Entdeckt das Kind aber, daß es keine Möglichkeiten hat, die Aufmerksamkeit oder Fürsorge auf sich zu lenken, zieht es sich zum Selbstschutz in sich selbst zurück und entflieht auf diese Weise Situationen, an denen es sich nicht wirklich beteiligt fühlt. So lebt es sein eigenes, persönliches Leben tief in sich selbst und läßt seine scheinbar unsensiblen Eltern nicht daran teilnehmen. Diese Rolle, die eigentlich überhaupt keine ist, kann häufig nur sehr schwer aufgegeben werden. Oft dauert es Jahre, den notwendigen Mut aufzubringen, aus dieser verhältnismäßig sicheren Geborgenheit herauszutreten. Für die zu gewinnende Freiheit aber lohnt es sich.

In sehr jungen Jahren nehmen Kinder häufig viele verschiedene Rollen an, die durch die bei der Geburt vorgefundenen Umstände bedingt sind. Manchmal wird das Kind sogar schon vor der Geburt programmiert, indem es beispielsweise in der Hoffnung gezeugt wird, die Eltern nach einer Trennung oder Entzweiung wieder zusammenzuführen. Durch diese Gedankenform bewußt geprägt, versucht das Kind dann diese Erwartungen zu erfüllen und übernimmt die Rolle des Vermittlers.

Die ursprünglich bei der Geburt angenommene Rolle oder Maske eines Kindes, die ihm den Umgang mit den gegebenen Umständen erleichtert, ist leicht erkennbar. Nach der Volljährigkeit des Kindes sollte aber diese Maske nicht länger getragen oder diese Rolle nicht länger gespielt werden. Nach der Lösung von den Eltern kann das entsprechende Verhaltensmuster abgelegt werden. Wenn es jedoch über dieses Alter hinaus beibehalten wird, wird es sich verankern, und die einst nützliche Rolle wird weiter gespielt, obwohl sie dann fehl am Platz ist.

Eine Rolle ist mit einer Angewohnheit vergleichbar, die über lange Zeit ständig wiederholt wird. Da sie unmittelbar durch den Atem oder die Lebenskraft eines Menschen genährt wird, kann sie sehr ausgeprägt sein, und häufig identifiziert der Betreffende sich so vollkommen damit, daß er diese Rolle als sein wirkliches Selbst betrachtet. Obwohl die Rolle ursprünglich dazu da war, ihrem Meister zu dienen, lebt sie nun wie ein Parasit von ihrem Wirt, der Diener wird zum Meister, der Meister ein Sklave seines Dieners. Die Rolle wird mächtiger als ihr Schöpfer und überwältigt ihn schließlich. – Tritt eine solche Konstellation ein, kann der Mensch Sicherheit und Geborgenheit nur im Höheren Bewußtsein finden. Nur so kann er das erforderliche Vertrauen gewinnen, seine Rolle wieder abzulegen. Die Baumübung (siehe 'Die inneren Fesseln sprengen'), ist eine ausgezeichnete Methode, um die notwendige Sicherheit und Geborgenheit von den Kosmischen Eltern zu erhalten, die das Höhere Bewußtsein repräsentieren.

Viele Menschen finden es verhältnismäßig einfach, die in der Kindheit angenommenen Rollen zu identifizieren. Häufig ist sich der Betreffende seines unangepaßten Benehmens, wenn er z.B. als Gefallsüchtiger, Kampfeslustiger oder Perfektionist auftritt, durchaus bewußt. Da aber diese Rolle stärker ist als er selbst, kann er sich nicht davon lösen.

Andere Menschen wiederum sind derart mit ihrer Rolle verwurzelt, daß sie die entsprechende Rolle überhaupt nicht erkennen. In einem solchen Fall ist es oft hilfreich, dem Betreffenden vorzuschlagen, im Geiste eine Reise zurück in die Kindheit anzutreten, um die auslösenden Faktoren sichtbar zu machen und klar umreißen zu können. Auch andere Familienmitglieder können bei der Identifizierung der entsprechenden Rolle helfen. Sie wissen eigentlich immer, wer der Kluge, der Hilfreiche oder der Clown der Familie war. Die Vielzahl der Rollen, die die Kinder bereits sehr früh annehmen, um mit den gegebenen Umständen besser fertigzuwerden, ist bemerkenswert, denn der angeborene Instinkt, um jeden Preis zu überleben, herrscht selbst auf Kosten der eigenen Identität vor.

Das Symbol des Ballons versinnbildlicht eine dieser selbst ins Leben gerufenen Rollen. Durch den Atem des Menschen wird dieser Ballon von Kindheit an aufgeblasen und bleibt bis in das Erwachsenenalter hinein bestehen. Er gleicht einem großen Luftballon, der mit einem Gesicht bemalt ist, so wie er häufig auf Jahrmärkten, bei Umzügen oder in Vergnügungsparks zu sehen ist.

Um die Loslösung von dieser selbst auferlegten Rolle vorzubereiten, wird der oder die Betreffende gebeten, sich einen großen Ballon vor seinem bzw. ihrem Körper vorzustellen. Der Ballon ist mit dem Körper durch eine Schnur oder ein Rohr verbunden. Manche Menschen stellen fest, daß sie mehrere Rollen angenommen haben. Ist das der Fall, können sie sich entweder mehrere Gesichter auf dem Ballon vorstellen oder viele kleine Luftballons, die mit dem großen Ballon verbunden sind. Man kann die verschiedenen Gesichter entsprechend den gespielten Rollen benennen. Es kann auch hilfreich sein, diese Rollen zu zeichnen. Eine junge Künstlerin, die als Kind mehrere verschiedene Pflegeeltern hatte, mußte jeweils der Familie entsprechend eine bestimmte Rolle annehmen. Sie war sehr erleichtert, für jede angenommene Rolle das entsprechende Bild malen zu können.

Wenn die Rolle identifiziert ist, kann sie in den gegenüberliegenden Kreis der Acht gelegt und so von ihrem Urheber isoliert werden. So kann jede weitere Kontrolle durch diese Rolle verhindert und ihre Wirkung auf das Leben des Betroffenen klar erkannt werden. Nach Ablauf der zweiwöchigen Übungszeit kann für die endgültige Ablösung eventuell die Hilfe einer vertrauten oder damit erfahrenen Person erbeten werden. In den meisten Fällen gelingt die Ablösung jedoch ohne fremde Hilfe.

Da der Ballon über einen großen Zeitraum allmählich entstanden ist, enthält er viel von der Energie seines Urhebers, denn es bedarf größerer Energie, eine Rolle zu spielen, als die wahre Persönlichkeit auszudrücken. Die in dem symbolischen Ballon enthaltene Energie, prana oder chi, muß dem Urheber wieder zugeleitet bzw. neu eingeatmet werden, damit sie zweckmäßiger und schöpferischer angewandt werden kann. Damit die Luft aus dem Ballon entweichen kann, sollte man sich ihn an mehreren Stellen mit dem Körper verbunden vorstellen. Der Betreffende legt seine beiden Hände auf den Ballon, drückt etwas Luft aus ihm heraus und atmet sie ein. Beim Ausatmen sollte der Ballon nicht weiter gedrückt werden. Mit jedem tiefen Ausatmen löst sich der Betreffende immer mehr von seiner Rolle. Diese Übung wird so lange durchgeführt, bis von dem Ballon nur noch eine winzige, schlaffe, leere Hülle übrigbleibt. Die alte Rolle hat nun ihre Kraft verloren.

Nun kann das Höhere Bewußtsein um die geeignete Methode gebeten werden, mit der die Ballonhaut vernichtet werden kann. Manche Menschen werden angewiesen, sie zu verbrennen, in ein Säurebad zu versenken oder sie zu begraben. Andere wiederum schneiden sie in tausend Stücke oder vernichten sie auf ganz andere Art. Nun wird der Kreis der Acht, in dem die Rolle visualisiert worden ist, ausradiert oder auf eine andere Weise ausgelöscht. Schließlich dankt die betreffende Person dem Höheren Bewußtsein für seine Hilfe und bittet es, sie mit seiner Energie und Liebe zu erfüllen, denn dadurch wird verhindert, daß man sich wieder mit irgendwelchen Rollen identifiziert.

Diese Methode ist überaus geeignet, um viele einengende Verhaltensmuster abzulegen, damit sich die wahre Natur des Betreffenden offenbaren kann.

Babuschka

Die zweite aus frühkindlichem Alter herrührende Rolle wird durch die Babuschka – häufig auch 'russische Puppe' genannt – symbolisiert. Die Babuschka besteht aus verschiedenen Puppen abgestufter Größe, die ineinander verschachtelt sind. Die im folgenden beschriebene Übung entstand, wie viele andere Techniken, im Laufe meiner praktischen Arbeit. Eine junge Frau, mit der ich schon eine Zeitlang zusammenarbeitete, kam eines Tages mit einem bestimmten Problem zu mir. Sie erklärte, es sei ihr erst kürzlich bewußt geworden, daß sie trotz ihres Erfolges in ihrer Arbeit nie wirklich an den Erfolg glauben konnte, da sie ihn im Grunde auch nicht verdiene. Ihre Selbsteinschätzung war sehr gering. Auch konnte sie den tieferen Grund dieser scheinbar widersprüchlichen Situation nicht erkennen. Ich schlug ihr vor, eine innere Reise zurück in ihre Kindheit zu machen und das Höhere Bewußtsein zu bitten, ihr zu zeigen, ob dieses Verhaltensmuster in diesem Leben verursacht wurde oder ob es durch eine überschattete Erinnerung an ein vergangenes Leben entstanden sei. Ich schlug ihr außerdem vor, um einen klärenden Traum zu bitten.

Einige Tage später kam sie zurück; sie hatte ihre 'Hausaufgaben' gemacht. Als sie sich mit ihrem Problem sorgfältig zu beschäftigen begann, stellte sie fest, daß auch ihr Bruder an einer, wenn auch unterschiedlichen, Version des gleichen Problems litt. Diese Einsicht veranlaßte sie, den familiären Hintergrund genau zu studieren. Sie wollte herausfinden, warum ihr Bruder und sie sich des jeweiligen Erfolges unwürdig fühlten. Offensichtlich hatte sie die Ursache des Problems aus ihrer Erinnerung gestrichen, und es fiel ihr äußerst schwer, sie wieder aufzudecken. Nur mit Hilfe des Höheren Bewußtseins fühlte sie sich stark und sicher genug, das entsprechende Interesse und die Energie zur Klärung dieses Zustandes aufzubringen. Auf diese Weise klärte sich alles langsam und sicher auf.

Ihre Mutter wurde ihren Großeltern einige Jahre nach der Geburt der innig geliebten ersten Tochter geboren. Dieses zweite Kind war ein nicht willkommener Zufall. Die Großeltern hätten lieber ihre ganze Liebe und Aufmerksamkeit weiterhin der Erstgeborenen geschenkt. Von Anfang an verglichen sie die beiden Töchter miteinander und kamen immer wieder zu den gleichen kritischen Bemerkungen und dem gleichen Ergebnis: Die zweite Tochter würde niemals so schön, so klug, so beliebt oder so erfolgreich werden wie ihre ältere Schwester. Sie würde auch bestimmt nie heiraten usw. So wurde die Mutter meiner Klientin von Kindheit an programmiert. Dieser Einfluß war derart stark und nachhaltig, daß sie weder so erfolgreich wie ihre Schwester wurde, noch sich so gut wie sie verheiratete und auch nicht in einem so großen Haus und einer so guten Nachbarschaft wie ihre Schwester wohnte. Es traten genau die von ihren Eltern programmierten Vorhersagen ein.

Sie identifizierte sich nicht nur mit dieser Programmierung und handelte danach. sondern projizierte sie auch auf ihre beiden Kinder. Sie imitierte ihre eigene Mutter, die wiederum dieses Muster an ihre beiden Enkelkinder weitergab. Immer wieder sagte die Großmutter ihren Enkelkindern, daß sie niemals so klug, attraktiv, erfolgreich und beliebt wie ihre Vettern sein würden. Den Vettern, den innig geliebten Enkelkindern, wurde wiederum versichert, etwas ganz Besonderes zu sein.

Daraus resultierte die sehr geringe Selbsteinschätzung der jungen Frau, die sie und ihr Bruder trotz großer Bemühungen niemals überwunden hatten. Die über Jahre wiederholten Verhaltensmuster gruben sich tief in das Unbewußte ein. Werden sie nicht revidiert, bestimmen diese Verhaltensmuster das Leben eines so programmierten Menschen.

Wie aber konnte dieser jungen Frau, nachdem die Ursache aufgedeckt worden war, geholfen werden, dieses lähmende

Verhaltensmuster loszulassen? Diese Verhaltensstruktur gründete nicht auf Wahrheit. Sie zwang die junge Frau, ein Erfolgsmensch zu werden, der sich aber am eigenen Erfolg nicht erfreuen konnte und, was noch schlimmer war, den Erfolg als unverdient empfand.

Während sie sprach, drängte sich mir immer wieder ein Bild auf, das mit ihrer Geschichte nichts zu tun zu haben schien. Ich sah eine große Puppe, in die immer kleiner werdende Puppen – alle bis auf die Größe völlig identisch – hineingeschachtelt waren. Die letzte Puppe war winzig klein. Als ich ihr dieses Bild beschrieb, atmete sie schwer und sagte: "Aber genauso empfinde ich mich. Wie ein armer Bauer, der nichts vom Leben erwarten darf. Ich fühle mich schuldig, wenn ich doch mehr verlange."

Als wir das Symbol besprachen, stellten wir fest, wie passend es war. Tief im Innern aller Puppen befand sich die winzig kleine Puppe. Die anderen Puppen waren wie einzelne Schichten über sie gestülpt und schufen so ein Gefängnis; genau wie sie und ihr Bruder es erfahren hatten. Durch ständige Wiederholung und herablassende Behandlung von Seiten der Großmutter und der Mutter wurde Schicht um Schicht die gleiche Konditionierung über die beiden Kinder gestülpt. Es ist nur zu verständlich, daß sie die auf sie projizierten Botschaften auch auslebten, so wie ihre Mutter es vor ihnen getan hatte.

Meine Klientin visualisierte nun zwei Wochen lang, jeden Morgen und jeden Abend die Babuschka im gegenüberliegenden Kreis der Acht und ließ in ihrer Vorstellung das neonblaue Licht um die Kreise fließen. Während dieser Zeit tauchten viele vergessene und unterdrückte Erinnerungen aus ihrem Unbewußten auf, die dort für lange Zeit begraben gelegen hatten. Dies zeigt, wie durch die Übung der 'Acht' Perspektiven und Trennungen ermöglicht werden und ein Zustand klarer erfaßt werden kann.

Als meine Klientin nach zwei Wochen wieder zu mir in die nächste Sitzung kam, wurde ihr, nachdem sie das Höhere

Bewußtsein um Führung gebeten hatte, ein Hammer gezeigt. Sie wußte, daß sie damit die äußeren Schichten der hohlen Puppen zu zertrümmern hatte, bis sie zu der innersten, winzigen aber stabilen Puppe vordringen würde. Diese imaginäre Handlung bereitete ihr große Freude, besonders in Erinnerung des Leidens, das diese Projektion in ihr ausgelöst hatte. Nachdem die junge Frau ihren Gefühlen freien Lauf gelassen hatte und die hohlen, äußeren Puppen zertrümmert waren, sammelte sie alle Stücke auf, warf sie in ein Feuer und beobachtete, wie sie zu Asche verbrannten. Als ich sie fragte, was nun mit der Asche geschehen solle, antwortete sie, sie werde die Asche aufsammeln und ins Meer werfen. Dann fragte ich sie, was sie mit der winzigen, innersten Puppe zu tun gedenke. Sie beschrieb diese Puppe als eine Art Samen oder Embryo, aus dem sich ihr neues Selbst entwickeln könne. Ich bestand aber auf einer Antwort, was sie mit dieser kleinen Puppe zu tun gedenke. Nach langem Schweigen antwortete sie voller Ehrfurcht: "Ich werde sie herunterschlucken, damit sie in mir wachsen kann."

Beginnen die alten Verhaltensmuster abzufallen, dauert es selbstverständlich einige Zeit, bis ein neues Konzept Wurzeln schlagen kann, denn die alten Gewohnheiten konnten sich lange einschleifen. Gelegentlich ist ein sofortiger Erfolg sichtbar, meistens aber dauert es einige Zeit. Keinesfalls aber so lange, wie die alte Rolle gebraucht hat, um sich festzusetzen.

Projizieren Autoritätspersonen, meistens Eltern oder Lehrer, die durch die Babuschka symbolisierten Verhaltensmuster ständig auf das sich entwickelnde Kind, erwartet es auch als erwachsener Mensch von allen späteren Autoritätspersonen eine Wiederholung dieser frühkindlichen Konditionierung. Falls das aber nicht geschieht, kann es sogar vorkommen, daß der Betreffende darauf besteht, daß sich diese frühkindliche Konditionierung wiederholt.

Um dieser Reaktion ein Ende zu setzen, kann auch die Übung der 'Acht' angewandt werden, indem man sich ein

Symbol der typischen Autoritätsperson im gegenüberliegenden Kreis der Acht vorstellt. Nach zwei Wochen kann dann die Ablösung von diesem Symbol vollzogen werden. Dadurch löst und befreit man sich von der Dominierung einer scheinbar stärkeren und imposanteren Persönlichkeit.

Kinder betrachten ihre Eltern meist als unfehlbar. Aus diesem Grund glauben sie ihnen alles, bis sie zum erstenmal feststellen müssen, daß auch Eltern nicht immer unbedingt recht haben. – Ein sechsjähriger Junge gab hierfür ein deutliches Beispiel. Als er eines Abends duschte, betrat seine ältere Schwester das Badezimmer. Da sie auf seinem Rücken rote Flecken feststellte und wußte, daß in der Schule Windpocken ausgebrochen waren, sagte sie, auf die roten Flecken weisend: "Schau, du hast Windpocken." Ihr Bruder bestritt das jedoch hartnäckig und ärgerlich. Das Mädchen rief den Vater. Der meinte allerdings, die Flecken sähen eher wie Insektenstiche aus. Triumphierend antwortete daraufhin der Junge: "Vater sagt, ich habe keine Windpocken. Damit basta. Ich habe keine!"

Als am nächsten Morgen die Großmutter die Kinder zur Schule abholte, wiederholte die Schwester trotz brüderlicher Entrüstung, daß er Windpocken habe. Die Großmutter untersuchte den Jungen und stellte ihrer Meinung nach auch Windpocken fest. Da die Schulschwester wohl die geeignetste Person war, dies festzustellen, schlug sie vor, ihn in der Schule untersuchen zu lassen. Die Schulschwester bestätigte tatsächlich Windpocken und schickte den Jungen nach Hause. Zum erstenmal entdeckte der Junge, daß sein Vater nicht recht hatte. Er war am Boden zerstört.

Diese kleine Geschichte zeigt, wie unerschütterlich Kinder ihren Eltern vertrauen. Die Eltern, viel größer und klüger als sie, verkörpern die höchste Autorität, bis eines Tages ihre Fehlbarkeit erkannt wird. Je nachdem, wie Eltern diese Autorität nutzen, wird das heranreifende Kind alle anderen Autoritätspersonen entweder fürchten oder verehren, bis es erfährt, daß auch sie fehlbar sind. Auch später, als Erwachsener, wird der Betreffende ständig mit Menschen konfrontiert, die seinen Eltern ähnlich sind, und frustriert wird er dann feststellen, daß er sich diesen Menschen gegenüber genauso verhält wie seinen Eltern gegenüber.

Unmittelbar am nächsten Tag, nachdem ich das Symbol der Babuschka bekam, besuchte mich eine Klientin. Stürmisch schilderte sie mir ihre Frustration, die allem Anschein nach die gleiche Ursache hatte, wie die der jungen Frau am Tag zuvor. Als ich ihr die 'Babuschka' beschrieb, sprang sie ungläubig vom Stuhl auf. Erst kürzlich hätte sie dieses Spielzeug einem Kind geschenkt. Vor Jahren hatte sie diese Babuschka selbst als Geschenk erhalten, hatte aber nie feststellen können, wer ihr dieses Geschenk gemacht hatte. Seltsam jedoch war, daß sie dieses Spielzeug während der letzten zwei Wochen gesucht hatte, um es dem kleinen Sohn ihres derzeitigen Freundes zu schenken. Sie hatte dem Kind eine Freude machen wollen und sich an diese Babuschka erinnert, die sie damals in einem Schrank verstaut hatte. – Diese Puppen sollten nun einen ganz anderen Zweck erfüllen. Sie sollten dieser Frau helfen, sich von ihrem geringen Selbstwertgefühl zu befreien. Ich wies sie an, sich die Acht mit der Babuschka in dem ihr gegenüberliegenden Kreis vorzustellen. Erfreut verließ sie mich. Endlich war sie gegen ein so lähmendes Verhaltensmuster gerüstet. Einige Tage später erhielt ich ein Paket, in dem ihre Babuschka lag und ein kurzes Schreiben, in dem sie mich bat, diese Puppen als Symbol für all jene zu verwenden, die sich von einem ähnlichen Problem befreien wollten.

Die Sanduhr

Nachdem die Babuschkas vernichtet worden sind, bestehen oft alte, hemmende Verhaltensmuster weiter und hindern den Betreffenden, ein freies und aufgeschlossenes Leben zu führen. – Viele Menschen werden zu einer Art Anti-Snobismus erzogen. Im Gegensatz zu Kindern, denen eingetrichtert wird, mit den Müllers von nebenan gleichzuziehen, werden andere von ihren Eltern angehalten, den ihnen gebührenden Platz einzunehmen und nur ja nicht mit überlegeneren und erfolgreicheren Menschen zu konkurrieren .

Meines Erachtens engen sich viele Menschen selbst ein, weil sie alles zu haben glauben, was gut für sie ist, anstatt das Höhere Bewußtsein zu bitten, ihnen das zu geben, was sie wirklich brauchen. Übergeben wir uns dem Höheren Bewußtsein und bitten wir es, uns zu geben, was wir wirklich brauchen, empfangen wir oft weitaus mehr, als wir jemals zu hoffen gewagt haben.

Die Sanduhr ist ein Symbol, das diese einengenden Einflüsse mildern hilft. – Sie kann auf zwei verschiedene Weisen angewandt werden. Wird die Übung alleine ausgeführt, visualisiert die Person einen goldenen Kreis am Boden um sich herum. Dieser Kreis hat den Radius des zu Seite ausgestreckten Armes und wird nun imaginär in Form eines Kegels die Höhe gezogen. Die Spitze dieses Kegels symbolisiert das Höhere Bewußtsein, genauso wie der Scheitelpunkt des Dreiecks. Nun stellt man sich einen zweiten Kegel vor, der umgekehrt auf der Spitze des unteren Kegels steht. Es entsteht das Symbol einer Sanduhr. Der obere Kegel ist zum Universum hin geöffnet.

Die zweite wirkungsvollere Methode, dieses Symbol zu visualisieren, ist mit einem anwesenden oder imaginären Partner möglich. In der Vorstellung wird das 'Dreieck errichtet'. Um dessen Grundlinie wird nun der untere Kegel visualisiert;

das Dreieck selbst wird also zum Kegel. Den oberen Kegel stellt man sich wie weiter oben beschrieben vor. Auch er ist zum Himmel geöffnet. Diese zweite Methode macht sich, wie das Dreieck auch, die natürliche Polarität zweier Menschen zunutze, und beide Personen können nun darum bitten, daß ihnen alles gegeben wird, was sie brauchen.

Um sein begrenztes Blickfeld zu erweitern, bittet der Betreffende das Höhere Bewußtsein, ihm vom Universum durch den oberen Kegel die für eine bestimmte Situation erwünschte Hilfe zu schicken. Vom Höheren Bewußtsein gefiltert, fließt dann diese Hilfe auf Umfang, Geschwindigkeit und rechte Zeit abgestimmt, durch den Hals der Sanduhr herab zu der im unteren Kegel sitzenden Person.

Die Sanduhr kann für spezielle Fragen, beispielsweise nach dem richtigen Arbeitsplatz, der Wahl eines neuen Hauses, eines Lebensgefährten, nach Klienten, Patienten, Kunden und vielem anderen mehr angewandt werden.

Sich auf diese Weise Klarheit zu verschaffen und das Höhere Bewußtsein um entsprechende Hilfe aus dem Universum zu bitten, ermöglicht auch, veraltete und hemmende Verhaltensmuster über Bord zu werfen.

Auswirkung des Rollen-
verhaltens auf spätere
Beziehungen

Werden die Rollen, die durch den Ballon oder die Babuschka symbolisiert werden, oder auch andere Verhaltensmuster oder Masken über die Zeit der ursprünglichen Nützlichkeit hinaus beibehalten, können sie im späteren Leben ernsthafte Probleme verursachen. Das ist besonders in engen Beziehungen, in Ehe, Familie und Freundschaften, oder in Geschäftsverbindungen spürbar.

Die in der Kindheit angenommene Rolle wird meistens auf andere Beziehungen übertragen. Wenn sich zwei Menschen zu einer engen Beziehung zusammenschließen, entsprechen sich die Rollen dieser beiden Menschen fast immer; sie passen zueinander wie der Schlüssel zum Schloß. Meist kommt dabei jedoch eine untaugliche Verständigung und ein unglaubwürdiges persönliches Reifen heraus, was zu ernsten Problemen führen kann. Werden diese Rollen jedoch abgelegt, können beide Partner eine zwar veränderte, aber zufriedenstellendere Beziehung eingehen.

Das schwierigste Verhaltensmuster, das am meisten zerstörend wirkt, ist das des 'abgewiesenen Kindes'. Egal wie bejahend der eine Partner auch sein mag, der andere wird immer die Abweisung suchen; denn diese Rolle versteht er zu spielen, sie ist ihm vertraut.

Eine andere Rolle, die in einer Partnerschaft häufig Schwierigkeiten verursacht, ist die des Gefallsüchtigen. Ein Mensch, der diese Rolle spielt, äußert niemals seine Wünsche. Er wartet immer erst die Wünsche des anderen ab, um ihm zu gefallen. Von Kindheit an wurden diese Menschen geprägt, den Eltern zu gefallen, und sie gehen fast immer eine Verbindung mit einer scheinbar starken und dominierenden Persönlichkeit ein, der sie folgen können. Später aber werden sie gerade gegen diese Situation, die sie selbst heraufbeschworen haben, rebellieren. Die Verbindung mit einem Menschen, der stets recht hat und immer darauf besteht, nur das zu bekommen, was er will, bringt unsagbares Leid über seinen Partner. Diese Menschen wurden in ihrer Kindheit verwöhnt und verhätschelt, ihre Forderungen steigen ins Unermeßliche, und sie ziehen in der Regel Menschen an, die die fordernden Wünsche ihrer Eltern zu befriedigen hatten, da beide Rollen eng miteinander verflochten sind. Bald stauen sich in dem Unterdrückten ungeheure Aggressionen auf, die dann sehr subtil am Partner ausgelassen werden.

Die Liste der Rollen ist endlos. Man kann sich bemühen, zuerst seine eigenen und dann die Rollen des Partners ausfindig zu machen. Denn kommt man ihnen erst einmal auf die Spur, beginnt ein tieferes Verstehen in der Partnerschaft. Die Beziehung wird ausgewogener, wenn sich beide mit Hilfe der 'Acht' von ihren Rollen lösen. Nur so können beide Partner ihre wahre Natur zeigen, den anderen respektieren und zu einem wahren Miteinander gelangen.

Ein Beispiel dafür ist ein Klientenehepaar, daß zu mir kam, weil die Beziehung in eine Sackgasse geraten war. In unserem Gespräch stellte sich heraus, daß die Ehefrau bereits vor ihrer Geburt abgelehnt worden war und an diesem Muster, das sich ihrem entwickelnden Bewußtsein eingeprägt hatte, festhielt. Sie lebte es derart aus, daß sie von ihrem Partner buchstäblich

Zurückweisung erwartete. Unweigerlich stieß ihr Verhalten dann auch auf Ablehnung, selbst bei Menschen, die sie ursprünglich bejaht hatten.

Ihr Ehemann spielte dagegen in seiner Kindheit eine ganz andere Rolle. Er war das einzige Kind einer sehr dominierenden Mutter. Die einzige ihm mögliche Rolle war die des Unterwürfigen. Seit frühester Kindheit mußte er seine eigene Meinung, seine Wünsche, sogar seine Persönlichkeit unterdrücken und wurde dadurch zum Mitläufer. Seine Frau schien ihm stark und unabhängig zu sein. Ein Mensch, dem er folgen konnte. So setzte er sein frühkindliches Verhalten fort. Aber seine Frau schien nur stark zu sein. Ihre glühende Unabhängigkeit war in Wirklichkeit der Zwang, zurückgewiesen zu werden. Als die beiden heirateten, brachte jeder seine eigenen, unbewußten Verhaltensmuster in die Beziehung mit ein, und beide spielten ihre angenommenen Rollen weiter, bis sie schließlich in eine Sackgasse gerieten.

Als ihnen jedoch ihr unbewußtes Handeln klar wurde, verstanden sie, zu ihrer großen Erleichterung, ihr Problem. Solange sie über ihre unterschiedlichen Rollen im unklaren waren, fühlten sie sich äußerst frustriert, und jeder schob dem anderen das Mißlingen der Beziehung zu.

Es ist sehr viel einfacher, die Fehler des anderen zu sehen und blind gegenüber den eigenen zu sein. Unter keinen Umständen aber können wir den anderen ändern. Es ist zwecklos, die Fehler des anderen aufzulisten, wenn er sie selbst nicht erkennt. Nur wir selbst können uns ändern und auch nur dann, wenn wir das Höhere Bewußtsein um Hilfe bitten und die entsprechende Disziplin aufbringen, die verschiedenen uns befreienden Übungen wirklich anzuwenden.

In einer Krise wie der oben beschriebenen können beide Partner das Höhere Bewußtsein um geeignete Symbole für ihre jeweiligen Rollen bitten. Das Symbol der entsprechenden Rolle kann dann im gegenüberliegenden Kreis der Acht visualisiert werden. Diese Übung wird zwei Wochen lang morgens und abends wiederholt. Gegen Ende der Übungszeit bittet man das Höhere Selbst um einen Hinweis, wie man sich von der Rolle lösen kann. Dafür gibt es verschiedene Methoden. Ist die Rolle noch nicht zu einer tiefverwurzelten Angewohnheit geworden, reicht es, die 'Acht' zu üben, um die Kontrolle durch oder die Identifikation mit dieser Rolle zu beenden. Rollen sind mit unnötigen Blockaden vergleichbar, die einen Menschen hindern, Führung vom Höheren Bewußtsein zu erhalten. Wie alle Gedankenformen enthalten sie auch die Energie dieses Menschen. Seine eigene Energie ist in der von ihm erschaffenen Rolle gefangen. Da Energie neutral ist, weder positiv noch negativ, kann sie wieder resorbiert und für einen positiven Gebrauch freigesetzt werden. Hierfür gibt es verschiedene Methoden. Die einfachste und erfolgreichste Methode ist, die Energie wieder einzuatmen. Der Atem ist lebenswichtig, selbsttätig und kontinuierlich. Man kann ihn aber auch bewußt kontrollieren. Die von dem Menschen in die Rolle investierte Energie wird durch Einatmen wieder zurückgeholt und beim Ausatmen läßt er den Zwang, von der Rolle kontrolliert zu werden, los. Ist die symbolische Form der Rolle vernichtet und die Energie zum Urheber zurückgeflossen, kann der Kreis ausgelöscht oder abgetrennt und in das Weltall gestoßen werden.

Sind beide Partner bereit, die in der Kindheit angenommenen Rollen aufzugeben, besteht die Möglichkeit einer offeneren und realistischeren Beziehung und die Partnerschaft wird befriedigender. Man kann das Höhere Bewußtsein über das 'Dreieck' bitten, bei dieser Aufgabe zu helfen.

Viele Paare steuern durch unzählige Rollenkombinationen in eine Krise. Frustration, innere Lähmung und Erschöpfung sind die Begleiterscheinungen. Häufig werden zwei Menschen durch die Attraktion ihrer Rollen angezogen, was aber nicht unbedingt bedeutet, daß die hinter diesem Rollenspiel versteckten Menschen auch wirklich betroffen sind. Das Rollenverhalten ist meistens über viele Jahre zur Gewohnheit geworden und daher äußerst schwer zu durchbrechen und zu verändern. Je länger eine Rolle gespielt wurde, um so schwieriger ist es, sich wieder von ihr zu befreien. Wird die Situation jedoch untragbar oder ist das Wohlbefinden eines oder beider Partner bedroht, werden sie zu Änderungen gezwungen und versuchen aus diesem unerträglichen Zustand auszubrechen. Verzweiflung, äußerstes Unbehagen, Groll oder Frustration scheinen der auslösende Ansporn für eine Veränderung zu sein.

Eine vollkommene Veränderung kann jedoch nur durch eine Neuprogrammierung des Unbewußten erreicht werden. Genaue und einfache Symbole leiten eine Botschaft an das Unbewußte weiter und bewirken so eine Veränderung. Ist die Angewohnheit aber zu stark und zu tief verwurzelt, wird diese Methode allein nicht erfolgreich sein. Nur durch die überlegenere Kraft des Höheren Bewußtseins können manche Angewohnheiten durchbrochen werden, und nur mit seiner Hilfe können größere Veränderungen stattfinden, besonders dann, wenn beide Partner seine Hilfe suchen. Wir können nur wenig mit unserem begrenzten, bewußten Verstand ausrichten, um uns von alten, einengenden Verhaltensmustern zu befreien. Durch Zusammenarbeit mit dem Unbewußten und mit Hilfe des Höheren Bewußtseins können, selbst in hoffnungslosen Situationen, Wunder geschehen. Von Geburt an haben wir einen freien Willen. Es ist unsere Entscheidung, ob wir mit unserem bewußten Verstand und seiner relativ geringen Kraft weiterhin Lösungen zu Problemen suchen wollen oder ob wir uns der Hilfe des Höheren Bewußtseins überlassen. Üben wir bereitwillig und regelmäßig die unser Unbewußtes prägenden Techniken und bitten wir gleichzeitig das Höhere Bewußtsein um Unterstützung, werden wir den Weg aus diesem Sumpf herausfinden. Leichtfüßig werden wir auf unserem inneren Weg schreiten und nicht mehr straucheln. Das Höhere Bewußtsein wird unser Leben durch uns leben, und es wird kein weiteres Karma entstehen. Nur so können wir wachsen und uns entwickeln. Stillstand dagegen läßt uns lebend sterben.

Sehr häufig kann man in Partnerschaften beobachten, daß die Partner gegenseitig die Reaktion aus dem anderen herauszulocken versuchen, die ihnen von ihren Eltern her vertraut ist. Die durch die Eltern verursachte Frustration wird auf den Partner projiziert, so daß die Partner beginnen einander zu hassen, wie sie bewußt oder unbewußt ihre Eltern gehaßt haben. Da der Haß auf die Eltern aber in der Regel von Schuldgefühlen begleitet wird, ist es einfacher, den Partner zu hassen.

Werden die Ursachen und Gründe für dieses Rollenverhalten jedoch sichtbar, können sie von jedem Partner behoben und gehandhabt werden. Nur so kann Abneigung, Groll oder Haß durch aufrichtige Dankbarkeit ersetzt und eine Verständigung ermöglicht werden.

Eine Rolle je nach Bedarf zu spielen ist absolut gerechtfertigt. Sie sollte sich aber keinesfalls festsetzen oder ein anderes, geeigneteres Rollenspiel ausschließen. Die Identifikation mit einer oder die Kontrolle durch eine Rolle ist schädlich.

Ein altes Sprichwort sagt: " Was Hänschen nicht lernt, lernt Hans nimmermehr." Darin liegt Wahrheit. Wenn alte Menschen mit Mustern behaftet und neuen Erfahrungen gegenüber nicht mehr aufgeschlossen sind, können sie durch die Zerstörung ihrer altenVerhaltensweisen sehr erschüttert werden, besonders wenn sie sich ein ganzes Leben lang mit diesen Rollen identifiziert haben. Aus diesem Grund drängt Sathya Sai Baba seine Schüler, sich der Kindererziehung zu widmen. Kinder sind so viel offener und anpassungsfähiger als alte Menschen. Sie haben noch keine tief verwurzelten Angewohnheiten entwickelt und stehen immer noch in enger Beziehung zum Höheren Bewußtsein.

Ich fasse zusammen: Frühe Rollen oder ausgeprägte Angewohnheiten müssen zuerst klar umrissen und entsprechende

Symbole für sie gefunden werden, damit das Unbewußte die Botschaft verstehen und eine Änderung bewirken kann. Um die Macht einer Rolle zu brechen, sollte mindestens zwei Wochen lang die 'Acht' geübt werden. Die Übungsdauer hängt jedoch von der Stärke und der Lebensdauer der Rolle ab. Dann kann das Höhere Bewußtsein um Rat gebeten werden, wie das gewählte Symbol zu vernichten ist.

Zwei Beispiele aus meinem eigenen Leben veranschaulichen die Wirkung von Rollen. Ich war das einzige Kind einer äußerst dominierenden, matriarchalischen Mutter und eines gütigen, liebevollen Vaters, der wegen seiner Arbeit oft nicht da war. Da meine Mutter befürchtete, ich könne das sprichwörtlich verwöhnte Einzelkind werden, beschloß sie, dies gleich von Anfang an zu verhindern, indem sie eine sehr strenge Erzieherin wurde. Da mich mein Vater ganz sicherlich verwöhnt hätte, hielt sie mich von ihm fern, und meine Erziehung lag fast ausschließlich in ihren Händen.

Offenbar mußte ich in eine solche Konstellation hineingeboren werden, um noch einige Lektionen zu lernen. Aber auch ich brauchte die für alle Kinder so notwendige Sicherheit und Geborgenheit. Deshalb lernte ich, um die Ausbrüche meiner Mutter zu vermeiden, sehr früh, weder gesehen noch gehört zu werden, und nahm die Rolle des braven und gehorsamen Kindes an, von dem erwartet wurde, genau wie seine Mutter zu handeln, zu fühlen, zu denken und zu sprechen. Ich mußte ihre Regeln fehlerfrei befolgen. Regeln, die ich weder verstand noch erklärt bekam. Von Verwandten wurde mir später gesagt, daß ich von Natur aus fröhlich und frei gewesen sei. Ließ ich meinem Wesen aber freien Lauf, wurde ich nur um so härter bestraft, und in dem verzweifelten Versuch, mich vor meiner Mutter zu schützen, zog ich mich in mich selbst zurück. Nach außen wirkte ich gehorsam, ruhig, fleißig und hilfsbereit, aber ernst, scheu und gehemmt. Innerlich war ich voller Phantasie, einfühlsam, künstlerisch, schöpferisch, äußerst unsicher und sehr einsam. Schaue ich zurück, kommt es mir vor, als sei eine zu enge Plane über eine wachsende Pflanze gestülpt worden.

Meine Mutter projizierte noch ein anderes Muster auf mich. Es wird durch die Art, wie sie mich ihren Freunden vorstellte, symbolisiert. Sie stellte mich als 'mein Unkraut' vor. Für mein Alter war ich sehr groß und schrecklich dünn, und dieser vorgeschobene Grund rechtfertigte ihre Anrede. Wenn ich mich aus Selbstschutz scheinbar unerschütterlich und gelassen gab, machte sie das wütend. Benahm ich mich dagegen so aufbrausend wie sie, glaubte sie, mich unter Kontrolle zu haben. Sarkastisch sagte sie von mir, ich sei 'kalt wie eine Gurke'. Verständlicherweise empfand ich mich daher selbst auch als Unkraut und Gurke.

Meine Mutter war eine begeisterte Gärtnerin und sagte dem verhaßten Unkraut, das ihre geliebten Blumen zu ersticken drohte, den Kampf an. Trotzdem verachtete sie das tägliche Jäten. Für mich war Unkraut folglich gleichbedeutend mit minderwertig und unerwünscht. Nachdem aber Unkraut mein Aushängeschild war, mußte auch ich minderwertig und unerwünscht sein. Dementsprechend war meine Selbsteinschätzung sehr gering. Dennoch wurden von mir vortreffliche Leistungen erwartet, denn mein Erfolg konnte auf meine Mutter zurückfallen, und ihr eigenes Bild einer perfekten Mutter wurde aufgewertet.

Erst durch diese Arbeit konnte ich einen Weg finden, die äußere Schale, die ich als Schutz gegen mütterliche Kontrolle und Konditionierung errichtet hatte, zu durchbrechen. Vorerst aber blieb ich verschlossen, zurückgezogen, ruhig und gehemmt. Mein Ballon, oder die als Schutzmaßnahme aufgesetzte Maske, wurde zur Gewohnheit. Als mir jedoch der Weg aus diesem Rollenspiel gezeigt wurde, kam meine wahre Persönlichkeit zum Vorschein, und ich fühlte mich endlich frei und zuversichtlich.

Das Wissen um die in jedem Menschen wohnende universale Kraft Gottes durchdrang meinen schützenden Panzer.

Seit ich mich nicht mehr als Unkraut empfand, nahm ich bemerkenswerterweise auch an Gewicht zu.

Ich möchte hier erwähnen, daß ich mit Sai Babas Hilfe den Mut aufbrachte, mein Schneckenhaus zu verlassen, und dem Leben gerne entgegentrat. Ich bin ihm unsagbar dankbar für seine Ermutigung, Bestätigung und liebevolle Anteilnahme. Er schenkte mir die Liebe, die mir meine Mutter, aus Angst mich zu verwöhnen, verwehrt hat.

Identifikation mit Arbeit und Beruf

Häufig hängt das Auftreten eines Menschen mit seiner Arbeit zusammen. Erkundigt man sich nach jemandem, wird oft geantwortet, er sei ein Klempner, Arzt, Arbeiter, Professor oder sonst irgend etwas. Das reduziert den Betreffenden auf die Rolle seines Berufes. Es wird dabei aber vergessen, daß er nicht nur diese Rolle verkörpert, sondern daneben noch weitaus mehr.

Viele Menschen legen sich leider auf die Hauptrolle ihres Lebens fest oder auf die Rolle, die mit der täglichen Beschäftigung des Geldverdienens gekoppelt ist. Damit versäumen sie aber die Möglichkeit, sich zu einer abgerundeten Persönlichkeit zu entwickeln. Manche Menschen finden ihre Identität sogar nur durch die Arbeit. In einem solchen Fall gebietet die Arbeit über sie und nicht sie über die Arbeit.

Das Joch der Arbeit sollte jedoch leicht auf unseren Schultern getragen werden, damit wir nicht von ihrer unerträglichen Last erdrückt werden. Zunächst einmal sollten wir vor allem wir selbst sein. Der Beruf ist mit einer der vielen Masken vergleichbar, die nach Bedarf abgenommen und ausgewechselt werden können.

Ein Familienvater ist beispielsweise ein sehr erfolgreicher Rechtsanwalt. Kommt er nach Hause, spielt er vielleicht diese Rolle mit seiner Frau und seinen Kindern weiter. Sie brauchen aber keinen Rechtsanwalt, sondern einen Ehemann und Vater. Bei gesellschaftlichen Anlässen witzelt man über Ärzte, Anwälte oder andere Berufsgruppen, die sich zusammensetzen und ständig über ihre Arbeit fachsimpeln. Sie haben sich derart mit ihrer beruflichen Rolle identifiziert, daß das menschliche Wesen hinter dieser Rolle kaum noch sichtbar ist. Die wirtschaftliche Lage in der Welt und die zunehmende Freiheit der Frauen haben dazu geführt, daß viele Frauen neben ihrer Hausarbeit noch außerhalb des Hauses arbeiten. Kinder lernen deshalb ihre Eltern häufig nur in ihrer 'Arbeitsmaske' kennen. Sie brauchen aber Wärme und Verständnis, die nur echte menschliche Wesen geben können und nicht kalte, karrierebesessene Eltern, deren Reaktionen oft nur mechanisch sind. Am Ende eines Arbeitstages sollte deshalb nicht nur der Beruf, sondern auch alles, was mit diesem Beruf zusammenhängt, am Arbeitsplatz zurückgelassen werden, damit sich der tagsüber Berufstätige abends voll seiner Familie widmen kann.

Viele meiner Klienten sagten mir, ihr Hauptproblem sei, ihre Eltern nie als wirkliche Menschen erlebt zu haben. Besonders der Vater wurde sehr oft als Fremder empfunden, da er sich meist mehr für seine Arbeit interessierte als für seine Kinder. Er zahlte zwar die Rechnungen, aber das war auch schon alles. Die Folge war, daß die Kinder nach seiner liebevollen Zuwendung hungerten, und obwohl sie wußten, daß er sie liebte, zweifelten sie daran. Da sie nie ein sichtbares Zeichen seiner Liebe bekamen, versuchten sie auf verschiedenste Weise, häufig auch durch negatives Verhalten, dieses heiß ersehnte Zeichen zu erhalten.

Arbeitende Eltern sollten sich, bevor sie nach Hause gehen, einige Minuten Zeit nehmen, um die 'Acht' um sich und ihre Arbeit zu visualisieren. Sie würden dadurch die oft schwere Last ihrer Verantwortung von zu Hause fernhalten und auch, durch den gewonnenen Abstand, die mit

dieser Arbeit verbundenen Probleme besser bewältigen
können.

Auch Kindern kann diese Einstellung schon in jungen Jahren beigebracht werden. Sie können lernen, ihre volle Aufmerksamkeit ihren Schulaufgaben zu widmen, um dann völlig frei für andere Unternehmungen zu sein. Dadurch prägt sich ihnen ein Verhalten ein, das sie in ihr späteres Leben mitnehmen können. Auch kann die oft unmenschliche Arbeitsbelastung so gemildert werden.

Außerdem wäre es wichtig, die Einstellung zur Arbeit zu verändern. Früher waren Menschen im allgemeinen stolz auf ihre Arbeit. Sie betrachteten sie als Dienst an der Gemeinschaft. Diese Einstellung aber hat sich weltweit geändert. Heute geht es darum, so wenig wie möglich zu arbeiten, um so viel Geld wie möglich zu verdienen. Geld ist wichtiger geworden als Qualität, und es gibt keine Garantie mehr für gute, einwandfreie Arbeit, egal in welchem Beruf. Die durch unzuverlässige Arbeit verursachte Frustration hat katastrophale Ausmaße angenommen und steigert noch zusätzlich die tägliche Belastung.

Kann Kindern jedoch vermittelt werden, nicht in erster Linie wegen des Geldes zu arbeiten, sondern wegen der Befriedigung, eine Arbeit gut verrichtet zu haben, und würde ihnen vermittelt, Arbeit als Dienst an der Gemeinschaft zu betrachten, könnte sehr viel Druck vom einzelnen Menschen und von der ganzen Gesellschaft genommen werden. Es ist wirklich erstaunlich, welch großen Unterschied eine derart veränderte Arbeitseinstellung bewirken kann.

Ererbte und erworbene Verhaltensmuster

An dieser Stelle möchte ich noch einmal wiederholen: Ein neugeborener Säugling tritt in ein bereits vorhandenes Verhaltensschema ein, und dieses Schema bietet ihm Gelegenheit, altes Karma aufzuarbeiten und versäumte Lektionen vergangener Leben nachzuholen. Der Mensch kann so den inneren Weg zurückgehen, um sich mit dem Höheren Bewußtsein zu vereinen. Die beiden grundlegenden Einflüsse seines Lebens sind entweder ererbt oder erworben. Die ererbten oder angeborenen Muster entstammen den beiden zusammentreffenden Familien und sind von Generation zu Generation überliefert worden. Sie beinhalten eine Unzahl verschiedener Einflüsse, wie nationale Charakterzüge und Sitten, die religiöse Zugehörigkeit – jüdisch, buddhistisch, moslemisch, hinduistisch und christlich mit dem jeweiligen Sittenkodex – und die gesellschaftliche Klassenzugehörigkeit, die in Indien durch das starre Kastensystem am besten verdeutlicht wird.

Selbst der berufliche Hintergrund des Vaters (neuerdings auch der Mutter) übt seinen Einfluß aus. Auch die politische Zugehörigkeit, die Gegend, in der die Familie lebt – auf dem Land, in der Stadt oder in der Großstadt –, und die besuchten Schulen drücken dem Kind einen Stempel auf.

Neben den oben erwähnten gibt es die persönlichen Einflüsse, die von den anderen Familienangehörigen, hauptsächlich aber von den Eltern, auf das heranwachsende Kind projiziert werden. Diese Prägungen können durch elterliche Vorurteile, Erwartungen und Ängste entstehen oder sich auch erst später entwickeln, wenn das Kind von seinen Eltern als faul, klug, attraktiv, usw. abgestempelt wird.

Versuchen Eltern ihre eigenen unerfüllten Träume, Hoffnungen, Wünsche und ihren Ehrgeiz durch ihre Kinder auszuleben und stellvertretend für sie den Erfolg zu genießen, werden Kinder dadurch ebenfalls beeinflußt.

Das zeigt ganz deutlich, wie viele hemmende Muster auf das Kind projiziert werden. Um Menschen von negativer Konditionierung zu befreien, gibt es zahlreiche verschiedene Übungen und Riten. Wird ein Problem geschildert, bietet das Höhere Bewußtsein in der Regel sofort eine entsprechende Technik zur Lösung des Problems an. In den meisten Fällen genügt es jedoch, zwei Wochen lang die 'Acht' um das geeignete Symbol zu visualisieren, um sich von alten Mustern zu befreien.

Projektion von Animus und Anima

Wir alle projizieren Teile unseres eigenen Selbst auf andere Menschen, so daß sie auf uns zurückstrahlen, damit wir sie besser erkennen können. Wir erwarten jedoch ausnahmslos, und manchmal fordern wir es sogar, daß die anderen diese projizierte Rolle nicht nur annehmen, sondern sie auch für uns spielen. Aber es sind unsere eigenen Rollen, die unsere eigenen Aspekte verkörpern. Wir müssen sie deshalb selbst annehmen und auch selbst ausleben. Sie dürfen nicht einem anderen Menschen aufgezwungen werden, damit dieser

Mensch sie für uns auslebt. Es ist nicht seine Rolle. Er hat seine eigene Persönlichkeit mit seinen eigenen Rollen. Zwei Menschen sind niemals identisch, obwohl sie ähnliche Facetten haben können. Eine Facette jedoch gibt nie den ganzen Menschen wieder.

Projizieren wir Teile unseres Selbst auf andere Menschen und erwarten wir von ihnen, daß sie diese Teile für uns annehmen und auch ausleben, werden wir zu Marionettenspielern, und der andere hat nach unserer Pfeife zu tanzen. Der andere Mensch aber hat seine eigene Pfeife, die vielleicht anders als unsere klingt. Andererseits versucht auch er Teile seines Selbst auf uns zu projizieren. Auf diese Weise entsteht eine doppelte Projektion und Kontrolle.

Eine der häufigsten Projektionen ist die der männlichen Anima (inneres Frauenbild des Mannes) auf eine Frau und die des weiblichen Animus (inneres Männerbild der Frau) auf einen Mann, durch die eine symbiotische Beziehung zwischen den Partnern entsteht. Manche Liebende nehmen daher an, ihre Entsprechung oder ihren Seelenpartner gefunden zu haben. Die meisten Menschen verlieben sich in jemanden, der sie unbewußt an die andere Hälfte ihrer selbst erinnert. Die andere Person wird zum Spiegel, in dem sie einen Teil ihres Selbst reflektiert sehen.

Wir alle suchen Ganzheit und Vollkommenheit, und wir sehnen uns nach der Vereinigung mit unserem inneren, entgegengesetzten Aspekt. Um aber wirklich Ganzheit zu erlangen. müssen wir diese Ganzheit in uns selbst suchen. Wir können sie nicht durch andere Menschen finden. Wenn wir das versuchen, hemmen wir nicht nur unseren eigenen Reifungsprozeß, sondern belasten auch den anderen Menschen, den wir dazu erwählt haben, unsere Projektion zu übernehmen. Sie gehört nicht zu ihm, auch wenn sie ihm teilweise ähnelt und auch ein Teil von ihm sein mag.

Um diese Situation noch schwieriger zu gestalten, sind uns nicht nur unsere eigenen männlichen und weiblichen

Aspekte, sondern auch noch die Persönlichkeitsstrukturen unserer Mutter und unseres Vaters aufgebürdet. Beginnt ein Junge, seiner Männlichkeit und seiner (weiblichen) Anima, und beginnt ein Mädchen, seiner Fraulichkeit und seinem (männlichen) Animus Ausdruck zu geben, suchen beide Kinder Vorbilder. Die ersten Vorbilder sind in der Regel die Eltern. Verkörpern die Eltern ein positives Vorbild, wird das Kind dieses Vorbild annehmen, um seiner dualistischen Natur Ausdruck geben zu können. Das Gegenteil kann aber auch eintreten. Wenn die Eltern ein negatives Vorbild verkörpern, kann sich das Kind für entgegengesetzte Vorbilder entscheiden.

Diese frühkindliche Programmierung ist nicht nur verantwortlich für die Suche des Menschen nach dem eigenen Animus bzw. der eigenen Anima in einem anderen Menschen, sondern auch für die Suche nach einer Ersatzmutter oder einem Ersatzvater. Das ist besonders dann der Fall, wenn ein Elternteil eine negative Reaktion in dem heranwachsenden Kind ausgelöst hat oder wenn er sich abweisend, kritisch oder lieblos dem Kind gegenüber verhalten hat.

Viele Ehen oder Beziehungen sind im Grunde nur Verbindungen der projizierten Aspekte und nicht eine Verbindung zwischen wirklichen Menschen. Suchen Männer eigentlich eine Mutter und Frauen einen Vater, können sie ihren Partner dazu zwingen, diese Rolle auch zu spielen, und sie selbst übernehmen die Rolle des Kindes. Diese Konstellation ist leider auf lange Sicht sehr unbefriedigend. Jemand mag anfänglich vielleicht gern die Rolle eines Elternteils übernehmen, aber das Kind im Partner kann dadurch nicht erwachsen werden. Dadurch wird die Beziehung statisch und kann nicht wachsen. Jeder Mensch muß Vater und Mutter seines eigenen, inneren Kindes werden. Niemand kann und darf diese Rolle einem anderen überlassen oder von einem anderen erwarten, diese Verantwortung für ihn zu übernehmen, wie eng auch immer die Beziehung sein mag.

Wir alle haben die Möglichkeit in uns, ganze und ausgewogene Menschen zu werden. Um dieses Ziel auch zu erreichen, müssen wir mit diesen Teilen in uns Verbindung aufnehmen und der Versuchung widerstehen, andere unsere eigenen Aspekte ausleben zu lassen. Fühlen wir uns aber für unsere eigenen, unterschiedlichen Aspekte verantwortlich, kann das Höhere Bewußtsein beginnen, sie zu bearbeiten. Einem Diamantschleifer gleich schneidet und poliert es die Facetten, um ihren versteckten Glanz durch die äußere, grobe Schicht erstrahlen zu lassen.

Projizieren wir dagegen Teile unseres Selbst auf andere Menschen, erlangen sie Macht über uns. Denn dadurch bestehen wir darauf, daß sie einen Teil unseres Selbst annehmen, den wir selber hätten akzeptieren und ausleben müssen. Akzeptieren wir jedoch andererseits die Projektion eines anderen Menschen, rauben wir ihm die Möglichkeit, diesen Aspekt in sich selbst zu entdecken und ihn für sich nutzbar zu machen.

Keiner von uns kann ganz und ausgewogen werden, wenn wir nicht unsere eigenen Aspekte – Yin und Yang, weiblich und männlich – erkannt, angenommen und für sie die Verantwortung übernommen haben. Sie sind die beiden Pole oder Schalteinrichtungen, die mit der ungeheuren Spannung des Höheren Bewußtseins umzugehen wissen, wenn es unser Leben zu bestimmen beginnt.

Wie können wir aber die Anima oder den Animus wieder zurückgewinnen, nachdem wir einen Aspekt von ihr/ihm in dem Menschen erblickten, auf den wir sie/ihn projizierten? Zuerst muß die 'Acht' praktiziert werden, wobei die andere Person eine Art Kleiderhaken verkörpert, an den wir diese Rolle hängen. Wir stellen sie uns in dem uns gegenüberliegenden Kreis der Acht vor. Normalerweise ist eine zweiwöchige Übungszeit ausreichend. In extremen Fällen dauert es länger.

Täglich sollte auch die Baumübung gemacht werden. Sind einem die Kosmischen Eltern vertraut und fühlt man sich von ihnen angenommen und geliebt, können sie um ein Zeichen gebeten werden, das die wahre, vollkommene Anima oder den wahren, vollkommenen Animus symbolisiert. Die Anima sollte auf der linken Seite des an den Baum gelehnten Mannes, der Animus auf der rechten Seite der an den Baum gelehnten Frau erscheinen. Anfangs sollten beide Kosmischen Eltern nicht zu deutlich visualisiert werden, um der Versuchung zu widerstehen, wirkliche Menschen in ihnen zu erkennen. Treten sie allmählich deutlicher an die Oberfläche, können sie Erinnerungen an einen bestimmten Menschen oder sogar an eine Verknüpfung mehrerer Personen wachrufen. Im Grunde sind die Kosmischen Eltern aber völlig individuell und von allen anderen Menschen verschieden, so wie auch die Fingerabdrücke eines jeden Menschen einzigartig sind.

Kein Mensch hat es gern, seine eigenen Fehler und Schwächen zu erkennen. Deshalb werden oft große Anstrengungen unternommen, um sie nicht sehen und zugeben zu müssen. Es ist viel einfacher und weniger schmerzlich, Fehler bei anderen zu entdecken, sie zu kritisieren und sie zu verurteilen, als sie sich selbst einzugestehen und sie zu überwinden. Andererseits ist es aber auch falsch, unsere positiven Aspekte, die wir in unserer Kindheit unterdrückt und vernachlässigt haben, auf andere zu projizieren, denn dann werden wir schließlich die beneiden, die unsere unterdrückten Qualitäten ausleben.

Eines der häufigsten Beispiele für derartige Projektionen ist die Übertragung verschiedener persönlicher Facetten auf den Therapeuten. Verkörpert dagegen das Höhere Bewußtsein den Therapeuten, ist die Gefahr einer Projektion sehr gering. Wir können nur dann mit allen unseren Facetten innerlich in Verbindung treten, wenn wir sie nicht mehr auf andere Menschen oder Dinge projizieren.

Irgendwann einmal in diesem oder in einem früheren Leben haben wir mit Sicherheit den Menschen geähnelt, die wir heute ablehnen. Anstatt sie abzulehnen und zu kritisieren, sollten wir die in diesen Menschen widergespiegelten, ungeliebten Aspekte unseres Selbst erkennen und korrigieren.

Teil-Persönlichkeiten

In unserem gegenwärtigen Bewußtseinszustand sind wir nicht eine einzige Persönlichkeit, sondern bestehen, meist unbewußt, aus vielen anderen Splitter- oder Teil-Persönlichkeiten. Träume offenbaren uns diese Facetten. Träumen wir von einer uns bekannten Person, so können wir einen Aspekt unseres Selbst in dieser Person entdecken. Deshalb sollten wir die Eigenschaften der im Traum erschienenen Menschen ergründen. Was ist unser erster Gedanke, wenn wir danach fragen? Was sind die hervorstechendsten Charakterzüge unserer Traumfiguren? Was halten wir von ihnen, und wie stehen wir zu ihnen?

Diese Charakteristiken sollten wir verinnerlichen und davon ausgehen, daß gerade diese Charakterzüge auf unbewußter Ebene höchstwahrscheinlich unsere eigenen sind. Haben wir sie bereits bei anderen und in unseren Träumen beobachtet, können wir sie selbst, sobald sie im täglichen Leben an die Oberfläche treten, bewußt wahrnehmen. Erst jetzt können unerwünschte Aspekte ausgelöscht werden, indem wir jeden einzelnen im gegenüberliegenden Kreis der Acht visualisieren und neonblaues Licht um beide Kreise fließen lassen. Oft genügt es bereits, diese Übung zwei Wochen lang auszuführen. Manchmal ist es jedoch wichtig, die in diesem Aspekt eingeschlossene Energie wieder zurückzugewinnen, da dieser Aspekt sein eigenes Leben in uns gelebt hat und wir sehr lange sein Wirt gewesen sind. Die freigesetzte Energie steht uns dann wieder zur Verfügung.

Um das zu erreichen, atmet man die in diesem Aspekt gefangene Energie ein und stößt jedes Verlangen oder jede Bindung an diesen Aspekt mit jedem Atemzug aus. Dann können die beiden Kreise durchschnitten bzw. nach Anweisung des Höheren Bewußtseins getrennt werden. Der Kreis, der das nun energielose Symbol enthält, kann entweder ins Weltall befördert, in einen Abgrund oder einen glühenden Krater gestoßen oder auf irgendeine andere Art vernichtet werden.

Um unsere eigenen, verschiedenen Facetten zu erkennen, können wir unsere Reaktion auf andere beobachten. Menschen, die wir nicht mögen oder die wir kritisieren, können uns tatsächlich an eigene, unbewußte Facetten erinnern, die wir nicht zu erkennen wünschen. Die Charakterzüge eines anderen Menschen zu kritisieren ist leichter als sich selbst zu durchleuchten, um eigene Fehler zu entdecken. Aber auch das Gegenteil kann zutreffen. Dann kritisieren wir einen anderen Menschen nur deswegen, weil er einen Charakterzug auslebt, den eigentlich wir hätten ausleben sollen. Gleichzeitig aber reden wir uns noch ein, daß dieser entsprechende Charakterzug nicht wert war, gelebt zu werden.

Die Spiegelhalle

Eines Tages offenbarte sich mir, als ich mit einer jungen Frau zusammenarbeitete, eine spezielle Übung – ich nenne sie 'Labyrinth' oder 'Spiegelhalle' – mit der bisher unbewußte Facetten unserer Persönlichkeit aufgedeckt werden können. Meine Klientin hatte das vage Gefühl, irgend etwas falsch zu machen. Trotz großer Bemühungen aber konnte sie das Problem nicht klar erkennen. Ich schlug ihr vor, das Höhere Bewußtsein um Rat und Hilfe zu bitten, um vergessene Facetten ihrer Persönlichkeit aufsteigen zu lassen.

Kaum hatten wir über das 'Dreieck' Verbindung mit dem Höheren Bewußtsein aufgenommen, stieg ein sehr klares Symbol in mir auf. Es ähnelte einer Spiegelhalle, wie ich sie aus meiner Kindheit von Rummelplätzen her kenne. Diese Halle glich einem Labyrinth mit verspiegelten Innenwänden, deren Spiegel jedoch ein äußerst verzerrtes Bild des Menschen wiedergaben, der in sie hineinschaute.

Ich erklärte der jungen Frau das Symbol und fragte sie, ob ich sie in dieses Labyrinth führen dürfe, damit sie die verschiedenen Facetten ihrer Persönlichkeit klarer erkennen könne. Sie war über diese Möglichkeit sehr erfreut. Ich schlug ihr vor, sie solle sich zuerst mich mit einer langen Schnur in der Hand vorstellen und dann mit dem Ende dieser Schnur das Labyrinth betreten. Auf diese Weise konnte sie nun so tief in das Labyrinth eindringen, wie das Höhere Bewußtsein es zuließ. Wollte sie wieder aus der Spiegelhalle heraus, so würde ich sie mit dieser Schnur zurückziehen. Die Kordel erinnerte sie an Ariadnes Faden und gab ihr die nötige Sicherheit, nicht von ihren unbewußten Persönlichkeiten überwältigt zu werden, falls ihr zu viele auf einmal gegenübergestellt würden.

Der erste Spiegel gab ein sehr fettes Bild von ihr wieder, das sie sofort zurückwies, denn sie war nicht übergewichtig. Ich erklärte ihr, daß diese Fettleibigkeit nicht unbedingt von zu vielem Essen herrühren müsse, sondern von irgendeiner anderen Art von Gier. Sie hielt den Atem an und entdeckte in sich die Gier nach Anerkennung. Immer blähte sie sich mit ihrer eigenen Wichtigkeit, Leistungsfähigkeit und Attraktivität auf.

Der nächste Spiegel zeigte ihr einen kleinen, kläffenden Hund, der sie an einen Terrier erinnerte. Auch bei diesem Bild konnte sie die Botschaft nicht entschlüsseln. Deshalb erklärte ich ihr, daß ein Hund in dieser Arbeit den extrovertierten Aspekt eines Menschen symbolisiere und die Katze den introvertierten, und fragte sie, welches Tier ihr am meisten entspreche. Sofort antwortete sie: "Der Hund natürlich!" Nun wurde ihr auch die Bedeutung des Bildes klar. Ein Teil ihres Ich war so gierig nach Aufmerksamkeit, daß sie sich wie ein kläffender, kleiner Hund benahm, der allen auf die Nerven ging und ständig Aufmerksamkeit forderte.

Der nächste Spiegel zeigte ihr ein verlassenes Kind, das um Nahrung bat. Dieses Bild war der Schlüssel für die ersten beiden Bilder. Niemals hatte sie von ihren Eltern oder den Familienangehörigen die Liebe bekommen, nach der sie sich so sehr gesehnt hatte. Immer wieder hatte sie versucht, die Aufmerksamkeit auf sich zu ziehen, aber stets erfolglos. Diese Sehnsucht begleitete sie bis ins Erwachsenenalter und war noch immer nicht gestillt.

An diesem Punkt fühlte sie sich erschöpft und bat, wieder zurückgezogen zu werden, weil sie keine weiteren Einblicke mehr ertragen könne. Ich hatte aber das bestimmte Gefühl, daß diese junge Frau um Hinweise bitten sollte, was mit diesen drei Bildern zu geschehen habe, bevor wir die Sitzung beendeten. Zögernd willigte sie ein und sagte nach einer Weile, daß ihr geraten würde, dem verlassenen, ungeliebten Kind zu helfen. Das Höhere Bewußtsein riet ihr, das kleine Mädchen als ihr eigenes, inneres Kind zu behandeln, dem sie liebevoll alles geben solle, was es benötige. Als sie mir das sagte, fing sie still an zu weinen.

Der kleine Hund dagegen sollte an die Leine gelegt und so erzogen werden, daß er keinen mehr stören würde. Sie willigte ein, diesen Hundeaspekt in sich zu beobachten und, sollte er zu aktiv und fordernd werden, ihn an die Kandare zu nehmen.

Als sie zu dem ersten Bild zurückkam, wurde sie wütend und erklärte, nicht nur das Bild der fetten Frau zertrümmern zu wollen, sondern gleich den ganzen Spiegel. Nie wollte sie dieses Bild mehr sehen. Ich ermutigte sie, das zu tun. Mit großer Genugtuung nahm sie einen riesigen Stein und zertrümmerte den Spiegel und das beleidigende Bild, stellte jedoch bald fest, daß jeder kleine Spiegelsplitter dieses abscheuliche Bild widergab. Daraufhin zermalmte sie diese Splitter mit einer Dampfwalze zu Staub, und erst, als sie den Glasstaub mit einem Staubsauger aufgesaugt und in den Abfalleimer geworfen hatte, gab sie sich zufrieden.

Die Anwendung von Tonmodellen, um Aspekte der Persönlichkeit zu symbolisieren

Im Lauf der Jahre entwickelte sich noch eine andere ausgezeichnete Methode, um unbewußte Facetten der Persönlichkeit aufzudecken. Wenn sich jemand von einem Aspekt trennen möchte, aber bisher noch nicht die für ihn geeignete Methode gefunden hat, schlage ich vor, Modellierton zu kaufen. Dann kann der Betreffende imaginär ein 'Dreieck errichten' und das Höhere Bewußtsein bitten, seine Hände aus diesem Ton ein Symbol des Aspektes formen zu lassen, von dem er sich trennen möchte. Dabei sollte er sich völlig konzentriert mit Lesen, Radio- oder Cassetten-Hören oder Fernsehen beschäftigen, um seinen bewußten Verstand abzulenken.

Viele Menschen haben diese Methode schon mit großem Erfolg angewandt. Während der bewußte Verstand anderweitig beschäftigt war, entstanden faszinierende Formen, und diese Modelle gaben sehr genau das Problem oder die Einstellung wieder, wovon die Betreffenden sich dann ablösen konnten.

Als nächsten Schritt kann der Betreffende die Acht visualisieren, indem er sich das Tonmodell im gegenüberliegenden Kreis der Acht vorstellt und das neonblaue Licht um beide Kreise fließen läßt. Diese Übung muß, wie üblich, morgens und abends zwei Wochen lang täglich geübt werden. Nach dieser Zeit kann man das Höhere Bewußtsein um Anweisungen bitten, wie die in diesem Aspekt gefangene Energie wieder zurückgewonnen werden kann. Manche Menschen werden angewiesen, sich dieses Modell durch ein Rohr mit dem Körper verbunden vorzustellen und die Energie einzuatmen. Andere dagegen drücken es zwischen ihren Händen, damit die Energie entweichen und wieder aufgenommen werden kann. Es gibt unzählige Wege, sich von der Macht eines Aspektes zu befreien. Am besten ist es, immer das Höhere Bewußtsein nach der geeigneten Methode zu befragen. Die Antwort wird niemals ausbleiben, entspricht immer den Bedürfnissen des einzelnen Menschen und kommt oft völlig überraschend. Ist die Energie aus diesem Symbol zurückgewonnen, kann man das Höhere Bewußtsein um Hinweise bitten, wie das Symbol ein für allemal vernichtet werden kann. Dadurch wird das Unbewußte entsprechend geprägt, damit das Leben der übenden Person nicht länger von dieser Facette beeinflußt wird.

Frei von Angst und Ablehnung

Eines Tages kam eine Frau zu mir und bat darum, von ihrer Angst vor Ablehnung befreit zu werden. Diese Angst war so groß, daß sie Ablehnung direkt suchte, in der Hoffnung, daß ihre Angst gemildert würde, wenn sie eine Situation, in der sie abgelehnt wurde, so schnell wie möglich hinter sich brachte. Viele Menschen scheinen diese Einstellung zu teilen. Ich erinnere mich an einen kleinen Jungen, der mir sagte, daß sein äußerst kritischer Vater ständig auf einen Fehler von ihm warte. Konnte der Junge den Druck nicht länger ertragen, beging er absichtlich einen Fehler, nur um den Erwartungen seines Vaters zu entsprechen und diesen Druck endlich loszuwerden.

Ich erklärte der oben erwähnten Klientin, es sei wichtig, daß sie nicht mehr aus ihrer Angst heraus reagieren müsse, denn nur so könne sie sich von diesem Zustand befreien. Sie zweifelte sehr, jemals soweit zu kommen. Ich erklärte ihr, daß der Teil ihres Selbst, der Angst vor Zurückweisung habe, nicht ihr ganzes Selbst sei, sondern nur ein kleiner Teil davon. Dankbar nahm sie diesen Gedanken auf. Dann bat ich sie, mir diesen zurückgewiesenen Teil zu beschreiben. Anfänglich fand sie diese Aufgabe zu schwer, durch ständige Ermunterung aber ließ sie sich auf dieses Spiel, wie sie es nannte, ein. Sie stellte sich vor, wie sie in kauernder Haltung saß, Arm und Hand gegen einen Angriff schützend vor den Körper gehalten und jederzeit zur Flucht bereit. Ihr wurde klar, daß diese Haltung buchstäblich Ablehnung oder Angriff herausforderte, und meinte, wenn sie sich von dieser inneren Haltung lösen könnte, würde sie sich vielleicht auch von dem so gefürchteten und sich immer wiederholenden Abgelehnt-werden befreien können.

Nach dieser Sitzung visualisierte sie zwei Wochen lang die Acht. Sie selbst befand sich in dem einen Kreis und das Bild ihres zurückgewiesenen Selbst im ihr gegenüberliegenden Kreis der Acht. Als meine Klientin zu nächsten Sitzung wieder zu mir kam, berichtete sie mir, daß sie bereits durch das klare Erkennen ihres unbewußten Handelns viel freier geworden sei, als sie es jemals für möglich gehalten habe und wollte sofort mit der Ablösung beginnen, denn sie war sicher, damit einen noch größeren Erfolg zu erzielen.

Der jungen Frau war klar geworden, daß diese Angst in ihr gewachsen war, seit der Vater ihre Mutter in frühester Kindheit verlassen und ihre Mutter sich gezwungen gesehen hatte, die Tochter in verschiedene Pflegeheime zu geben, um für sie beide den Lebensunterhalt verdienen zu können. Ich erklärte ihr, daß der Ursprung ihrer Angst vor Ablehnung zuerst in der väterlichen und später dann in der mütterlichen Zurückweisung zu suchen sei, denn sie sei damals noch zu jung gewesen, um die Gründe dafür zu verstehen. Dann erinnerte ich sie nochmals daran, daß diese Einstellung nur ein Teil ihres Selbst und nicht ihr ganzes Selbst sei. Nach zweiwöchigem Visualisieren der Acht verstand sie die Hintergründe noch besser, ihre Einsicht erweiterte sich, und sie erlangte ein gewisses Gefühl der Freiheit.

Als wir uns zur Ablösung wiedertrafen, 'errichteten wir das Dreieck' und visualisierten die Acht. Ich schlug vor, das Höhere Bewußtsein zu befragen, wie mit dem Symbol der Ablehnung zu verfahren sei. Die Antwort kam für sie überraschend.

Ihr wurde gesagt, sie solle es lieben. Empört lehnte sie diesen Gedanken ab. Niemals könne sie dieses Symbol lieben, weil sie diese Einstellung wegen ihres erlittenen Leides viel zu sehr hasse. Ich bat sie, für einen Augenblick diesen Teil ihres Selbst zu vergessen und ihn für ein kleines Mädchen zu halten, das Hilfe benötigte. Was würde sie in einem solchen Falle tun? Sofort antwortete sie, sie würde mit ihm reden und es fragen, wie ihm geholfen werden könne. Das tat sie dann auch. Das kleine Mädchen erzählte ihr, es müsse etwas ganz Schreckliches getan haben, weil der Vater sie verlassen habe. Als die Mutter sie dann noch Fremden überließ, war sie überzeugt, abgrundtief schlecht zu sein und diese harte Behandlung auch verdient zu haben. Gleichzeitig wuchs ihre Angst vor zukünftigen Ereignissen.

Ich schlug meiner Klientin vor, das kleine Mädchen zum Baum zu führen und es den Kosmischen Eltern vorzustellen. Das tat sie gern und meinte, daß so die ständig wachsende Verantwortung von ihren Schultern genommen werde. Mit Hilfe der Kosmischen Eltern sorgte sie für ihr inneres, abgewiesenes Kind und verlor allmählich ihre Angst vor Ablehnung. Sobald sie sich von ihrer Angst befreit hatte, erfuhr sie auch keine Zurückweisung mehr. Da sie die Angst vor Ablehnung verloren hatte, zog sie auch keine Ablehnung mehr an.

Am Anfang des Kapitels 'Teilpersönlichkeiten' habe ich schon erwähnt, daß Träume oft negative Aspekte des Menschen offenbaren. Sie können entweder durch eine dem Träumenden bekannte Person oder durch ein Traumwesen personifiziert werden, das ähnlich wie der Träumende handelt.

Um diese negative Facette auszulöschen, geht man wie oben beschrieben vor. Der Betreffende visualisiert sich selbst in einem Kreis der Acht und das im Traum erschienene Symbol im gegenüberliegenden Kreis. Diese Übung wird wie gewöhnlich zwei Wochen lang ausgeführt. Während dieser Zeit können viele unerwartete Einblicke den eigenen Zustand klären helfen.

Tradition, Sitten und Moral

Wir alle tragen den eigenen Anteil unseres Familienerbes, rassische und nationale Sitten beider Familien, in uns. Sitten und Tabus haben sich aus bestimmten Gründen entwickelt, beispielsweise als gesundheitliche Vorsichtsmaßnahme gegen die Verunreinigung durch andere Sippen oder als Richtlinien für das tägliche Leben.

Diese ursprüngliche Bedeutung der Sitten ist aber allmählich verloren gegangen und hat sich auf althergebrachte 'Jas' und 'Neins' sowie auf Traditionen reduziert. Aber ohne Bezug zu ihrer ursprünglichen Bedeutung werden die Sitten leer und starr und manchmal sogar derart verunstaltet, daß sie ausgesprochen schädlich sind.

Weltweit kann man in den verschiedensten Kulturgruppen eine Entartung der Sitten feststellen. Besonders in den Hauptreligionen tritt diese Entartung zutage. Die Rituale haben ihre ursprüngliche Bedeutung verloren und sind zur leeren Routine geworden. Sie sind bar jeder Inspiration und nicht mehr in der Lage, das menschliche Bewußtsein zu erweitern. Das aber war ihr ursächlicher Sinn. Unser auf Wahrheit gegründetes Erbe ist kostbar, und die seit Jahrhunderten angehäuften unwahren Überlagerungen, die die Wahrheit verdecken, müssen wieder entfernt werden.

Viele der alten Sitten, die in früheren Zeiten Bedeutung und Sinn hatten, sind in der sich schnell verändernden Welt heute nicht mehr anwendbar.

Sitten aber, die heute noch sinnvoll sind, sollten selbstverständlich nicht aufgegeben werden, denn sie können denjenigen helfen, die eine Vereinigung mit dem Höheren Bewußtsein anstreben. Starre, einengende Sitten dagegen können die innere Reise eines Menschen blockieren. Um sich von dem Einfluß dieser alten, untauglichen Verhaltensmuster zu befreien, müssen geeignete Symbole gefunden werden, denn nur so kann der Mensch seiner Ganzheit entgegenschreiten.

Wir müssen lernen, uns von der Vergangenheit zu lösen. Sie ist für immer vorbei und kommt niemals wieder, auch wenn wir sie noch so herbeisehnen. Auch können wir sie heute nicht mehr verändern. Es ist zwecklos, in alten Erinnerungen zu leben. Wir können aber für Vergangenes, das heute noch Macht über uns ausübt, ein Symbol finden und die inneren Fesseln sprengen. Genauso unsinnig ist es, in der Zukunft zu leben, denn wir können sie nicht bestimmen, sondern verschwenden nur kostbare Zeit und Energie. Wir sollten so gut wie möglich in der Gegenwart leben und jetzt die Lektionen lernen, die wir in vergangenen Leben versäumt haben. Nur wenn wir ehrlich und verantwortungsbewußt im 'Jetzt' leben, bestimmen wir unsere Zukunft. Vergangenes Handeln beeinflußt uns heute, unser heutiges Handeln wird unsere Zukunft beeinflussen. Dieses Gesetz kann und darf nicht mißachtet werden. Die Wahrheit des alten Spruchs "Was ihr säet, werdet ihr ernten" ist nicht sofort erkennbar, sie wird sich aber in diesem oder in einem späteren Leben zur rechten Zeit erfüllen.

Eines sollten wir niemals vergessen: Nichts und niemand in dieser Welt ist von Dauer. Nichts kann und sollte als unser ewiger Besitz betrachtet werden. Das bezieht sich auch auf die heute fast wertlosen oder tatsächlich wertlos gewordenen Traditionen und Sitten.

Vorurteile

Falsche Pauschaleinstellungen gegenüber andersartigen nationalen Gruppen beruhen häufig auf Gedankenmustern, die uns während der Kindheit meist von unseren Eltern eingeprägt worden sind. Vorurteile gehen Hand in Hand mit Chauvinismus. Das schlimmste Beispiel nationalen Uberlegenheitswahns war das Nazi-Deutschland. Die Überzeugung von arischer Überlegenheit, die Hitlers Anhänger mit ihm teilten, führte zur Herabsetzung und letztendlichen Vernichtung unzähliger Juden mit der Begründung, daß die 'überlegene' Rasse nicht verunreinigt werden solle.

Gehen wir aber ernsthaft davon aus, daß in allen Geschöpfen und Dingen der Welt ein göttlicher Funke oder göttliches Leben ist und daß alle Funken identisch sind, ist es absolut sinnlos, eine Gruppe oder eine Person höher zu stellen als andere oder Gruppen und Personen als wertlos oder verachtenswert zu betrachten.

Die Menschheit muß wieder zur Menschlichkeit erzogen werden. Überheblichkeit wirkt sich immer in zwei Richtungen aus. Manche Menschen fühlen sich anderen überlegen, andere dagegen fühlen sich unterlegen. Letzteres ist die Umkehrung der Überheblichkeit und genauso eng und einschränkend wie sein Gegenteil.

Im Laufe der Geschichte betrachteten sich einige Völker anderen überlegen, wie beispielsweise die Engländer, die

Deutschen und die Chinesen. Die Juden dagegen wurden erniedrigt, aufgerieben und zum Sündenbock anderer Völker gemacht, obwohl sie gelehrt wurden, Gottes auserwähltes Volk zu sein. Es bleibt zu hoffen, daß sie irgendwann einmal, wenn immer mehr Menschen die Fesseln zu alten Einstellungen lösen, ausgewogener und realistischer bewertet werden.

Nationale Charakteristiken

Nationale Charakterzüge sind oft mit Vorurteilen behaftet. Jeder von uns ist in einem bestimmten Land geboren, das im allgemeinen unsere Nationalität festgelegt hat. Nachdem aber das Reisen sehr viel einfacher geworden ist, trifft das nicht mehr unbedingt zu. Die verschiedenen Rassen lebten früher jede in ihrem eigenen Land, aber auch das hat sich geändert. In Amerika z. B. gibt es viele rassische Minderheiten, die Seite an Seite in der gleichen Stadt wohnen. Es scheint sich eine Bewegung in der Welt anzubahnen, die die Grenzen und Schranken zwischen den einzelnen Rassen niederbricht. Es ist zu hoffen, daß diese Entwicklung zu einer Weltfamilie führen und die vielen oft um Vorherrschaft kämpfenden rassischen und religiösen Gruppen ersetzen wird. Dieser Prozeß wird durch Mischehen zwischen den verschiedenen Rassen und Kulturen beschleunigt.

Ich erinnere mich noch ganz genau, daß mir als Kind in England immer wieder eingeschärft wurde, nie zu vergessen, was für ein Glück es sei, in England geboren zu sein. Unschuldig fragte ich einmal nach dem Grund, denn ich hätte doch genausogut in Frankreich, Italien oder Japan geboren werden können. Bis auf den heutigen Tag erinnere ich mich der entsetzten, verärgerten Reaktion meiner Mutter, und vor lauter Angst stellte ich diese Frage nie wieder. Mir wurde beigebracht, daß alle anderen Nationen der englischen unterlegen seien und daß sogar manche noch minderwertiger seien als andere. Leider ist diese Selbstgefälligkeit zum Aushängeschild der Engländer geworden.

Eine Frage hingegen stellte ich mir immer wieder: Warum wurde ich ausgerechnet in England geboren, gerade in diese eine Familie hinein und diesen beiden Eltern? Und warum wurde ich seit meiner Geburt den daraus sich ergebenden Begleitfaktoren ausgesetzt? Blicke ich heute mit dem Wissen, das mir das Höhere Bewußtsein vermittelt hat, zurück, so stelle ich fest, daß ich nur auf diesem Hintergrund die Möglichkeit hatte, die für mich notwendigen Lektionen zu lernen. Ich bezweifle, daß ich sie jemals so gründlich in einer anderen Kultur oder Familie hätte lernen können. Als ich heranwuchs, wußte ich selbstverständlich von alledem nichts. Wie jedes andere Kind agierte und reagierte ich unbewußt und zwangsläufig auf die äußeren Reize. Seitdem ich mich von meinem Höheren Selbst führen lasse, habe ich herausgefunden, daß die mir anerzogenen Überzeugungen vergangenen Leben entstammen. Die mir gegebenen Möglichkeiten, Frustrationen, Schwierigkeiten und Probleme sollten mich auf meinem inneren Weg weiterbringen. Sie zwangen mich, nach dem Sinn dieses Lebens zu suchen und nach dem Sinn der langen Entwicklungsgeschichte des Lebens überhaupt, die letztendlich zur Befreiung und Erleuchtung führt, wenn das Ego im Höheren Bewußtsein aufgeht.

Jedem Volk werden bestimmte Merkmale zugeschrieben, wie z. B. geizig, arrogant, leichtfertig, verschlagen, schwermütig, übergewissenhaft, habsüchtig, heißblütig, berechnend, gefühlsbetont, unpraktisch, materialistisch, unglaubwürdig, faul, aufbrausend, stürmisch, usw. zu sein. Diese nationalen Charakterzüge können als Herausforderung für den Lernprozeß der Menschen betrachtet werden, die gerade in dieses bestimmte Milieu hineingeboren worden sind.

Niemand ist verpflichtet, sich mit negativen Charakterzügen zu identifizieren. Es steht jedem anheim, nur die positiven Charakterzüge seines Landes zu pflegen. Genauso wie jeder selbst entscheiden kann, sich von negativen Aspekten seiner Persönlichkeit zu trennen, kann sich auch jeder von negativen Aspekten seines Volkes trennen.

Unsere Identität wird weder durch unsere Nationalität, unseren Wert oder durch unser Geld bestimmt, noch dadurch, wie brillant, berühmt, attraktiv, gebildet oder gut angezogen wir in den Augen der Welt erscheinen mögen.

Persönliche Bindungen

Zusätzlich zu den oben beschriebenen allgemeinen Bindungen oder uns beherrschenden Sitten sollte jeder eine Liste der ganz persönlichen Bindungen anfertigen und sie täglich erweitern.

Dies bedeutet jedoch nicht, sich von Menschen, Orten, Sachen oder Gedanken zu trennen, sondern sie abwägend zu betrachten, so als hätten wir sie uns nur für eine bestimmte Zeit ausgeliehen, damit sie nicht unser Leben bestimmen. Diese Einstellung ermöglicht es uns, sie nach Bedarf loszulassen oder, wenn unsere Zeit gekommen ist, auch zu sterben.

Um Loslassen zu lernen, kann immer wieder die 'Acht' praktiziert werden. Allein ihre Anwendung hilft uns zu erkennen, daß keine Sache und kein Mensch unersetzbar oder permanent ist, sondern daß alle eigenständig sind und ein eigenes Schicksal zu erfüllen haben. Diese Übung führt zu einer fließenden Beziehung zwischen Menschen und reduziert die Ängste, einen geliebten Menschen oder eine Sache zu verlieren.

Weltreligionen

Setze ich den Reinkarnationsgedanken voraus, scheint es wahrscheinlich zu sein, daß wir uns bereits in vielen anderen ethnischen Gruppen verkörpert und daher bereits anderen, von unserer heutigen Religion verschiedenen Glaubensrichtungen angehört haben.

Die Dogmen aller Religionen sind einander sehr ähnlich, und alle sagen aus, daß die Liebe die führende Kraft der Welt ist und über den engen Familienkreis hinaus auch anderen Mitmenschen geschenkt werden sollte. Ein anderer Grundsatz besagt, daß wir andere so behandeln sollten, wie wir von ihnen behandelt werden möchten.

In Urzeiten hielt man Gott oder den Ursprung allen Lebens für weiblich; man ging von einer Mutter-Gottheit aus, da man immer die Frau und niemals den Mann gebären sah. Die männliche Fähigkeit, Leben zu zeugen, wurde nicht erkannt. Folglich mußte der Urheber oder Schöpfer der Welt weiblich sein. Einige der ältesten Skulpturen stellen Mutter- oder Fruchtbarkeitsgöttinnen dar.

Allmählich aber wurde die männliche Rolle verstanden, und ihr wurde eine größere Bedeutung zugeschrieben als der weiblichen, denn ohne männliche Befruchtung könnten Frauen nicht gebären. Auf Gott, den großen Schöpfer, wurde von nun an ein männliches Bild projiziert. Bis auf den heutigen Tag wird in vielen Kulturen an diesem Bild festgehalten.

Fortschrittlich denkende Gruppen und Menschen beginnen langsam, diesen Gedanken durch den Mutter-Vater-Gott zu ersetzen. In Indien besteht diese Auffassung bereits seit Jahrhunderten. Am deutlichsten wird sie in Shiva-Shakti wiedergegeben. Shiva verkörpert den entschlossenen, aktiven Aspekt Gottes, Shakti dagegen die weibliche Energie.

Mit dem Aufkommen der Tiefenpsychologie im Westen und durch C. G. Jungs Mitwirkung auf diesem Gebiet wurde die Dualität des Menschen erkannt, akzeptiert und von immer mehr Menschen verstanden. Die von Carl Gustav Jung eingeführten Begriffe von Animus und Anima haben es vereinfacht, die Dualität im Menschen anzunehmen und über sie zu diskutieren.

Die Chinesen bezeichnen diese beiden unterschiedlichen Energien als Yin und Yang. Beide Energien sind in jedem lebenden Wesen vertreten. Ihr Symbol ist ein Kreis wiedergegeben, der durch eine Wellenlinie in zwei Hälften geteilt wird. Ein schwarzer Punkt, Yin, befindet sich in der hellen Yang-Hälfte des Kreises; ein heller Punkt, Yang, befindet sich in der dunklen Yin-Hälfte. Sie verkörpert die weibliche Energie, und die helle Hälfte symbolisiert die männliche Kraft. Jede Kreishälfte aber enthält einen Teil der entgegengesetzten Energie.

Es scheint, als ob weise Menschen aller Rassen und Völker ihren ursprünglichen Glauben durch göttliche Eingebung und intuitives Wissen empfangen haben, um damit ihr tägliches Leben zweckmäßig und sinnvoll gestalten zu können. Jede Rasse entwickelte ihre eigenen Gesetze und Sitten, die nur leicht voneinander abwichen. Keinesfalls aber waren die einen besser als die anderen.

Im Laufe einer langen Zeit wurden diese ursprünglichen Lehren durch den Glauben und die Praktiken der Priester und/oder Schamanen überlagert. Sie hatten ihre Gründe dafür; der entscheidende war wohl, Macht über die Menschen auszuüben. Dadurch wurden die Unterschiede der Weltreligionen stärker umrissen und leider mehr hervorgehoben als die Gemeinsamkeiten. Die Anhänger einer jeden Glaubensrichtung behaupteten, den einzigen Weg zu Gott gefunden zu haben. Kein Weg aber ist besser als ein anderer oder führt schneller zu Gott, sondern jeder einzelne Weg paßt sich dem Temperament des entsprechenden Volkes an. Deshalb sollte der wahre Kern einer jeden Glaubenslehre bewahrt, jedoch von irrigen Praktiken, Regeln, Lehren, Aberglauben, Ängsten und Tabus, die sich um diesen Kern gerankt haben, getrennt werden. Sie sind es, die den Menschen auf seinem Weg zurück zu Gott knechten und behindern.

Ich führe nun einige Beispiele an, um Methoden zu beschreiben, wie diese äußeren Ranken erfolgreich entfernt und religiöse Bräuche den persönlichen Bedürfnissen des einzelnen Menschen angepaßt werden können.

Das Christentum

Ich beginne mit dem Einfluß des Christentums, denn da ich im christlichen Glauben erzogen worden bin, ist mir dieser Glaube am besten vertraut.

Die im Neuen Testament beschriebenen Worte und Taten Jesu wurden lange nach seinem Tode aufgeschrieben. Aus diesem Grund sind sie spärlich und teilweise sicherlich falsch, denn das menschliche Gedächtnis ist nicht zuverlässig. Aber selbst die spärliche Dokumentation seines Lebens und seiner Botschaft offenbart eine einfache und sehr wirklichkeitsnahe Lehre, die auch Jesus im täglichen Leben befolgte. Da diese Lehre so grundlegend und elementar war und immer noch ist, hat sie auch heute noch ihre Bedeutung.

Sehr viele Doktrinen, von der Kirche festgelegt, haben sich jedoch um diese ursprünglich einfache Lehre gerankt, so daß die wahre Botschaft Jesu darunter fast erstickt ist. In der Vergangenheit versuchten Reformer immer wieder, diese Auswüchse unnötiger Dogmen zu beschneiden. Jedesmal aber wuchsen sie wieder aufs neue, und der wahre Geist der Botschaft Jesu ging langsam verloren.

Viele christliche Sekten teilen die Überzeugung, daß Jesus die Verantwortung für die Sünden seiner Anhänger übernimmt. Aus dieser Sicht ist der Mensch für seine Sünden nicht mehr verantwortlich. Dank der Beichte der katholischen Kirche kann er seine Fehler sogar immer wieder begehen. Er braucht sie also nicht zu überwinden, um besonnen und reif zu werden.

Die Folge ist, daß zwei einander widersprechende Botschaften gelehrt werden: Die eine besagt, daß Jesus die Sünden der Gläubigen auf sich nimmt, während die andere Botschaft lehrt, daß Sünder verdammt werden und zur Hölle fahren. Gespenstische Darstellungen beschreiben die Höllenqualen. Aber diese Lehren hat der Mensch erfunden. Sie geben der Kirche Macht über die Gemeinde, anstatt ihr zu gestatten, selbst den Kontakt zum Höheren Bewußtsein herzustellen. Die sogenannten Ketzer, die Führung durch ihr Innerstes und nicht durch die organisierte Kirche suchten, wurden nicht nur geächtet, sondern oft gefoltert, gefangengenommen und getötet. Die Inquisition ist ein Beispiel dieser Machtausübung der Kirche über Gemeindemitglieder. Sie ist ein trauriges Beispiel für die Entstellung der Lehren Jesu, der Nächstenliebe predigte, und ein Beispiel dafür, wie falsch seine Lehren ausgelegt wurden. Stirbt der Begründer einer Religion oder Sekte, so wird die um seine 'Sendung' herum errichtete Organisation oft starr und unglaubwürdig, und die lebendige Botschaft kann nicht mehr erfahren werden.

Die römisch-katholische Kirche

Von allen christlichen Richtungen übt die römisch-katholische Kirche noch immer die größte Macht über ihre Anhänger aus. Jesuiten, Mitglieder eines katholischen Ordens, hatten ein großes Ansehen als Lehrer. Sie pflegten zu sagen, wenn sie ein Kind bis zu dem Alter von sieben Jahren in ihre Obhut bekämen, so würde dieser Mensch die ihm anerzogenen Lehren bis an das Ende seines Lebens treu befolgen. Dies bedeutet aber, daß nicht nur die Eltern über das Kind Macht ausüben, sondern gleich ein ganzes Heer von Lehrmeistern.

Der Einfluß der katholischen Kirche auf ein kleines Kind ist sehr viel größer als der Einfluß anderer christlicher Kirchen. Der Grund hierfür scheint in den Ritualen, in der inspirativen Musik, im Weihrauch, in der üppigen und farbigen Kleidung des Priesters und in den in Latein verfaßten Gebeten und Liedern zu liegen. Die Sinneswahrnehmung wird stark angesprochen. Kaum zensiert oder bewußt verarbeitet kann alles in das Unbewußte eindringen.

Diese frühzeitige Prägung durch die katholische Kirche verursacht oft Schuldgefühle und Angst, die ein Leben lang anhalten können. Liegen die Ursachen früher negativer Prägung in der römisch-katholischen Version des Christentums, reichen die üblichen Übungen zur Befreiung von Angst und Schuld (der 'Lichtstern' und der 'Taucheranzug', ausführlich beschrieben in 'Die inneren Fesseln sprengen') nicht mehr aus, weil der Einfluß der Kirche zu stark und zu dauerhaft war.

Viele im katholischen Glauben erzogene Menschen fühlen sich durch das "Du sollst und du sollst nicht" an Händen und Füßen gefesselt und möchten sich davon befreien. Manche von ihnen rebellieren und sprengen die Fesseln in jeder Hinsicht, um dennoch festzustellen, daß sie auf einer tieferen Ebene ihres Seins immer noch fest an die katholischen Lehren gebunden sind, so sehr sie sich auch bemüht haben, davon zu frei zu werden.

Nachdem ich mich häufig mit Männern und Frauen getroffen hatte, die sich durch ihre katholische Erziehung sehr eingeengt fühlten, wurde mir gezeigt, wie sie sich aus diesem Gefängnis befreien konnten. Eine Klientin beispielsweise wußte sofort das Symbol, das ihre Beklemmung versinnbildlichte. Als Kind mußte sie jeden Sonntag in der Kirche eine große, kalte, steinerne Mamorstatue der Jungfrau Maria anstarren. Sie versuchte zwar, sich diese Gestalt liebend und tröstend vorzustellen, aber je inständiger sie sich bemühte, um so kälter erschien sie ihr. Da ihre eigenen Eltern sehr alt und kritisch waren, wandte sie sich als kleines Kind instinktiv der Mutter Maria zu, um die ersehnte Liebe zu bekommen, wurde aber auch von ihr enttäuscht.

Ich schlug ihr vor, diese kalte Statue in den ihr gegenüberliegenden Kreis der Acht zu stellen und die Übung zwei Wochen lang durchzuführen. Gleich zu Beginn der Übung stieg unerwarteter Ärger in ihr auf, weil sie sich betrogen fühlte. Jesus sei gekommen, um Liebe zu lehren, aber in ihrem Leben habe sie nie ein Zeichen der Liebe erhalten.

Nach Ablauf der zweiwöchigen Übungszeit freute sie sich, von diesem kalten und bedrohlichen Symbol erlöst zu werden. Sie bat das Höhere Bewußtsein um einen Hinweis, wie sie sich von dieser Fessel befreien könne. Über die erhaltene Antwort war sie so entsetzt, daß sie zunächst einige Minuten hysterisch weinte. Dann sagte sie zögernd, sie sei angewiesen worden, die Statue mit einem Vorschlaghammer zu zerschlagen. Ich mußte sie davon überzeugen, daß sie mit dieser Handlung kein Sakrileg begehe, denn die kalte Statue sei nur ein Symbol und nicht die wirkliche Mutter Jesu.

Schließlich willigte sie ein, die Anweisungen zu befolgen. Kaum hatte sie sich beruhigt, wurde ihr auf innerer Ebene ein Hammer gereicht. Sie bearbeitete die Statue mit so viel Haß, daß mir mein Herz wehtat. Mit welch kaltem Mutterbild mußte das kleine Mädchen aufgewachsen sein! Je mehr sie die Statue zerstörte, um so mutiger wurde sie, und mit jedem Schlag fühlte sie sich zunehmend erleichtert.

Plötzlich hielt sie inne und flüsterte ehrfurchtsvoll: "Eine wunderschöne, engelhafte Gestalt lächelt mich an." Sie beschrieb diese Gestalt als in ein himmelblaues Gewand gekleidet und in wunderschönem Licht erstrahlend. Zögernd fragte sie mich mit Tränen in den Augen: "Sie bittet mich, zu ihr zu kommen. Soll ich?" Ich fragte sie, ob sie das denn wolle, und ohne zu zögern und aus tiefstem Herzen antwortete sie: "O ja, gerne."

Während die junge Frau das Bild betrachtete, verhielt ich mich ruhig. Sie weinte ungehemmt. Erst später war sie fähig, mir zu sagen, daß sie sich in die ausgebreiteten Arme der strahlenden Gestalt geworfen habe und sich in den Armen dieser wirklichen Mutter geborgen und warm fühle. Ihr ganzes Leben lang habe sie eine Mutter gesucht, aber bisher nicht gefunden.

Ich schlug vor, um einen Hinweis zu bitten, was mit den zerbrochenen Steinstücken geschehen solle, die diese warme, liebevolle Erscheinung verborgen hatten. Einige Minuten schwieg sie und meinte dann, eine Dampfwalze solle sie zu Staub zermalmen. Nebenbei bemerkte sie, daß dieser Staub sich als angenehmer Belag für ihren inneren Weg eignen würde.

Als nächstes schlug ich meiner Klientin vor, die soeben gefundene Mutter zu ihrem Baum zu begleiten, denn sie könne die Kosmische Mutter, den weiblichen Aspekt des Höheren Bewußtseins, verkörpern. Von nun an symbolisierte diese Gestalt ihre Kosmische Mutter, die sie, wie auch den Kosmischen Vater, bis jetzt nie hatte fühlen oder sehen können.

Ein anderes Beispiel ist ein katholischer Mann, mit dem ich arbeitete. Er war so schuldbesetzt, daß er vor lauter Angst, eine Todsünde zu begehen, nichts zu tun wagte, und ersehnte nichts dringender, als von einer bestimmten Kindheitserinnerung, einem strafenden Lehrer, befreit zu werden.

Auch er wußte das Symbol für die katholische Kirche, so wie er sie erfahren hatte, sofort und beschrieb mir ein Kreuz, daß in der Kirche, die er mit seinen Eltern zu besuchen pflegte, über dem Altar hing. Ein lebensgroßer Christus war an das Kreuz geschlagen, Blut schien aus seinen Wunden zu fließen; aus den Wunden des Hauptes, da, wo die Dornenkrone sein Fleisch durchdrang, wo der Speer in seine Brust gestoßen worden war und wo die Nägel seine Hände und Füße durchbohrten. Diese Gestalt war für den kleinen Jungen so furchteinflößend gewesen, daß sie für ihn zu einem Symbol der Strafe geworden war. Aus Angst vor entsetzlicher Strafe wagte er kaum etwas zu tun, weil es eventuell hätte falsch sein können. Diese Angst hatte ihn während seiner ganzen Kindheit und bis in das Erwachsenenalter hinein nicht mehr losgelassen, und er war sofort bereit, die Acht um die leidende Gestalt und um sich visualisieren. Schon allein das Wissen, den kindlichen Alptraum abschütteln zu können, machte ihn so frei wie nie zuvor.

Nach zwei Wochen kam er erwartungsfroh wieder. Nachdem er sich entspannt hatte, bat er das Höhere Bewußtsein um Hinweise für die entsprechende Vorgehensweise bei der Ablösung dieses Symbols. Danach schwieg er eine ganze Weile, und ich glaubte, er sei eingeschlafen, wie das häufig der Fall ist, wenn Gefühle übermächtig werden. Nach geraumer Zeit fragte ich leise, was los sei. Mit dünner Stimme antwortete er schüchtern: "Ich soll seine Wunden waschen." Offensichtlich war er entsetzt darüber, und er sträubte sich dagegen. Deshalb sagte ich ihm, die Figur sei nur eine Statue, und da sie ihm als Kind so wirklich erschienen sei, schrecke er vor dieser Aufgabe zurück.

Ich bot ihm meine Hilfe an. Nach kurzem Zögern verneinte er aber und sagte, er selbst müsse den Mut dafür aufbringen. Daraufhin wies ich den jungen Mann an, das Höhere Bewußtsein um den erforderlichen Mut zu bitten, den es auf seiner Seite des zwischen uns errichteten Dreiecks herunterschicken möge. Nur so könne er sich von der lähmenden Angst befreien.

Als mein Klient die in ihn hineinfließende Energie zu spüren begann, begann er tief zu atmen und fühlte sich nach ungefähr zwölf Atemzügen bereit. Wieder schlug ich ihm vor, das Höhere Bewußtsein um Hilfe zu bitten. Ihm wurde eine Schüssel mit warmem Wasser und ein Schwamm gereicht, und eine Leiter, die bis hinauf zu der gekreuzigten Gestalt reichte, erschien vor ihm.

Schwer atmend arbeitete er in seiner inneren Szene, und nach einiger Zeit hatte er fast alle Blutspuren beseitigt. Plötzlich sprang er auf, sagte ungläubig, daß die Gestalt Jesu lebend vom Kreuz herabsteige, und berichtete ehrfurchtsvoll, daß der lebende Jesus dem Jesus am Kreuz überhaupt nicht ähnele. Er sei eine lebensprühende, starke, sehr große, männliche Gestalt mit wunderschönen tiefen, durchdringenden Augen, die eine Liebe ausstrahlten, die er niemals zuvor erfahren habe.

Es folgte eine tief bewegende Begegnung zwischen ihm und Jesus, über die er jedoch nicht sprach. Sie war offenbar nur für ihn bestimmt. Er begann zu weinen. Bald schluchzte er wie ein kleines Kind, und Traurigkeit, Einsamkeit und überwältigende Schuldgefühle überschwemmten seinen neuen Vertrauten.

Nach diesem Erlebnis waren die lähmende Angst und die Schuldgefühle für immer verschwunden. Ab und zu blitzten jedoch wieder alte Verhaltensmuster in ihm auf. Ich versicherte ihm, daß das normal sei. Diese Einstellung habe sich schließlich über viele Jahre hindurch langsam entwickelt, und es bedürfe einiger Zeit, um sie völlig aufgeben zu können. Ich schlug dem jungen Mann vor, seine Gedanken und sein Verhalten zu beobachten. Würde sein altes Verhalten wieder zum Vorschein kommen, solle er einfach mit den Achseln zucken, sich daran erinnern, daß er dieses Verhalten nicht mehr nötig habe, und es dann loslassen.

Die protestantische Kirche

Der Einfluß der protestantischen Kirche ist nicht so tiefgreifend auf die Kinder wie der der katholischen Kirche. Kindliche Fragen werden jedoch nicht ernstgenommen und daher nur unbefriedigend oder gar nicht beantwortet.

Da meine Eltern aktive Mitglieder der Church of England, einer protestantischen Kirche, waren, werde ich hier meine eigene Ablösung von dieser Glaubenslehre darstellen.

Schon als kleines Kind muß ich ganz bestimmte Ideen mit in dieses Leben gebracht haben. Ich wunderte mich darüber, daß Kirchgänger sonntags nett und liebevoll, wochentags dagegen meist das Gegenteil davon waren. Am unbefriedigendsten war jedoch, daß weder meine Fragen beantwortet noch meine Zweifel ausgeräumt wurden. Ich ärgerte mich darüber, keine Fragen stellen zu dürfen, mit denen ich meine angeborene Neugierde hätte stillen können. Außerdem empörte es mich, daß man mir sagte, ich sei als Christ etwas ganz Besonderes.

Ich erinnere mich noch, wie ärgerlich ich war, jeden Sonntag – oft sogar dreimal – in die Kirche gehen zu müssen. Zu jener Zeit gab es am Sonntag (als Ruhetag) noch keine öffentlichen Verkehrsmittel, und nicht jede englische Familie besaß damals ein Auto. Wir mußten also einige Kilometer zum Gottesdienst hin- und zurücklaufen. Dieser Umstand und das stundenlange Knien ließen mich während des Gottesdienstes regelmäßig ohnmächtig werden.

Nachdem ich mein Elternhaus verlassen hatte und nach Amerika kam, suchte ich als Folge dieser Frustration nach einem tieferen Sinn des Lebens. Diese Suche führte mich zu orthodoxen, aber auch sehr unorthodoxen Lehren. Die Liste ist lang und enthält die verschiedenen spirituellen Schulen, z. B. Sufismus, Vedanta, Kahuna, verschiedene Arten von Yoga, T'ai Chi, Transzendentale Meditation und vieles andere mehr. Von allem pickte ich mir ein Körnchen Wahrheit heraus, aber keiner dieser Wege konnte mein Verlangen nach direktem Kontakt mit der Quelle, wie ich es zu nennen begann, stillen.

Die Visualisierungsarbeit ermöglichte mir schließlich den Zugang zu meiner eigenen, inneren Wahrheit, und als ich Sathya Sai Baba viele Jahre später traf, waren seine Lehren identisch mit den Lehren meines Höheren Bewußtseins. Sai Baba lehrt, daß alle Wege den Berg hinauf zur Vereinigung mit dem Göttlichen führen und daß niemand kritisiert noch diskreditiert werden dürfe. Er bezieht sich hier selbstverständlich auf die reine Wahrheit in jedem Menschen und nicht auf die Überlagerungen durch die von Menschen erdachten Lehren.

Sehr häufig arbeitete ich mit Menschen der verschiedensten Religionen, und ausnahmslos erschien der Begründer der jeweiligen Glaubenslehre am Scheitelpunkt des Dreiecks. Dieser Scheitelpunkt verkörpert das Höhere Bewußtsein. Bittet ein Christ um Hilfe, erscheint oft Christus, der Jesus beseelende Geist. Die ungeheure, von ihm ausstrahlende Energie, Kraft und Liebe, die auf den uns bekannten, manchmal geistlosen Bildern völlig anders dargestellt wird, erfüllt mich immer wieder mit Ehrfurcht.

Als ich auf diese Weise mit Christus Kontakt aufzunehmen begann, wurde mir klar, daß ich mich nicht gegen Christus auflehnte, sondern gegen die Art, wie seine Lehren mir als Kind übermittelt worden waren, und ich erkannte, daß ich die Bande zu der mir vermittelten alten Darstellung zu lösen hatte, um seine wahre Botschaft in mich aufnehmen zu können.

Welches Symbol aber sollte ich in den mir gegenüberliegenden Kreis der Acht legen, um die Ablösung vorzubereiten? Es sollte ja nicht eine Ablösung von Jesus, sondern von der alten, mir beigebrachten Darstellung seiner Lehren sein. – Als ich das Höhere Bewußtsein um ein ausdrucksstarkes Symbol bat, wurde ich in meine Kindheit zurückgeführt. Wie damals saß ich wieder mit meinen Eltern auf der Kirchenbank der Dorfkirche und schaute zu dem Pfarrer auf, der auf der Kanzel hoch über mir die Sonntagspredigt hielt. Da ich sehr wenig von dem verstand, was er sagte, beobachtete ich seine Gestik und seinen Gesichtsausdruck und erhoffte mir ein Zeichen der Liebe und die Beteuerung, keine klägliche Sünderin zu sein. Um ihn so weit oben sehen zu können, mußte ich meinen Kopf weit zurücklehnen und bekam regelmäßig einen steifen Nacken. Der Pfarrer und die Kirche errichteten eine Barriere zwischen mir und meinem großen Verlangen nach Verständnis, Liebe und Geborgenheit. Gefühle, die mir meine Mutter nicht geben konnte.

Nachdem ich zwei Wochen lang die Acht mit dem Pfarrer auf der Kanzel im gegenüberliegenden Kreis visualisiert hatte, war ich bereit, die Fesseln zu diesem frustrierenden Symbol meiner Kindheit zu lösen. Zu meiner großen Überraschung konnte ich jedoch keine Bindungen zu der Gestalt auf der Kanzel feststellen. Deshalb bat ich das Höhere Bewußtsein, mir zu zeigen, wie ich mich von dem alten Hemmnis auf dem Weg zum Geist des Christentums befreien könne.

Sofort wurde ich zu meinem Baum und den Kosmischen Eltern geführt. Von diesem sicheren Platz aus war ich fähig, die beiden Kreise der Acht zu durchschneiden und das Symbol aus dem gegenüberliegenden Kreis in das Universum zu befördern. Daraufhin erschien Christus in seiner kraftvollen Gestalt, so wie ich sie schon oft während meiner Arbeit mit Christen gesehen hatte, vor mir. Da ich schon während meiner Arbeit dieser Gestalt hatte begegnen dürfen, fiel es mir nun, als auch ich für eine Begegnung bereit war, leicht, die wahre Botschaft anzunehmen und gegen die alte auszutauschen.

Das Judentum

Ein Jude, mit dem ich zusammenarbeitete, hatte ein ähnliches Problem wie der Katholik, die Ursache aber lag woanders. Dieser Mann litt unter der quälenden Vorstellung eines zornigen und strafenden Gottes. Gleichzeitig aber hatte er gelernt, als Jude zu Gottes auserwähltem Volk zu gehören, und daß er diese Erwartung und Vorstellung auch zu erfüllen habe. Durch diese doppelte Programmierung geriet er in einen inneren Konflikt. Einerseits empfand er sich unwürdig und unfähig, die ihm unmöglich erscheinenden, strengen Erwartungen Gottes zu erfüllen, andererseits aber empfand er sich als etwas Besonderes, da er zu Gottes auserwähltem Volk gehörte. Diese frühe Programmierung machte ihn unfähig, erfolgreich zu sein, und dennoch strebte er ständig nach Erfolg.

Um von diesem Dilemma frei zu werden, schlug ihm vor, um ein Symbol dieses Problems zu bitten. Sofort erschien ihm der Talmud (die Schriften des Judentums). Im Talmud sind seit Jahrhunderten alle Gesetze und Kommentare und auch die zahllosen Beispiele ihrer Anwendung niedergeschrieben. Hinter diesen Kommentaren verbergen sich die wenigen ursprünglichen Gesetze, die einst dem Menschen im täglichen Leben helfen sollten.

Nach der üblichen zweiwöchigen Vorbereitung mit der 'Acht' war er zur Ablösung bereit. Das Symbol des Talmud hatte die Gestalt eines riesigen schwarzen, eisernen Behälters angenommen, der alle Abwandlungen der Lehren enthielt. Für ihn waren aber diese Lehren weder brauchbar noch zweckmäßig, denn sie hatten keinerlei Bezug mehr zu seinem heutigen Leben. Da sich seine Eltern aber noch diesen Lehren beugten, übten sie auch auf ihn weiterhin Macht aus.

Mein Klient wußte nicht, wie er sich dieses Behälters entledigen sollte, und hatte das Gefühl, ihn sein ganzes Leben herumgeschleppt zu haben. Daher schlug ich ihm vor, das

Höhere Bewußtsein um Hilfe zu bitten. Ungläubig erzählte er mir, daß er die beiden Kreise der Acht voneinander zu trennen und den Kreis, der die schwarze, eiserne Schachtel enthalte, in den Krater eines noch aktiven Vulkans zu werfen habe. In der Tiefe des Vulkans würde sie in der weißen, heißen Lava verglühen. – Die empfundene Erleichterung über dieses Handeln entspannte buchstäblich seinen Körper. Ich sah es mit eigenen Augen. Als wir die Bedeutung des überlieferten Erbes besprachen, begann er trotz der schweren Last, die er getragen hatte, den Sinn und die Tiefe dieses Erbes zu verstehen. Er erkannte, daß sich in diesen Lehren ein Wissen verbarg, das auch heute noch gültig ist, so wie es früher Gültigkeit hatte. Mit dieser Weisheit konnte er leben und sie vielleicht später auch seinen eigenen Kindern weitergeben.

Christian Science

Viele Juden, die zum Christentum konvertieren, entscheiden sich für die Christian Science, weil sie diese Kirche anderen christlichen Sekten vorziehen. Eine meiner Klientinnen war eine Jüdin, deren Eltern zur Christian Science übergewechselt waren, als sie noch ein junges Mädchen war. Dieser Schritt hatte der Familie viele Probleme verursacht. Das Mädchen und ihre Geschwister wehrten sich gegen diese plötzliche Veränderung des gewohnten Lebensstils und des Glaubens. Es erwuchsen Identitätsprobleme; wie sollte die Konversion den Freunden erklärt werden? Sie waren nun weder jüdisch wie ihre Freunde, noch gehörten sie der Christian Science wirklich an. Neue Freunde mußten gefunden werden.

Meine Klientin wußte nicht mehr, wohin sie wirklich gehörte; sie war sehr verbittert. Ich schlug ihr vor, sich zunächst einmal von diesem alten Problem zu lösen, und fragte sie, welches Symbol für ihre negative Reaktion geeignet sei, um die Übung der 'Acht' durchzuführen. Sie wählte eine Fotografie ihrer Mutter, die im Schaukelstuhl tief versunken ein Buch las. Als ich nach dem Titel des Buches fragte, antwortete sie sarkastisch: "'Keys to the Scriptures' von Mary Baker Eddy. Was würde sie denn sonst lesen?"

Nach zwei Wochen kam diese Klientin wieder, um die Trennung zu vollziehen. Zu ihrer Überraschung wurde das Buch immer größer, so groß, daß es ihre Mutter völlig verbarg. Gleichzeitig spürte sie, wie zwei Eisenstäbe aus ihrer Stirn wuchsen, um die Vision der sich so völlig mit dem Buch identifizierenden Mutter wegzudrängen. Sie erhielt Weisung vom Höheren Bewußtsein, die beiden Kreise mit einer Axt zu durchtrennen und den Kreis mit ihrer lesenden Mutter in das Weltall zu befördern. Die eisernen Stäbe mußten wieder in ihren Kopf zurückgeschoben werden. In dem verzweifelten Versuch, das verhaßte Problem zu überwinden, hatte sie diese eisernen Stäbe mit geistiger Energie herausgeschoben. Ihre Verbitterung ist kurz danach verschwunden.

Das Mormonentum

Seit vielen Generationen gehörte die Familie des Mannes, von dem ich hier berichten möchte, den Mormonen an. Er war intelligent, von schnellem Verstand und wehrte sich gegen die äußerst starre mormonische Lehre. Zum Entsetzen seiner ganzen Familie hatte er sich entschlossen, aus der Kirche auszutreten. Wiederholt hatte er ein Austrittsgesuch gestellt, aber seit einem Jahr keine Antwort erhalten, und nahm nun an, daß sein Gesuch ignoriert würde. Er gab jedoch nicht auf, schrieb immer wieder und erhielt schließlich eine Vorladung, um seine Beweggründe vorzutragen.

Kurz bevor er diese Vorladung erhalten hatte, hörte er von meiner Arbeit. Er kam, um mich zu sehen, und bat mich, ihm zu helfen, sich auch innerlich von der mormonischen Kirche zu lösen, so wie er es äußerlich vorhatte. Als ich ihn um ein entsprechendes Symbol bat, visualisierte er schwarz gekleidete Kirchenälteste, die mißbilligend ihre Stirn runzelten.

Aus verschiedenen Gründen mußten wir die tatsächliche Ablösung verschieben und konnten sie seltsamerweise erst für den Morgen des Tages festsetzen, an dem er vor den Kirchenältesten zu erscheinen hatte. Mein Klient sagte mir, daß er seine Beweggründe für den Kirchenaustritt verschweigen werde, da er sich ihrem Verhör nicht aussetzen und über seinen 'Fehltritt' nicht belehrt werden wolle.

Die Ablösung war kurz und bündig. Da er sicher war, sich von den alten Fesseln lösen und seinen eigenen Glauben finden zu müssen, vollzog er die Trennung so schnell wie möglich. Mit außergewöhnlicher Präzision durchschnitt er das Seil, das sich wie eine Schlinge um seinen Hals gelegt hatte. Wann immer er es aber wegziehen wollte, zog es sich enger zusammen und drohte ihn zu ersticken. Sein Hals war wundgerieben und mußte behandelt werden. Ich schlug ihm vor, das Höhere Bewußtsein um heilende Energie zu bitten, die es auf seiner Seite des zwischen uns errichteten Dreiecks herunterschicken möge. Als er ein prickelndes Gefühl in seinem Körper zu spüren begann, schlug ich ihm vor, seine beiden Hände um den Hals zu legen und die erhaltene Energie auf die Wunden zu leiten.

Er erzählte mir, daß er schon als Kind ohne ersichtlichen Grund Schwierigkeiten mit der Stimme gehabt habe. Auch ich hatte seine flüsternde Stimme bemerkt. Daher schlug ich ihm nun vor, so laut wie möglich zu reden. Anfänglich zögerte er. Nach einigen Fehlschlägen stieß er jedoch einen lauten Schrei aus. Er selbst war von dem kraftvollen Ton seiner Stimme überrascht. Am nächsten Tag berichtete er mir, daß die Unterredung mit den Kirchenältesten ohne Schwierigkeiten verlaufen sei. Er war nun frei, seinen eigenen Glauben zu wählen.

Kommunismus

Ein Mann, der noch nicht sehr lange mit mir arbeitete, entschloß sich, mir gegenüber ein Geheimnis zu lüften. Er war in einer Familie überzeugter Kommunisten aufgewachsen. Dieses Beispiel scheint, oberflächlich gesehen, nicht in dieses Kapitel des Buches zu passen, da Kommunismus das Gegenteil von Religion ist. Starre kommunistische Lehren hatten jedoch die Kindheit meines Klienten sehr beeinträchtigt.

Sein Vater war ein bekannter Mann in einer kleinen Gemeinde, und die politische Zugehörigkeit der Familie war kein Geheimnis. Mein Klient unterschied sich dadurch als Kind jedoch von allen anderen Kindern in der Schule. Seine Familie ging nicht in die Kirche und nahm auch nicht an den kirchlichen Veranstaltungen teil. Auch durfte er während des Religionsunterrichtes, der damals noch Bestandteil des Lehrplanes war, nicht im Klassenzimmer bleiben. Die Folge war, daß seine Kameraden ihn schnitten und 'Commie' nannten.

Auf meine Frage nach einem geeigneten Symbol antwortete er mir sofort mit "Hammer und Sichel". Dieses Symbol sollte er sich in dem ihm gegenüberliegenden Kreis der Acht vorstellen. Nach der obligaten zweiwöchigen Übungszeit kam er wieder, um sich von diesem verhaßten Symbol seiner Kindheit zu trennen. Nachdem er sich entspannt hatte, bat er das Höhere Bewußtsein um Führung. Hammer und Sichel erschienen ihm wie ein riesiges Aushängeschild, das er zu tragen hatte, ausrufend, daß er zu einem System gehöre, das alle fürchteten und verachteten. – Dieses Aushängeschild wurde größer und größer, bis es ihn völlig verdeckte. Schockiert stellte er fest, daß er seine eigene Identität verloren habe. Er war über das Ausmaß dieser Beeinträchtigung offensichtlich entsetzt.

Ich schlug ihm vor, das Höhere Bewußtsein um Anweisung zu bitten, wie dieser ihm als Kind aufgedrückte Stempel, der soviel Leid über ihn gebracht hatte, zu vernichten sei. Er schwieg einige Minuten und sagte leise: "Ich kann dieses Aushängeschild unmöglich selbst vernichten. Es ist größer und stärker als ich und bedeckt mich völlig. Ich fühle mich wie gelähmt."

Ich bot ihm meine Hilfe an, die er auch gerne annahm. Mit ihm zusammen betrat ich seine innere Szene. Ich sah etwas Seltsames. Er selbst befand sich in dem einen Kreis der Acht, in dem anderen ein kleiner Junge, der von einer großen Fahne völlig bedeckt wurde. Auf diese Fahne waren Hammer und Sichel genäht. – In sehr jungen Jahren mußte ein Teil des Jungen bereits unterdrückt worden sein. Dieser Teil des Selbst, versteckt hinter dem Symbol, hatte nicht dem Körper und der Persönlichkeit des Jungen entsprechend mitwachsen können. Inständig bat er mich um Hilfe, ihn von seinem Stigma zu befreien, damit der unentwickelte Teil seiner Persönlichkeit gleichziehen könne. Als ich für ihn um Hilfe bat, wurde ich angewiesen, die Fahne oder das Aushängeschild wie eine zweite Haut abzulösen. Mit einer Rasierklinge entfernte ich sie von seinem Körper. Es überraschte mich nicht, als ich feststellte, daß sie sich auch um seinen Penis gewickelt hatte und ihn einzuschnüren drohte. Später gestand er mir, schon immer und in jeder Hinsicht an Impotenz gelitten zu haben.

Es dauerte lange, diese einengende Hülle zu entfernen. Auf meine Frage, wie sie zu vernichten sei, antwortete er, er habe sich entschlossen, sie in einem roten, heißen Schmelzofen zu Asche zu verbrennen. Sie könne ihn dann nie mehr behindern. Der kleine Junge aber, der unter dieser Fahne begraben lag, mußte von dem erwachsenen Mann angenommen werden. Ich riet ihm, diesen kleinen Jungen, der in ihm verborgen war, überall hin mitzunehmen. Er solle mit ihm sprechen, ihn annehmen und beruhigen, lehren, trösten und ermutigen, bis er sein eigenes Alter erreicht habe. Nur so konnte dieser Junge zu einem einsatzbereiten Teil seiner eigenen Persönlichkeit heranreifen und nicht als ein verletzter, verstörter und kindischer Teil seines Selbst, der ihn ständig an seine unglückliche Kindheit erinnerte und zu den unpassendsten Gelegenheiten aus dem Unbewußten auszubrechen drohte, verharren.

Reinkarnation und Karma

Eines Tages wurde mir sehr deutlich gezeigt, daß wir während unserer vielen Leben vorwiegend von unserem Ego beherrscht worden sind. Es motivierte unsere Gedanken, Worte und Taten, um seine Wünsche zu befriedigen und seinen Machthunger zu stillen. Es beherrschte unser Bewußtsein und verhinderte, daß das Höhere Bewußtsein über uns wachen konnte.

Diese vom Ego ins Leben gerufenen Gedanken, Worte und Taten der verschiedenen Persönlichkeiten, die wir in unseren zahlreichen Existenzen er-lebt haben, sind mit unserer Energie gefüllte Gedankenformen. Wir benötigen zum Denken, Sprechen und Handeln Energie. Energie aber ist neutral, weder gut noch schlecht, weder positiv noch negativ. Die Gedankenform oder die Gestalt, welche die Gedanken angenommen haben, bestimmen die positive oder negative Wirkung unserer Gedanken, Worte oder Taten. Wir trennen uns also bei jedem Gedanken, Wort oder bei jeder Tat von Energie. Diese Energie, in welcher Form auch immer sie gebunden sein mag, kommt zu uns zurück, wie Tauben, die immer wieder in ihren Schlag zurückfinden. Manchmal kommt sie sofort wieder zu uns zurück, oft jedoch erst in späteren Leben. Ihre Rückkehr hängt von der rechten Zeit und den geeigneten Umständen ab. Diese Gedankenformen sind Bumerangs vergleichbar; die sie wegschleudernde Kraft bestimmt die Reichweite und die Zeit, wann sie ihr Ziel erreichen werden. In der gleichen Stärke wie die ausgesandte Energie kehren sie zu ihrem Absender zurück.

Haben wir in der Vergangenheit unsere Energie benutzt, um einem Menschen durch Gedanken, Worte und Taten zu schaden, wird die unsere Energie enthaltende Gedankenform entsprechend negativ zu uns zurückkehren. Das steht in völligem Gegensatz zu der allgemein angenommenen Theorie, daß wir von Außenstehenden verletzt werden. Außenstehende vereinfachen zwar das Zurückkommen unserer vergangenen Taten, aber wir könnten sie nicht empfangen, wenn wir sie nicht vorher in Gang gesetzt hätten.

Das gleiche gilt auch für positive Gedanken, Worte und Taten. Auch sie kehren irgendwann zu uns zurück. Da die Gedanken den Worten und Taten vorausgehen, nehmen letztere durch Gedanken ihre Gestalt an. So werden Gedanken, die sich durch Worte und Taten ausdrücken, zu Gedankenformen. Wir sind ihre Urheber und Schöpfer, wir sind aber auch gleichzeitig die Empfänger all unserer vergangenen Worte und Taten.

Bitten wir dagegen unser Höheres Bewußtsein, täglich durch uns zu denken, zu sprechen und zu handeln, wird es unsere Gedanken, Worte und Taten in Gang setzen. Unser eigenes persönliches Selbst ist nun nicht länger dafür verantwortlich und wird weder gute noch schlechte Reaktionen zu empfangen haben. Wir müssen nicht ernten, denn unser Ego hat nicht gesät, und wir leben, ohne in die Welt einzutauchen. Das bedeutet aber auch, daß wir weder den Erfolg noch das Mißlingen unserer Taten in Anspruch nehmen können. Das ist der Weg zur inneren Freiheit. In jedem zukünftigen Leben werden wir uns nur noch zu fragen brauchen: "Bringt mich diese Tat, dieser Gedanke oder dieses Wort meinem Ziel näher, oder entferne ich mich von ihm?" Die Antwort kann dann unser Verhalten bestimmen.

Unsere Bindungen an materielle Dinge, Menschen oder Plätze sowie immaterielles Verlangen nach Macht, Position und Erfolg veranlassen immer wieder unsere Inkarnation. Unsere Aufgabe ist klar umrissen. Wir müssen herausfinden, wer oder was Macht über uns ausübt und uns daran hindert, unser eigenes, wahres Selbst frei auszudrücken, und was oder wer uns hindert, voller Überzeugung zu sagen: "Dein Wille geschehe." Es genügt aber nicht, nur davon zu reden – es muß täglich gelebt werden. Nur so kann Gott durch uns leben und seinen Plan für uns selbst und für die ganze Welt verwirklichen. – Auf diese Weise können wir annehmen, was uns das Leben bringt, und müssen kein grausames Schicksal dafür verantwortlich machen, denn wir wissen, daß wir selbst es durch unser eigenes Verhalten in Gang gesetzt haben.

Die zurückkehrenden Geschosse müssen uns aber nicht hilflos machen oder uns erdrücken. Wir können viel von ihnen lernen. Immer wieder sollten wir uns die Frage stellen: "Was kann ich daraus lernen?" Und niemals sollten wir hilflos vor Problemen auf die Knie sinken, denn diese Probleme sind in Wirklichkeit eine Chance.

Die alten Schriften vieler Kulturen lehren, daß wir, entsprechend unserer vergangenen Taten, die Welt wieder betreten werden, um Versäumtes nachzuholen. Das ist das Gesetz des Karma. Da wir einen freien Willen haben, liegt es an uns, ob wir aus den neuen, selbst gewählten Situationen lernen, um auf dem evolutiven Weg weiter voranzuschreiten, oder die Gelegenheit vergeuden, indem wir uns weigern zu lernen und weiterhin unseren Wünschen frönen. Zwangsläufig werden wir dadurch aber um so fester an diese unwirkliche und vergängliche Welt gebunden, anstatt uns von ihrem Einfluß zu lösen.

Mit jeder Geburt betreten wir die Weltbühne auf einer anderen Stufe unserer persönlichen Evolution. Wir können entweder in einen männlichen oder in einem weiblichen Körper geboren werden, in verschiedene Rassen oder Länder und entsprechende Kulturen. Manchmal kann die Geburt in eine wohlhabende Familie die besten Voraussetzungen für den

Reifeprozeß bieten; ein andermal wird vielleicht die Geburt in eine arme Familie den Lernprozeß beschleunigen. Es gibt unzählige Möglichkeiten. Der wahre Geist wird davon jedoch nicht berührt. Wir müssen aus den verschiedenen Inkarnationen lernen und das Beste daraus machen.

Es wurde mir gezeigt, daß mehrere Seelen gemeinsam wiedergeboren werden können, obwohl sie nicht alle zur gleichen Zeit einen Körper anzunehmen brauchen. Der abgedroschene Begriff der 'Seelenverwandtschaft' leitet sich jedoch nicht von dieser Aussage ab. Jeder einzelne wird als Individuum geboren, um bestimmte Lektionen zu lernen. Kein anderer kann diese Lektionen für einen anderen Menschen lernen. Die Seelengruppen setzen sich jedoch nicht unbedingt nur aus liebevollen und netten Menschen zusammen, sondern auch aus Menschen, die uns die größten Probleme verursachen. Aber gerade diese Probleme können unseren Fortschritt beschleunigen. Sie können unser Leben derart schwer gestalten, daß wir schließlich gezwungen werden, notwendige Änderungen einzuleiten. Ist unser Leben zu einfach, vergessen wir allzuleicht unser wahres Selbst und den Sinn unseres Lebens und wiegen uns in Vergeßlichkeit. Wenn unser Leben dagegen schwer ist und wir unsere Probleme nicht mehr bewältigen, geben wir entweder ratlos auf, begehen aus Verzweiflung sogar Selbstmord oder rufen das Höhere Bewußtsein um Hilfe an.

Kinder können von Geburt an lernen, daß in ihnen eine weise, liebevolle Kraft ist, die man jederzeit um Hilfe anrufen kann. Sie werden dann nicht so orientierungs- und steuerungslos auf dem stürmischen Ozean des Lebens treiben, wie so viele Menschen. Kinder sollten wissen, daß das Höhere Selbst immer erreichbar ist, und durch unser Beispiel können wir ihnen zeigen, wie diese Hilfe zu finden ist. Nur so können Kinder zu selbstbewußten, erwachsenen Menschen heranreifen, die wissen, daß sie niemals einsam und verlassen sind und zurückgewiesen werden.

Warum wurden wir gerade in diese Zeit hineingeboren, in diesen männlichen oder weiblichen Körper, in eine bestimmte Familie mit den entsprechenden Erbanlagen? Viele Suchende haben bereits früher diese Fragen gestellt und nach Antworten darauf geforscht. Nur das Höhere Bewußtsein aber kann diese Frage beantworten. Wenn wir uns seiner Führung anvertrauen, werden uns die Gründe unseres gegenwärtigen Lebens allmählich bewußt werden.

Immer, wenn ich das Höhere Bewußtsein in meiner langjährigen, vielfältigen inneren Arbeit um Hilfe bat, bekam ich eine Antwort. Es lieferte mir den Stoff für meine Bücher und gewährte mir Einblick in den Sinn des Lebens und wie wir gerade durch dieses eine Leben genau das lernen können, was wir zu lernen haben.

Unsere vielen Leben können als Stationen auf unserer langen Reise zurück zur Vereinigung mit dem Höheren Bewußtsein aufgefaßt werden. Im Evolutionsprozeß lernen wir, uns mit Hilfe des Höheren Bewußtseins allmählich von der Instinktebene aller Lebewesen zu lösen. Unser Ziel ist die Vereinigung mit Gott selbst, von dem wir ursprünglich getrennt worden sind, um bewußt erfahren zu können, wer wir wirklich sind: ein Teil Gottes.

Jedes Leben gab uns die Möglichkeit, auf dem Weg der Evolution weiterzuschreiten oder auch zurückzufallen, je nachdem, ob wir diese Chance genutzt, wie wir gehandelt, gesprochen, gedacht und gefühlt haben und ob wir durch diese Kanäle unsere Liebe ausdrückt haben.

Jedes neue Leben gründet auf den vorausgegangenen Leben und wird vom Höheren Bewußtsein überwacht. Es ist der einzige unveränderliche, beständige Anker all unserer Leben. Unsere Aufgabe ist es, dem evolutionären Zyklus, in den wir hineingeboren wurden, zu entsprechen. Augenblicklich wird uns die Möglichkeit gegeben, die männlichen und weiblichen Aspekte in uns auszugleichen. Und zur gleichen Zeit werden sie allmählich auch ihr Gleichgewicht im Weltgeschehen finden.

Yin und Yang – weibliches und männliches Prinzip – können auch mit Herz und Verstand verglichen werden. Wir müssen das Herz retten, das vom Verstand unterdrückt wird, um beide Aspekte in uns selbst und auch in der Welt auszugleichen. Erst dann sind wir der starken Energie des Höheren Bewußtseins gewachsen, wenn es unser Leben dem Ziel, der 'Vereinigung mit dem Höheren Bewußtsein', entgegenführt. Dieses Ziel können wir jedoch nur erreichen, wenn kein weiteres Karma, ob gut oder schlecht, entsteht. Überlassen wir jedoch weiterhin dem Ego mit seinen unzähligen Wünschen und Gelüsten die Führung und nicht dem Höheren Bewußtsein, verzögern wir unsere Reise. Bereits in früheren Leben haben wir dem Ego die Führung überlassen, denn sonst wäre uns nicht noch einmal in diesem Leben die Chance zur Freiheit gegeben worden.

Das einzige Ziel unserer Wiedergeburt ist die Vereinigung mit dem Höheren Bewußtsein, und wir haben die Möglichkeit zu entscheiden, ob wir durch unseren Lebensstil dieses Ziel erreichen oder verfehlen werden. Das ist unsere Verantwortung, egal wie alt wir sind, denn es ist niemals zu spät, um Fortschritte zu machen.

Häufig werde ich gefragt, ob es denn notwendig sei, sich an vergangene Leben zu erinnern. Ich kann diese Frage nur für mich selbst beantworten: Ich verstand dadurch mein gegenwärtiges Leben viel besser. Meiner Meinung nach ist das aber auch der einzige Grund, um vergangene Leben wieder aufsteigen zu lassen. Es haben sich viele Schichten aus vergangenen Leben als auch aus dem gegenwärtigen angesammelt und hemmen nun unseren Fortschritt. Aus diesem Grund hilft es manchmal, vergangene Ursachen, die unsere Entwicklung verzögert haben, aufzudecken. Es hat seinen Grund, warum wir mit gütiger Ahnungslosigkeit über vergangene Leben geboren worden sind. Wenn wir die Erinnerung daran mitbrächten, würden wir wahrscheinlich vor der Last des noch zu Lernenden zurückschrecken.

Ich habe nicht immer an Reinkarnation und Karma geglaubt. Ich habe mich sogar gegen diese Vorstellung gewehrt und bei jeder Gelegenheit dagegen argumentiert. Das änderte sich erst, als ich Edgar Cayce las, und eigene Erinnerungen aus möglichen, vergangenen Leben veranlaßten mich dann, diese Idee ernsthaft zu erwägen. Meine veränderte Einstellung ist auf außergewöhnlich starke und lebhafte Gefühlsregungen zurückzuführen, die meine Experimente auf diesem Gebiet begleitet haben, und ich begann mich zu fragen, ob nicht doch mehr Wahrheit hinter dieser Theorie steckte, als ich anzunehmen bereit war.

Wenn die Ursache bestimmter Probleme nicht in diesem Leben zu finden ist, besteht die Möglichkeit, daß ihr Ursprung in vergangenen Leben liegt. Dann ist es angebracht, eine Reise zurück zur Ursache des Problems anzutreten, um die zu lernende Lektion des jetzigen Lebens zu entdecken.

Ich bin niemals angewiesen worden, Menschen aus reiner Neugierde in ihre vergangenen Leben zurückzuversetzen. Auch würde ich einen Menschen nie nur auf seine eigene Bitte hin in die Vergangenheit zurückführen. Das ist nur angezeigt, wenn das Höhere Bewußtsein klar darauf hinweist, daß eine solche Rückführung dem Betreffenden hilft, gegenwärtige Probleme besser zu verstehen.

Es gibt verschiedene Signale, die darauf hindeuten, daß die Ursache gegenwärtiger Probleme in der Vergangenheit zu suchen ist. Manchmal hat der Betreffende verschwommene Erinnerungen an eine Person, die er gegenwärtig jedoch nicht verkörpert. Wenn diese Eindrücke entschleiert werden können, ist der Betroffene oft sehr erleichtert. Viele Menschen erwähnen diese Eindrücke nicht, aus Angst, für verrückt gehalten zu werden. Andere Menschen beispielsweise haben das starke Gefühl, bereits in einem anderen Land gelebt zu haben, das sie bisher jedoch wissentlich noch nicht besucht hatten. Ich habe auch von Menschen gehört, die einem Land oder einer Stadt gegenüber starke Gefühle der Zuneigung bzw. der Abneigung entwickelt hatten und sogar bestimmte Orientierungspunkte wiedererkannten und den genauen Weg zu bestimmten Örtlichkeiten wußten, die sonst nur ein Einheimischer wissen konnte. Andere wiederum fühlen sich von Kunst oder Musik einer bestimmten Kultur besonders angezogen, oder sie erlernen eine Sprache besonders leicht. Wieder andere träumen von einem Ort, den sie noch nie besucht haben. Das sind nur einige der vielen Signale, die andeuten, daß die Erinnerung an ein mögliches vergangenes Wissen dem Bewußtsein näher ist als sonst.

Auch gibt es unzählige angeborene Krankheiten und Mißbildungen, die im Hinblick auf das gegenwärtige Leben einfach nicht erklärbar sind. Wird ihre mögliche Ursache in vergangenen Leben entdeckt, können sie besser verstanden und manchmal sogar geheilt werden. Viele dieser Hinweise können von großer Hilfe sein, um den betreffenden Menschen zu einem bestimmten Ort oder zu einer bestimmten Zeit zurückzuführen. Das Höhere Bewußtsein muß aber unter allen Umständen gebeten werden, Unerträgliches oder zu Schmerzhaftes unaufgedeckt zu lassen.

Zweifelhafte Geschichten über vergangene berühmte Leben sind meist erfunden. Zumindest die vergangenen Leben meiner Klienten waren fast immer völlig 'normal'. Ab und zu tauchen dramatischere Lebenswege auf, wenn der oder die Betreffende beispielsweise während einer Kriegszeit gelebt hat. Inzwischen sind wohl Hunderte von Cleopatras, Napoleons, Nofrotetes und andern historischen Berühmtheiten in vielen Menschen wiedergeboren worden. Leider machen diese Behauptungen das Thema unglaubwürdig. Ein ernsthaftes Problem entsteht dagegen, wenn Menschen in vergangenem Ruhm schwelgen, anstatt voll und ganz in der Gegenwart zu leben.

Jedes einzelne Leben kann mit einer Facette des ganzen Selbst verglichen werden, so wie viele Facetten des Diamanten im ungeschliffenen Stein versteckt sind. Nur der

Diamantschleifer kann diese verborgene Schönheit herausholen. Genauso schleift jedes Leben eine neue Facette und zwar so, wie der Betreffende sein Leben und seine menschlichen Beziehungen gestaltet. Viele Erfahrungen schleifen schließlich den ganzen Diamanten, und jede einzelne Facette reflektiert das Licht des Höheren Bewußtseins, das ihn geschliffen hat. Leider arbeiten wir aber kaum mit diesem höheren Aspekt in uns zusammen. Deshalb ist es für das Höhere Bewußtsein, das allein die Möglichkeit dazu hat, schwer, uns entsprechend zu schleifen.

Wiederholt wurde mir gezeigt, daß nur das gegenwärtige Leben von Bedeutung ist. Nur in der Gegenwart können wir uns dem Höheren Bewußtsein anvertrauen und willig und bewußt an dem Prozeß unserer Persönlichkeitsbildung mitarbeiten.

Manche Menschen sind sich ihrer Aufgaben in diesem Leben sofort bewußt. Sie müssen keine Antwort auf die jahrhundertealte Frage "Warum bin ich hier?" suchen Viele dagegen können das Muster, das Ziel oder den Grund ihres Lebens nicht klar erkennen. Sie leben ohne Antrieb, ziel- und richtungslos. In solchen Fällen ist es äußerst ratsam, die Reise zu vergangenen Erfahrungen anzutreten, denn diesen Menschen wird dadurch die Möglichkeit gegeben, Bereiche ihrer alten Persönlichkeit klarer zu erkennen und besser auszuarbeiten.

Verschiedene Verhaltensmuster gründen auf vergangenen Leben und prägen das gegenwärtige. Ist die Erinnerung an eine frühere Rolle mit genügend emotionaler Energie aufgeladen, kann diese Rolle, durch ein entsprechendes Ereignis ausgelöst, wieder vage in uns aufsteigen. Genauso ist es, wenn wir im gegenwärtigen Leben versuchen, uns an etwas zu erinnern. Wenn das Erlebnis mit entsprechend starker, emotionaler Energie aufgeladen war, wird es uns sofort und problemlos einfallen. Dies gilt jedoch nicht für Ereignisse, die eine zu überwältigende und bestürzende Reaktion in uns ausgelöst haben. Sie sind, wie z. B. bei Inzest oder sexuellem Mißbrauch, völlig verdrängt worden.

Wir können also annehmen, daß wir noch Züge vergangener Persönlichkeiten, zusätzlich zu den gegenwärtigen, in uns tragen. Erkennen wir aber selbst nicht die Notwendigkeit, diese Teile unserer selbst weiterzuentwickeln, ist es zwecklos, daß andere Menschen uns darauf aufmerksam machen, denn wir würden ihre Sichtweise nur als Phantasie, Naivität, Bosheit, Eifersucht und Egoismus abtun. Nur wenn wir uns unserer positiven und negativen Aspekte voll bewußt sind, können wir unser ganzes Selbst der Führung des Höheren Bewußtseins überlassen.

Für Menschen, die das Konzept vergangener Leben nicht akzeptieren können, kann auch ein anderer Zugang gefunden werden, indem jede Episode des menschlichen Lebens als Lehrstück, ähnlich der Auffassung der Sufis, betrachtet wird. Die zugrundeliegende Erkenntnis ist nämlich wichtig und nicht, ob diese Episode tatsächlich aus einem früheren Leben stammt. Somit könnte ein wesentlicher Charakterzug eine Facette des Menschen verkörpern, ähnlich wie verschiedene Charaktere in Träumen unterschiedliche Aspekte des Träumenden verkörpern. Heilungs- und veränderungsbedürftige Bereiche des Menschen werden dadurch aufgedeckt. Das ist überhaupt der einzig sinnvolle Grund, das eigene Selbst zu erforschen. Die Suche nach Selbsterkenntnis ist wichtig, nicht der Beweis für vergangene Leben.

Es gibt heute verschiedene populäre Methoden, um Menschen in frühere Inkarnationen zurückzuversetzen. Das Motiv hierfür sollte aber niemals sein, sich mit einer berühmten Persönlichkeit aus einer früheren Zeit zu identifizieren, um von ihrem Ruhm zu leben. Wir sollten solche Erinnerungen nur dann wiederbeleben, wenn unser gegenwärtiges Leben dadurch klarer und verständlicher wird.

Sich in Erinnerungen zurückzuversetzen ist nur dann sinnvoll, wenn dadurch die Ursachen der heutigen Wirkung klarer erkennbar werden. Nur so können wir bewußt alte Fehler korrigieren, vergangenes Unrecht wiedergutmachen oder selbst durch eigenes Leid erfahren, was wir anderen zugefügt haben.

Vergangene Leben

In diesem Kapitel möchte ich einige persönliche Erfahrungen aus vergangenen Leben schildern, um zu zeigen, wie sie mein heutiges Leben positiv oder negativ beeinflußt haben. Jeder Rückführung gingen starke positive oder negative Gefühle voraus, die ihren Höhepunkt in lebhaften Träumen kurz vor der tatsächlichen Sitzung hatten. Nur mit starker emotionaler Energie kann, so lernte ich allmählich, die Kontrolle des bewußten Verstandes durchbrochen werden. Genauso wie die lebhaftesten Erinnerungen dieses Lebens die am stärksten empfundenen sind.

Die Perserin

Bevor ich das erste Mal in ein früheres Leben zurückgeführt wurde, plagte mich die Befürchtung, daß ich vergangene Erfahrungen nicht erfolgreich würde zurückrufen können, denn damals war ich unfähig, zu visualisieren. Schaute ich beispielsweise meinen Ehemann oder meine beiden Töchter genau an und schloß dann die Augen, so konnte ich sie nicht vor meinem inneren Auge erstehen lassen, wie sehr ich mich auch bemühte. Wäre mein Verlangen, mein heutiges Leben besser verstehen zu können, nicht so stark gewesen, hätte ich wohl niemals versucht, Vergangenes zu erforschen. Obwohl mich der Mann, der mich in diese Methode einführte, beruhigte, wuchs meine Angst. Kaum hatte er mich jedoch zu einer vergangenen Erfahrung zurückgeführt, brach ich in Panik aus. Ich fühlte mich zwar an einen anderen Schauplatz als den jetzigen zurückversetzt, konnte ihn aber trotz seiner wiederholten Fragen nicht beschreiben. Er schlug schließlich vor, die anderen Sinne zu benutzen, und fragte mich, was ich hören, riechen und fühlen könne.

Auf seinen Vorschlag hin entschloß ich mich, mit ausgestreckten Armen den Raum, in dem ich mich befand, zu durchschreiten. Meine Finger schienen mit einem Gewebe in Berührung zu kommen, das einem Teppich sehr ähnelte. Dieser Teppich aber lag nicht auf dem Boden, sondern stand senkrecht. Ich bewegte mich im Kreis und entdeckte ähnliche Teppiche, die offensichtlich an den Wänden dieser Einfriedung, in der ich mich befand, hingen. Teilweise überschnitten sie sich leicht. Ich konnte ihre zusammenstoßenden Kanten fühlen. Dann kam ich zu einer Öffnung, ging weiter und fühlte wieder Teppiche. Ich mußte wohl den Eingang dieses Raumes überschritten haben. Plötzlich stieg eine Ahnung in mir auf: Ich war blind. Diese Feststellung löste sintflutartige Tränen aus, und ich ahnte, daß meine übersensiblen Augen wohl aus dieser vergangenen Erfahrung herrührten.

Eine spätere Sitzung führte mich wieder in dieses Leben zurück, diesmal zu einem Zeitpunkt, bevor ich erblindete. Es war ein Leben in Persien. Die Frau, mit der ich mich identifizierte, war die Ehefrau eines persischen Hofbeamten aus einem der vielen kleinen Königreiche, das von einer mächtigen Frau regiert wurde. Als die Ehefrau des Hofbeamten unbeabsichtigt ein dunkles Geheimnis der Herrscherin lüftete, wurde sie geblendet und verbannt. Sie wurde von fahrenden Zigeunern gefunden, mitgenommen und gepflegt, bis sie sich von dieser schweren Qual erholt hatte. Ohne Augenlicht war sie gezwungen, sich stärker auf ihre anderen Sinne, die dadurch geschärft wurden, zu verlassen. Auch auf ihre Intuition, eine bei ihr stark ausgeprägte Funktion, verließ sie sich mehr und mehr. Bald wurde sie Beraterin und Orakel der Zigeunergruppe, deren Mitglieder sie um Hilfe und Rat bei der Lösung ihrer Probleme baten. Der mit Teppichen verkleidete Raum war ein Zelt gewesen, das die Zigeuner mit sich trugen und nach Bedarf aufschlugen.

Viele Jahre nach dieser Rückschau besuchten mein Ehemann und ich auf einer Geschäftsreise den Iran. Eines Tages wurden wir in die Umgebung Teherans gefahren. Links von der Straße, auf der wir entlangfuhren, sahen wir ungefähr ein Dutzend runder Zelte, die von Zigeunern abgebaut wurden. Eifrig packten sie ihre Sachen zusammen, bevor sie weiterzogen. Tief berührt beobachtete ich, wie sie die Teppiche von den Innenseiten der Zelte abnahmen, sie sorgfältig zusammenfalteten und auf die Rücken ihrer Tiere verstauten. Es entsprach genau dem Bild meiner Rückschau vor vielen Jahren.

Ich erinnere mich noch, wie überaus kritisch ich damals auf meine Erinnerungen reagierte. Die starken Gefühle jedoch, die beim tatsächlichen Anblick dieses Geschehens in mir aufstiegen, ließen diese vergangenen Erinnerungen glaubhafter erscheinen. Schon von Kindheit an habe ich äußerst sensibel sowohl auf äußere Reize, laute Stimmen, helles Licht, starken Geschmack oder Geruch wie auch auf subtilere Reize reagiert. Meine Sinne scheinen auf eine höhere Frequenz eingestellt zu sein. Durch diese Rückschau konnte ich diese Sensibilität besser verstehen und den Grund erkennen, warum mein ganzes Leben lang Menschen mit ihren Problemen zu mir kommen. Durch den Verlust meines Augenlichtes in meinem persischen Leben entwickelte ich andere Fähigkeiten und verwandelte so eine drohende Tragödie in die Möglichkeit des Dienstes an Mitmenschen.

Das japanische Mädchen

Die Erfahrung eines früheren Lebens in Japan zeigt, wie oft wir alte und vergangene Verhaltensmuster, Fähigkeiten und Talente in unser jetziges Leben mit hineinnehmen. Viele Einzelheiten wurden erst später, während meines ersten Besuches in Japan bestätigt. Auch der im folgenden beschriebenen Sitzung gingen wieder starke Gefühle voraus.

Mein Leben lang litt ich unter Höhenangst. Schon einige Tage vor der Rückführung und besonders unmittelbar davor verstärkte sich diese Höhenangst, und ich reagierte besonders empfindlich. Kaum schloß ich die Augen, überwältigten mich meine Gefühle, und noch ehe ich mich entspannen konnte, war ich auch schon mitten im Geschehen. Sofort kam die als Kind in England empfundene Angst wieder zurück; damals fürchtete ich mich entsetzlich vor Erdbeben. Meine Eltern hatten vergeblich versucht, mich zu beruhigen, indem sie mir erklärt hatten, daß es in England noch nie Erdbeben gegeben habe. Immer wieder hatte ich ihnen daraufhin geantwortet, daß sich Erdbeben so unerwartet und überraschend ereignen könnten, daß die Menschen keine Gelegenheit mehr hätten, sich rechtzeitig zu retten. Hatte man mich gefragt, woher ich das wisse, war von mir die Antwort gekommen, ich könne mich an Erdbeben erinnern. Diese Aussagen hatten meine Eltern sehr beunruhigt.

Nun war ich auf den Ursprung dieser Angst sehr gespannt. Noch wußte ich nichts vom Dreieck und dem Höheren Bewußtsein, aber ich konnte mit einer Kraft in mir Kontakt aufnehmen, die mich lehrte, führte und mir beistand.

Bald sah ich in mir eine innere Szene, die mich sehr an eine japanische Landschaft erinnerte, und ich fühlte mich auf sonderbare Weise mit ihr verbunden. Bewußt gestattete ich mir, diese innere Szene zu betreten, und versenkte mich so tief in sie, daß ich das Gefühl hatte, tatsächlich dort zu sein.

Ich vergaß völlig meine augenblickliche Umgebung. Wie in einem Theaterstück liefen die einzelnen Szenen in mir ab. Ich identifizierte mich mit einem jungen japanischen Mädchen, das aufgeregt und erwartungsvoll wie ein Kind auf etwas Besonderes wartete. Ich empfand selbst wie dieses junge Mädchen. Nur einmal trennte ich mich von ihr und schlüpfte in meine gegenwärtige Identität zurück, um, auf Anweisung meines inneren Ratgebers, bestimmte Eindrücke auszuwerten. Ich durchwanderte jeden Raum des Hauses, das oberhalb des Meeres auf einem Hügel lag. Es war umgeben von äußerst sorgfältig gepflegten Gärten. Jeder Garten hatte seinen eigenen Stil und war in sich selbst ein Teil des ganzen Gartens. Ein kleines Sommer-Teehaus, von wo aus man den ganzen Hafen überblicken konnte, stand am Rande dieses Gartens.

Das Mädchen war in einen kunstvoll gearbeiteten, rot glänzenden Seidenkimono gekleidet, der mit einem reichverzierten Obi (Schärpe) zusammengehalten war. Mit großer Sorgfalt war die Kleidung aufeinander abgestimmt. Ich wußte, daß sie auf ihren Geliebten wartete, der an diesem Tage mit dem Schiff ankommen sollte. Sie wollte für dieses Treffen alles tadellos in Ordnung haben. Nachdem sie ihren Rundgang gemacht hatte, betrat sie ein Zimmer, in dem ein Schrein stand. Auf einer Matte neben dem Schrein lagen Zweige und Blumen. Nach einer kurzen, schnellen Verbeugung vor dem Schrein begann sie, die Zweige zu sortieren und stellte sie sorgfältig in eine flache Schale auf einen kleinen hölzernen Tisch. Sehr gewissenhaft wählte sie die einzelnen Zweige aus, zupfte hier und da ein Ästchen ab, bis sie mit der Form zufrieden war. Wohlüberlegt arrangierte sie die Zweige in der Schale. Ein Schuldgefühl durchzuckte mich. Ich stellte fest, daß sie einen Zweig nicht richtig angeordnet hatte. Dieser Zweig symbolisierte den Mann, den sie liebte; sie hatte ihn in die Mitte des Arrangements gesteckt, an prominentere Stelle als den Zweig, der das Unbekannte oder den

Geist symbolisierte. Als sie damit fertig war, griff sie in die Falten ihres Obis, nahm einen kleinen hölzernen Gegenstand heraus, der genau in ihre Hand paßte, und öffnete daran eine Art Flügeltür. Ein winziger Schrein mit einer geschnitzten Miniatur Buddhas unter einem Baldachin kam zum Vorschein. Sie setzte sich mit dem kleinen Schrein in der Hand nieder, meditierte und schien zu beten. Nach kurzer Zeit schloß sie das Kästchen wieder und ließ es in ihrem Obi verschwinden.

Als sie so ruhig dasaß, spürte ich ihre Gedanken und konnte ihre Lebensgeschichte zusammenfügen. Sie war die Tochter eines reichen Kaufmanns, der mit fremden Ländern Handel trieb. Durch den Tod ihrer Mutter wurde sie die Herrin des Hauses. Ihr Vater erwartete einen wichtigen Vertreter einer Handelsfirma, mit dem er fast ausschließlich seine Geschäfte abwickelte. Die beiden Männer trafen sich regelmäßig zu Geschäftsbesuchen, und eine engere Beziehung als unter Geschäftspartnern üblich verband sie. Diesem Geschäftsfreund wurde das seltene Privileg zuteil, in das Haus eingeladen zu werden. Während dieser Besuche hatte sich eine wortlose Verständigung zwischen ihm und der Tochter des Hauses entwickelt. Er war es, den sie so sehnsuchtsvoll erwartete. Der Vater aber hatte diese Beziehung kaum bemerkt und auch nicht ernst genommen, da der zukünftige Ehemann seiner Tochter bereits ausgewählt und das Hochzeitsdatum festgelegt war. Es berührte ihn kaum, denn die getroffenen Abmachungen würden durch diese Beziehung nie gefährdet werden. Beide nutzten die Unbekümmertheit ihres Vaters aus und trafen sich heimlich im Garten. Die Verschiedenheit der Sprachen trennte sie jedoch. Außer mit Zeichensprache konnten sie sich nur mit wenigen Worten verständigen. Liebevoll nannte der Mann sie 'Espenblatt', das auch ihrem sensiblen Wesen entsprach, denn jede ihrer Bewegungen erinnerte ihn an die vibrierenden Blätter der Espen im Garten.

Das Mädchen verließ das Haus, streifte durch die Gärten und betrat das Sommerhaus. Von hier aus hatte sie eine gute Sicht über den Hafen und alle einfahrenden Schiffe. Bald würde ihr Geliebter auf einem dieser Schiffe ankommen. Kaum hatte sie den Garten betreten, zerriß ein fürchterliches Krachen die Stille. Der Boden schwankte, die Erde bebte. Das Teehaus wurde über die Klippen tief hinuntergeschleudert und zog sie mit. Als sie auf dem Boden aufschlug, entwich ihr Geist dem zermalmten Körper. Sie konnte ihn noch in den schönen Kimono gekleidet sehen, obwohl sie nicht verstand, was geschehen war. Ihr einziger Wunsch war, neben dem Körper zu bleiben, um den Geliebten nicht zu verpassen .

Auch in meinem gegenwärtigen Leben war ich äußerst sensibel, und die Menschen, die ich liebte, bedeuteten mir mehr als das Höhere Bewußtsein; auch fürchtete ich mich sehr vor Erdbeben und vor großen Höhen. Sehr viel später, als ich mit dieser Arbeit begann, lernte ich, mich von diesen Ängsten zu befreien.

Viele Jahre nach der Rückschau auf mein japanisches Leben begleitete ich meinen Ehemann auf einer Japanreise. Verschiedene seltsame Erlebnisse erhärteten auf dieser Reise die rätselhaften, während der Rückführung aufgedeckten Einzelheiten. Meinen ersten Schock erhielt ich in Kyoto in einem kleinen Antiquitätenladen, der nach Opium stank. Ohne ersichtlichen Grund ging ich sofort in den hinteren Ladenraum und holte dort von einem Regal einen kleinen Gegenstand herunter. Zu meinem größten Erstaunen war es der gleiche winzige Schrein, den das japanische Mädchen damals vor vielen Jahren in meiner Rückschau aus den Falten des Obis gezogen hatte. Ich zitterte am ganzen Körper, als ich ihn in der Hand hielt. Noch nie zuvor in meinem Leben hatte ich einen solchen Schrein gesehen, und als damals mein japanisches Leben wieder in mir aufstieg, bezweifelte ich sehr, ob es einen solchen Schrein überhaupt gäbe. Selbstverständlich kauften wir diesen Schrein und baten den Ladenbesitzer, uns mehr darüber zu erzählen. Er beschrieb ihn als einen Hand-schrein, der, falls er nicht zur Meditation in der Hand gehalten, im Obi der Frau aufbewahrt wird, so wie ich es vor Jahren in meiner Rückschau gesehen hatte.

Einige Tage später wurde ich zu dem Besuch eines Kurses eingeladen, in dem angehende Bräute von einem Meister in die Kunst des Blumensteckens eingeweiht wurden. Unser Übersetzer erklärte, daß die Teilnahme an einem solchen Kurs eine der vielen Voraussetzungen junger japanischer Mädchen ist, die heiraten wollen. Aufgeregt und erfreut nahm ich teil. Jede von uns erhielt einen Strauß Zweige, eine Schere und einen Blumenbehälter. Der alte Meister zeigte vor der Klasse, wie so ein Strauß zu arrangieren sei, wie die Zweige auszuwählen, in die rechte Form zu bringen und vorschriftsmäßig anzuordnen seien, genau wie ich dies in meiner Rückschau selbst beobachtet hatte. Wir wurden dann gebeten, unsere eigenen Zweige entsprechend zu stecken. Als wir zu schnipseln und zu schneiden anfingen, wußten meine Finger genau, was sie zu tun hatten. Offensichtlich war der Meister über mein Ergebnis sehr erstaunt und verbeugte sich mehrere Male vor dem Arrangement. Wie betäubt verließ ich den Unterricht, teils wegen aufsteigender Erinnerungen und teils aus Ungläubigkeit.

Meinen nächsten Schock erlitt ich, als wir zu einer alten, vornehmen Wohngegend mit Sicht auf das Meer, außerhalb von Tokio, fuhren. Ein Frösteln überkam mich, als ich erkannte, daß dies die Gegend war, in der das japanische Mädchen gelebt hatte. Ich fragte den Führer, ob es in dieser Gegend Espen gebe, und während wir die Straße entlang fuhren, zeigte er auf eine Reihe von Espenbäumen.

Ehe wir Japan verließen, schickten die japanischen Klienten meines Mannes eine große, nett eingewickelte Schachtel, an mich adressiert, in das Hotel. Ich öffnete sie, und zu meiner großen Überraschung lag in dieser Schachtel ein rotglänzender Seidenkimono, mit silbernen Kranichen bestickt. Ich war dankbar, allein zu sein, als ich die Schachtel öffnete. Einen Kimono von der gleichen Farbe geschenkt zu bekommen, wie ihn das japanische Mädchen im Augenblick des Todes trug, löste in mir einen tiefen Schrecken aus, mit dem ich in Gegenwart der freundlichen Überbringer wohl nicht fertiggeworden wäre.

Später flogen wir nach Kambodscha, um das berühmte Angkor Watt zu besichtigen. Als wir die verschiedenen anderen Sehenswürdigkeiten gesehen hatten, machte uns der Führer auf einen kleinen Tempel aufmerksam, zu dem viele steile Treppen hinaufführten. In diesem Tempel sollte eine wunderschöne Statue Buddhas aufbewahrt sein, und ich wollte unbedingt die Treppen hinaufsteigen, um diese Statue anzuschauen. Wegen meiner Höhenangst befürchtete ich jedoch, nicht wieder hinuntersteigen zu können. Deshalb entschloß ich mich, unten auf meinen Mann und den Führer zu warten. Während ich wartete, wurde mein Verlangen, Buddha zu sehen, sehr stark. Gleichzeitig erinnerte ich mich an das japanische Mädchen und stellte mir vor, sie an die Hand zu nehmen und die Treppen zum Tempel hinaufzuführen. Zuerst zögerte ich bei diesem Gedanken, faßte aber dann Mut, Treppe für Treppe mit ihr hinaufzusteigen, und beruhigte sie ständig, sie müsse keine Angst haben. Mein Mann war überrascht und besorgt zugleich, als ich den Tempel erreichte. Nach der Besichtigung der Statue mußte ich nun wohl den Abstieg wagen. Angst stieg in mir auf. Ich überzeugte meinen Mann und den Führer, daß es gut sei, wenn sie vor mir wieder hinunterstiegen, und versicherte ihnen, so schnell wie möglich zu folgen. Zögernd willigte mein Mann ein. Ich setzte mich nieder und sprach beruhigend auf das japanische Mädchen ein, so als ob es verängstigt neben mir säße. Schließlich stand ich auf, nahm es fest an die Hand und stieg langsam die Treppen hinab. Ich bemühte mich, dabei nicht nach unten zu schauen. Als ich unten ankam, jubelte ich vor Freude darüber, daß ich meine Angst besiegt hatte. Seit diesem Erlebnis hatte ich niemals mehr Höhenangst und benahm mich auch nicht mehr wie Espenlaub, das bei jeder kleinen Brise zu zittern beginnt. Vor allem aber lernte ich, niemals ein menschliches Wesen über das Höhere Bewußtsein zu stellen.

Der Jude

Ein anderes früheres Leben, das möglicherweise mein gegenwärtiges beeinflußt hat, war das eines Juden, der in dem heutigen Jerusalem gelebt hatte. Ich stimmte mich auf ihn ein, als er im Sterben lag. Gelähmt lag er hilflos auf seinem Sterbebett und wartete verzweifelt, von seinem nutzlosen Körper befreit zu werden. Als ich mir gestattete, mit ihm eins zu werden, wurde mir bewußt, daß er sein Leben 'Wein, Weib und Gesang' gewidmet hatte, bis sich sein Körper gegen diese ihm aufgezwungenen Exzesse wehrte. Mir schien das reine Einbildung zu sein, denn ich dachte, daß ein Jude niemals die Gebote seiner Religion derart verleugnen würde. Abwechselnd beobachtete ich ihn und fühlte mit ihm, bis der Tod ihn erlöste und sein Geist sich von seinem Körper trennte. Er hatte viel Zeit, sein vergeudetes Leben zu bereuen, und als er seinen Körper verließ, schwor er, niemals mehr ein solches Leben zu führen.

Sein Schwur bewahrheitete sich in meinem jetzigen Leben. Ich vermeide, wenn irgendwie möglich, gesellschaftliche Zusammenkünfte wie Cocktailparties, bei denen meist zuviel getrunken wird, und typische Silvesterfeiern verabscheue ich. Auf Alkohol, sogar auf Wein reagiere ich allergisch. Auch ist meine Leber höchstwahrscheinlich durch den übermäßigen Genuß des vergangenen Lebens sehr empfindlich geworden und bewahrt mich so vor eventuellen Ausschweifungen.

Ungefähr zehn Jahre nach diesem Erlebnis las ich ein Buch mit dem Titel 'Jews, God and History' von Max Dimont. Ein Abschnitt dieses Buches versetzte mir einen Stoß. Der Autor beschrieb die Auswirkung der griechischen Kultur auf die hellenistischen Juden während einer bestimmten Periode.

Dimont schrieb, daß im Jahre 700 bis 1000 nach Christus Juden zu Weltbürgern wurden und begannen, die griechischen Schriften zu übersetzen. Der Jude jener Zeit unterschied sich vom biblischen Juden. Er wurde "Hedonist und Schürzenjäger, ein Genießer und Intellektueller, ein weltlicher Philosoph und Wissenschaftler, ein freidenkerischer Dichter und Poet. Wein wurde nicht nur beim Danksagungsgottesdienst getrunken, sondern es wurde damit auf Frauen angestoßen; Liebe bedeutete nicht nur das Studium der Thora, sondern auch die Jagd auf ein verheißungsvolles Lächeln. Gesang bedeutete nicht nur Klagelieder, sondern auch Lob auf die Freuden des Lebens."

Die vom Autor beschriebenen Lebensverhältnisse entsprachen genau meinen Erinnerungen an das frühere Leben als Jude. Auf diese Weise wurden meine Zweifel zerstreut, und ich wußte, daß meine Erinnerungen keine Einbildung waren.

Der Tibeter

Eine andere mögliche frühere Erfahrung als tibetischer Mönch scheint auch einen Einfluß auf mein heutiges Leben zu haben. In meiner Rückschau hatte ich den Eindruck, daß der Mönch unter der Vormundschaft und persönlichen Anleitung eines Meisters oder Großen Lama stand. Beide hatten eine bewußte telepathische Verbindung zueinander entwickelt, als Vorbereitung für einen Aufenthalt in einer Höhle hoch im Himalaya, der drei Jahre, drei Monate, drei Wochen und drei Tage dauern sollte. In diese Höhle hatte sich der Mönch für besondere Meditationsübungen und zur Befreiung von seinen Wünschen freiwillig einschließen lassen. Diese Wünsche beinhalteten materielle und geistige Dinge und das Vermeiden bestimmter Ereignisse. Der Meister hatte seinen Schüler sorgfältig vorbereitet und hatte ihm persönlich eine Reihe von Übungen beigebracht, die ihm ein Loslassen seiner Wünsche ermöglichen sollten. Nachdem Meister und Schüler gut aufeinander abgestimmt waren, war der Unterricht telepathisch fortgesetzt worden.

Als ich dieses Leben wieder in mir aufsteigen ließ, betrat ich es zu dem Zeitpunkt, als der Mönch bereits mehr als zwei Jahre in der Höhle lebte und die Fähigkeit entwickelt hatte, mit dem Dritten Auge zu sehen. Schloß er seine Augen, erschien mit etwas Übung eine kleine Leinwand auf der Mitte seiner Stirn, auf die die Symbole des bewußten Wunsches projiziert wurden. Solange er in enger Verbindung mit seinem Meister stand, war der Meister in der Lage, diese Eingaben zu lenken, und zwar entsprechend der wachsenden Fähigkeit des Schülers, damit umzugehen. Der Mönch lernte, einen Wunsch oder ein Angstgefühl (in symbolischer Form) auf seine innere, geistige Leinwand zu projizieren, so daß die Stärke des Wunsches genau der in ihn investierten Energie entsprach. Hatte die Macht des Wunsches ihren Höhepunkt erreicht, wurde der Schüler angewiesen, die in dem Symbol enthaltene Energie herauszudrücken und die zurückbleibende leere Schale oder Hülle zu vernichten. Manchmal dauerte es Wochen, einem starken Wunsch oder Verlangen die Energie zu entziehen. Einige Wünsche sind zwar leichter zu zerstreuen, sie können aber dann in mäßig abgeänderter Form oder auf einer anderen Bewußtseinsebene wieder auftauchen.

Er vertraute seinem Meister völlig, denn er war sein einziger äußerer und innerer Führer. Eines Tages jedoch schien die

Verbindung zwischen ihnen nachzulassen und hörte schließlich ganz auf. Unbarmherzig wurde der Mönch von Gedankenformen und Ängsten überflutet. Er war unfähig, allein mit ihnen fertigzuwerden. Hätte er das Höhere Bewußtsein in sich erkannt, hätte er es sofort um Hilfe anrufen können. Da er aber gelernt hatte, sich nur auf den Großen Lama zu verlassen, wurde er, als die telepathische Verbindung zwischen ihnen abbrach, durch die einströmenden Gedankenformen verrückt. In seiner Verzweiflung schlug er seinen Kopf gegen die Höhlenwand, um dem Fluß der Bilder ein Ende zu bereiten. Sein Schädel zerbrach, und er starb. In gewisser Hinsicht beging er Selbstmord.

Ich war neugierig und wollte die Gründe feststellen, warum die telepathische Verbindung zwischen Mönch und Meister abgebrochen war. Daraufhin erfuhr ich, daß der große Lama während eines Festes den Gottesdienst geleitet hatte und in einer Sänfte auf den Schultern jüngerer Lamas getragen worden war. Der Jubel der Laien war derartig angewachsen, daß der Meister im Verlaufe des Tumultes und Gedränges aus der Sänfte gefallen und mit dem Kopf auf den Boden aufgeschlagen war. Dabei hatte er vorübergehend das Bewußtsein verloren, und die telepathische Verbindung zu seinem Schüler war unterbrochen worden. Nachdem er wieder zu sich gekommen war, hatte er sofort versucht, diese Verbindung wiederherzustellen. Es war aber zu spät gewesen.

Diese Episode veranschaulicht zwei wichtige Lektionen: erstens die Notwendigkeit, mit dem Höheren Bewußtsein immer in Verbindung zu bleiben, selbst wenn man einen hochverehrten, menschlichen Lehrer hat, und zweitens, niemals im Selbstmord die Lösung einer noch so verzweifelten Situation zu suchen. Die Lösung des Problems wird nur auf ein zukünftiges Leben verschoben, und eine ähnlich schwere oder sogar noch ernstere Krise muß dann bewältigt werden. Jedes Problem sollte mutig angegangen werden, damit die darin enthaltene Lektion auch gelernt wird. Die erste Lektion wurde sowohl im japanischen wie auch im tibetischen Leben verfehlt: Einem menschlichen Wesen wurde größere Bedeutung eingeräumt als dem Höheren Bewußtsein. Die zweite Lektion wurde im jüdischen wie auch im tibetischen Leben verfehlt: Beide Personen wollten ihren Problemen durch Tod entfliehen.

Das gegenwärtige Leben gab mir die Möglichkeit, beide Lektionen zu lernen.

Die Erlebnisse und Erfahrungen in Zusammenhang mit meinen vergangenen Leben hatte ich, lange bevor ich im Jahre 1972 über Sathya Sai Baba las und das darauffolgende Jahr nach Indien fuhr, um ihn zu sehen. An diesen ersten Besuch kann ich mich noch lebhaft erinnern. In Gegenwart von Sai Baba begann in mir ein Kampf zu toben, denn ich mußte meine tiefverwurzelte Angst überwinden, mich wieder auf einen Lehrer in menschlicher Gestalt zu verlassen. Sai Baba war sich meiner inneren Not durchaus bewußt und schaute immer wieder in meine Richtung. In seine Gespräche mit einer Gruppe wob er kleine, für mich bestimmte Hinweise ein und lächelte, als ob er sagen wollte: "Ja, ich weiß! Hilft das?" So ging es einige Tage, bis er vor Lehrern und Studenten einen Vortrag hielt und meinem Mann und mir erlaubte dabeizusein.

Sai Baba sprach über Götzenanbetung und die verschiedenen Weltreligionen und unterstrich, daß sich jedem Menschen eine andere Ebene des Verständnisses erschließe. Manche suchen einen körperlichen Gott, andere suchen ihn in vielen verschiedenen Formen, die alle einen Aspekt Gottes verkörpern, wie im Hinduismus. Nur wenige aber seien fähig, ihn als abstrakte, gestaltlose Gottheit zu verstehen oder Verbindung mit dem eigenen, inneren Gott, Atman, oder dem Christus-Selbst zu suchen. Diese Erklärung galt meinem Problem. Plötzlich verstand ich, daß Sai Baba das Höhere Bewußtsein in menschlicher Form, den Funken meiner inneren Wahrheit verkörpert.

Kurz bevor wir wieder abreisten, materialisierte er einen Ring für mich, um eine der Ursachen meiner Kopfschmerzen zu heilen. Er steckte den Ring an den ersten Finger meiner linken Hand und sagte, ich solle ihn auf der Mitte der Stirn reiben, wenn ich dort Schmerzen hätte. Die Erinnerung an mein tibetisches Leben stieg wieder in mir auf. Ich hielt den Atem an und sagte: "Oh, Baba!" Er lächelte, nickte und antwortete: "Ja, ja, ich weiß Bescheid. Er wird heilen helfen."

Bei unserem letzten Interview vor unserer Abreise fragte ich, wann wir wiederkommen sollten. Mit dem Zeigefinger seiner rechten Hand deutete er auf mich, um seine Worte zu unterstreichen: "Wegen dieses kleinen Körpers müssen Sie nicht wiederkommen." Nach einer bedeutungsvollen Pause fuhr er fort: "Finde mich in deinem Herzen." Um seine Botschaft auch eindringen zu lassen, sagte er etwas später: "Du wirst wiederkommen, um dich mit neuer Energie aufzuladen."

Bei jedem Besuch gab er mir ähnlich kurze, aber sehr wirkungsvolle Botschaften und gab mir – ohne Worte – zu verstehen, daß er meine vergangenen und gegenwärtigen Erfahrungen kannte. Sai Baba hilft, ohne uns die Lektionen abzunehmen, die wir noch zu lernen haben. Durch seine Hinweise veranlaßt er uns, die Antworten in uns selbst, beim Höheren Bewußtsein zu finden. Er ist einem Zen-Meister vergleichbar, der dem Schüler ein Koan oder Rätsel zu lösen gibt. Der bewußte Verstand des Schülers ist mit der Lösung des Koan so beschäftigt und abgelenkt, daß das Höhere Bewußtsein mit wahren Einblicken durchbrechen kann. Sathya Sai Baba symbolisiert für mich die äußere Gestalt des innewohnenden Gottes und beschleunigt meinen Lernprozeß. Niemals aber gestattete er mir, von seiner äußeren Form abhängig zu werden, wie es der tibetische Lama mit seinem Schüler in der Höhle gemacht hatte.

Ein Leben zu Zeiten Jesu

Eines Tages stieg unerwartet ein Leben zur Zeit Jesu in mir auf. Ich hatte diese Erfahrung nicht bewußt gesucht, sondern im Gegenteil mit einer Frau gearbeitet, die sich an eines ihrer vergangenen Leben zu erinnern hoffte. Sie glaubte, zur Zeit Jesu gelebt und Paulus von Tarsus gekannt zu haben. Wir baten das Höhere Bewußtsein um Rat, ob es gut für sie sei, den Ursprung ihrer Gefühle, die sich auf diese Zeitspanne bezogen, aufzudecken.

Kaum hatten wir mit der Übung begonnen, sah meine Klientin sich in eine andere Zeit und in eine andere Persönlichkeit versetzt. Mit leisen Fragen half ich ihrem Gedächtnis nach. Sie sah und empfand sich als kleines Mädchen, das mit mehreren Menschen zusammenlebte. Als mehr Einzelheiten dieser entfernten Erinnerung in ihr Bewußtsein drangen, schien ich plötzlich, ohne Vorwarnung, diese Szene genau in dem Moment zu betreten, als sie einen großen Raum beschrieb, in dem mehrere Menschen eifrig webten. Zum erstenmal drang ich unaufgefordert in die Erinnerungen eines anderen Menschen ein. Das geschah so schnell und unerwartet, daß wir beide erstaunt darüber waren.

Zuerst war ich mir nicht sicher, ob ich ein Mann oder eine Frau war. Das lag wohl daran, weil wir alle einer Gruppe von Menschen angehörten, die sehr ähnlich, einfach und weiß, gekleidet waren und ihren Kopf bedeckt hatten, so daß eine Unterscheidung von Mann und Frau schwierig war. Nach einer Weile identifizierte ich mich als Mann, der anfänglich ein Aufseher zu sein schien, aber bald einem Dirigenten ähnelte, der eine Melodie für die Arbeiter anstimmte, die ihre Arbeit erleichterte. Als ich das Höhere Bewußtsein um den Grund der in mir hervorgerufenen aufwühlenden Reaktion bat, erhielt ich eine klare Antwort: Die Gewänder wurden für Jesus gewoben. Ein besonderer Gesang, der eine starke, emotionale Energie trug, wurde dafür angestimmt. – Das Weben, wie auch alle anderen Tätigkeiten, wurden mit Gesang begleitet, um die Arbeit zu segnen, wie die Mahlzeit vor dem Essen gesegnet wird.

Ich beobachtete, wie der Mann den Webraum verließ und zu den vielen anderen Gruppen ging, die töpferten, das Essen vorbereiteten und kochten, Brot buken, sauber machten, die Wäsche wuschen, den Garten versorgten und alle notwendigen Arbeiten einer Gemeinschaft verrichteten, in der jeder einzelne seine Pflicht zu erfüllen hatte.

Die nächste Szene, die mir meine Klientin beschrieb, spielte sich offenbar zu einem späteren Zeitpunkt ab. Eine schwere Wolke der Depression schien über der Gemeinschaft zu hängen. Instinktiv wußten wir beide, daß sie Zeugin der Zeit unmittelbar nach Jesu Kreuzigung war. Das kleine Mädchen war inzwischen zu einer jungen Frau herangereift. Sie, der Mann, mit dem ich mich identifizierte, und viele andere schienen durcheinander und enttäuscht zu sein. Sie fanden es unverständlich, daß Jesus es zugelassen hatte, getötet zu werden, und daß er sie verlassen hatte. Es kam ihnen vor, als seien sie betrogen und verraten worden, und was noch schlimmer war, sie fühlten sich ohne Führer verloren.

Eine spätere Szene zeigte den Mann, wie er verstohlen durch die engen Straßen schlich, sich immer wieder vergewissernd umschauend, ob ihm auch keiner folgte. Manchmal schlug er den falschen Weg ein oder machte einen großen Umweg, um mögliche Verfolger zu verwirren. Ich nahm an, daß er die dahinschwindende Anhängerzahl der überlebenden Jünger Jesu beschützen wollte. Offenbar hatte er sie vor den Feinden versteckt. Er nahm seine Aufgabe sehr ernst und litt furchtbar, wenn ihn die Nachricht eines neuen Todesfalles erreichte oder wenn ein Mitglied seiner kleinen Gemeinde, das Unterschlupf bei ihm finden konnte, von neuen Greueltaten berichtete.

Auch in diesem vergangenen Leben zeichnet sich ein ähnliches Muster wie im japanischen und tibetischen Leben ab. Obwohl Jesus für viele der Sohn Gottes ist, war der Glaube derer, die sich so völlig auf ihn verlassen hatten, offenbar unzureichend und mangelhaft. Da sie sich von einem menschlichen Wesen abhängig gemacht hatten, war ihr Zustand nach der Kreuzigung Jesu bedauernswert: Sie fühlten sich völlig hilflos und verlassen.

Jesus jedoch hatte versucht, sie zu lehren, "der Vater aber, der in mir wohnt, der tut die Werke" (wie Wunder und Heilungen). Auch hatte er ihnen gesagt, sie könnten ähnlich handeln, wenn sie sich nach innen wendeten und dem Vater erlaubten, seine Taten durch sie zu vollziehen. Als Jesus körperlich jedoch nicht mehr anwesend war, vergaßen sie seine Worte und beklagten sein Dahinscheiden. Sehnsuchtsvoll projizierten sie ihren eigenen, inneren Vater oder das Höhere Bewußtsein auf ihn. Sie suchten es nicht in sich selbst, wie die Bibel uns auffordert: "Das Reich Gottes ist inwendig in euch."

Dieses vergangene Leben erklärt meine sehr frühe negative Reaktion auf das Christentum. Als Kind soll ich erklärt haben, daß es nicht richtig sei, von mir zu verlangen, so vollkommen wie Jesus zu sein, denn schließlich sei er Gott und ich nur ein kleines Mädchen. Auch hatte ich nicht verstehen können, warum Menschen sonntags lieb und nett waren und wochentags das Gegenteil davon.

Meine völlige Orientierungslosigkeit war ein lebenslanges Rätsel für mich. Immer wählte ich die falsche Richtung, um mein Ziel zu erreichen. Diese Haltung könnte ihren Ursprung in meinem frühen christlichen Leben haben, als ich zu dieser Vorsichtsmaßnahme gezwungen war, um die überlebenden Anhänger Jesu zu schützen. Ebenso könnten meine äußerst heftigen Reaktionen auf den Tod von Menschen, mit denen ich mich gerade durch diese Arbeit sehr verbunden fühle, aus jenem Leben herrühren. Nachdem ich die Ursache dieser

Gefühle verstanden hatte, konnte ich diese Verhaltensmuster glücklicherweise aufgeben. Auch wurde mir klar, daß ich nicht für das Leben oder den Tod eines Menschen verantwortlich bin, denn jeder hat sein eigenes Schicksal, das niemand überlisten oder umgehen kann.

Lextra

Alle meine vergangenen Leben einschließlich des heutigen wurden von einer sehr mächtigen, männlichen Persönlichkeit überschattet, die vor sehr langer Zeit gelebt hat. Als ich mich eines Tages in ein früheres Leben zurückführen ließ, stellte ich fest, daß es meiner heutigen Persönlichkeit überhaupt nicht entsprach. Ich bekam Angst und zog mich sofort wieder zurück, wußte aber, daß ich diese Angst unbedingt entschlüsseln mußte. Behutsam ließ ich Szene für Szene in meiner Erinnerung aufsteigen, bis sich mir ein vollständiges Lebensbild offenbarte. Lextra, so hieß der Mann, übte unmäßige Macht aus. In diesem Leben jedoch schrecke ich vor Macht, besonders aber vor Macht über Menschen, zurück und versuche stets, sie zu vermeiden.

Als ich weiterforschte, konnte ich tatsächlich diese ungeheure Macht des Mannes erfahren. Er war fest entschlossen, über die natürlichen Gesetzmäßigkeiten des Planeten so viel Wissen wie möglich zu erlangen. Auf dieser Suche schonte er weder sich noch andere. Er war nicht böse, nur unstillbar wissensdurstig und machthungrig. Sein Verstand war überentwickelt, sein Herz und die Fähigkeit zu fühlen (und vor allem zu lieben) dagegen ausgesprochen unterentwickelt. Deshalb behandelte er Menschen wie Gegenstände und nicht wie fühlende, empfindsame Wesen. Aus Wissensdurst und Machthunger trieb er sich selbst und andere unbarmherzig an.

Einige Zeit nach Lextras Auftauchen wurde mir in einer anderen Sitzung ein riesiges Buch gezeigt. Später erfuhr ich, daß dieses Buch ein Hauptbuch mit Spalten für Soll und Haben war. Auf der allerersten Seite stand der Name dieser mächtigen Gestalt. Sein Name war so tief eingraviert, daß er die Seite durchschnitt. Seite um Seite erschien sein Name immer noch klar sichtbar und wurde erst langsam schwächer, bis ich zu der Seite kam, auf der sein Name kaum noch entzifferbar war. Ich wußte, ich hatte mein jetziges Leben erreicht. Entsetzt stellte ich fest, daß jedes Leben, auch mein gegenwärtiges, durch ihn geprägt worden war. Allerdings konnte ich auch feststellen, daß sich mir in jedem späteren Leben die Gelegenheit bot, Lextras Einfluß auszugleichen und manchmal sogar etwas von seiner alten, karmischen Schuld zu löschen. Meine wichtigste Lektion in jedem Leben betraf den Aspekt der Liebe, denn dieser Aspekt hatte dem verstandesbeherrschten, machthungrigen Mann gefehlt. Diese Einsicht löste tiefes Mitgefühl für ihn und für jeden anderen, der wie er ist, in mir aus. Schon immer habe ich Menschen bedauert, die zwar einen stark ausgebildeten Verstand haben, aber unfähig sind, zu lieben oder Liebe zu empfangen.

Es wurde mir gezeigt, daß mit Hilfe des Höheren Selbst der Name Lextra aus diesem Buch gestrichen werden könne, wenn ich bereit sei, an mir selbst zu arbeiten und das Wissen und die erhaltenen Techniken mit denen zu teilen, die ernsthaft nach Führung suchten. Auf diese Weise könne ich mich von seinem Schatten und seiner karmischen Schuld, die all meine Leben so stark beeinflußt hatten, befreien. Nicht nur in früheren, sondern auch in diesem Leben habe ich teuer für meine Macht über andere, die ihren freien Willen nicht respektierte, bezahlt. Die für diese Macht aufgewandte Energie kam zu mir zurück, und ich wurde von Menschen beherrscht, denen ich ursprünglich kein Unrecht getan hatte.

Wir alle scheinen miteinander zu einem großen Netz verwoben zu sein und beeinflussen durch unsere Gedanken,

Worte, Gefühle und Taten alle Menschen, die diese Energie, ausgelöst durch ihr eigenes Verhalten in früheren oder heutigen Leben, anziehen. Wir sind Lehrer und Schüler zugleich, denn nur durch das, was uns widerfährt, können wir lernen.

Wie wichtig war es für mich, zu Sai Baba geführt worden zu sein! Seine wichtigste Botschaft ist: "Beginne den Tag mit Liebe, erfülle den Tag mit Liebe, lebe den Tag mit Liebe und beende den Tag mit Liebe." Arbeit sollte andächtig verrichtet werden und nicht aus Maßlosigkeit und dem Wunsch nach finanzieller Sicherheit.

Durch diese erworbenen Erkenntnisse erschien es mir nur selbstverständlich, auch anderen zu Erfahrungen zu verhelfen, die ihnen Einblicke in ihre gegenwärtigen Probleme und Beziehungen ermöglichen. Ich wurde jedoch angewiesen, das nur auf Weisung des Höheren Bewußtseins zu tun.

Manchmal geschieht es, daß Menschen, mitten in einer ganz normalen Sitzung, in die Vergangenheit zurückversetzt werden. Die Person, die diese Sitzung leitet, sollte sehr behutsam die noch zu erlernenden Lektionen jenes Lebens erfragen. Nur zu leicht kann man sich im heraufbeschworenen Geschehen, in Glanz oder in starken Emotionen verlieren und die zu erlernende Lektion versäumen oder eine eventuelle Warnung überhören. Das einzig annehmbare Motiv, vergangene Leben zu betrachten, ist, daraus zu lernen.

Nicht jeder kann sich in vergangene Leben zurückversetzen. Es gibt Menschen, die diese Erfahrung aus irgendeinem Grund blockieren. Wenn ein bestimmtes Problem des Betroffenen jedoch aus der Vergangenheit herrührt, kann sich auch jemand anders für ihn in dieses Leben zurückversetzen und die Ursache erforschen. Immer vorausgesetzt natürlich, daß das Höhere Bewußtsein ihn dazu ermächtigt. Es gibt auch die Möglichkeit, daß zwei Personen zusammenarbeiten und das Ergebnis dem Betreffenden dann per Brief oder Telefon übermitteln. Viele vergangene Leben sind auf diese Weise wiedererweckt worden und haben fast immer einen Widerhall in dem hilfesuchenden Menschen gefunden. Es ist immer wieder faszinierend, wie sich durch die Erinnerung an vergangene Leben Ansichten, Eigenarten, Ängste, Vorlieben und Abneigungen offenbaren, die den Helfenden unmöglich bekannt sein konnten. Es ist auch wunderschön zu beobachten, wie alte Ängste verschwinden, sobald ihre Ursache erkannt ist. Den Grund einer Reaktion nicht zu erkennen ist der schwierigste Aspekt eines Problems. Ist der Ursprung geklärt, kann das Problem in der Regel gelöst werden.

Die zwei häufigsten Probleme, die ihren Ursprung in einem vergangenen Leben haben können, ist sexuelle Frigidität oder Angst vor Sex. Vergangene Vergewaltigungen werfen oft ihren Schatten auf das gegenwärtige Leben, denn diese unbewußten Erinnerungen hindern die unglückliche Person, ihre Liebe frei auszudrücken und den sexuellen Aspekt einer Beziehung aus eigenem Willen zu leben.

Recht oft werden sehr enge Familienbeziehungen geklärt, wenn sich herausstellt, daß ein Mitglied der jetzigen Familie bereits in früherer familiärer Beziehung zu einem anderen Familienmitglied stand. So kann ein heutiger Vater früher einmal Bruder, Onkel oder Sohn gewesen sein oder auch eine weibliche Verwandte. Die Augen eines Menschen spiegeln seine Identität wider. Deshalb werden sie auch 'der Spiegel der Seele' genannt. Ich schlage meinen Klienten, die vergangene Erinnerungen auferstehen lassen, immer vor, in die Augen der wiedererstandenen Menschen zu schauen, um festzustellen, ob diese Augen sie an einen Menschen im heutigen Leben erinnern, denn Augen scheinen ihre Identität nicht zu verlieren.

Jeder einzelne Mensch trägt mehrere Lebensgeschichten in sich, die sich alle von denen anderer unterscheiden. Aus diesem Grund sollte jeder Mensch darum bitten, sich nur an die für ihn zweckmäßigen Erfahrungen zu erinnern, und nicht versuchen, die vergangenen Erfahrungen anderer zu kopieren und sich mit ihnen zu identifizieren. Wenn das Höhere

Bewußtsein dieses Erforschen der Vergangenheit leitet, werden ohnehin nur die Erfahrungen zurückgebracht, die jetzt in der Gegenwart verarbeitet und absorbiert werden können.

Ich muß immer wieder die absolute Notwendigkeit betonen, daß die Fesseln zu jedem wiedererstandenen Leben zu durchschneiden sind. Hierfür können dieselben Techniken, die ich bereits vorher beschrieben habe, angewandt werden. Viele aus früheren Leben stammende Eigenarten, Leiden und Probleme können auf diese Weise losgelassen und ihre Prägung für das gegenwärtige Leben ausradiert und gelöscht werden.

Nach Ende einer Rückführungssitzung ist es absolut notwendig, den Klienten voll und ganz in die Gegenwart zurückzubringen, d. h., ihn bewußt in seinen gegenwärtigen Körper, die Zeit und den Ort zurückzuversetzen. Ich habe mit vielen Menschen gearbeitet, die einzeln oder in Gruppen in ihre Vergangenheit zurückversetzt, aber nicht wieder voll und ganz in die Gegenwart zurückgeführt worden sind. Einige von ihnen hatten das Gefühl, nicht wieder vollständig in ihren Körper zurückgekehrt zu sein, und andere litten unter einer Überlagerung vergangener Probleme auf gegenwärtige, was sie noch konfuser machte. Diese Probleme entstehen, wenn eine Rückführung ohne die Unterstützung des Höheren Bewußtseins durchgeführt wird.

Auch ist es unerläßlich, bei einer Rückschau stets das Höhere Bewußtsein zu fragen:
- Was habe ich aus diesem Leben gelernt?
- Habe ich Fortschritte oder Rückschritte gemacht?
- Wie kann mein gegenwärtiges Leben dazu beitragen, diese Lektionen zu lernen?
- Welche körperlichen und psychischen Probleme habe ich in dieses Leben mitgenommen?
- Welche Ängste, Eigenarten und Ansichten stammen aus der Vergangenheit?
- Welche Rollen aus der Vergangenheit muß ich aufgeben?

Die Antworten auf diese Fragen erhellen die in der Gegenwart noch zu erfüllenden Aufgaben.

Wir borgen uns die verschiedenen Dinge, die wir zum Leben brauchen, und die Menschen, mit denen wir in guten oder schlechten Beziehungen zusammenleben, nur für eine bestimmte Zeit in jeder Inkarnation aus. Sind wir jedoch mit diesen Menschen oder Dingen zu eng verbunden, legen wir uns und den anderen Fesseln an. Wenn sich der Mensch von der Macht, die andere Menschen oder Dinge über ihn ausüben, löst und es ihm gelingt, keine weiteren hemmenden Bindungen mehr einzugehen, wird er zur Zeit des Todes seinen Körper und jeden und alles verlassen können, was ihn mit dieser Inkarnation verbunden hat. Nur so kann er einen bewußten Tod erfahren und feststellen, daß er zwar immer noch lebt, aber der Beengtheit des Körpers entflohen ist und sich von seinen Zwängen befreit hat. Er kann dann dem strahlenden Licht folgen, das ihn in eine andere, leichtere Daseinsform mit einem weniger dichten, fließenden Körper führen wird. Häufig wird auch Kontakt zu Familienmitgliedern und anderen geliebten Menschen aufgenommen, die bereits diese gegenständliche Welt verlassen haben. Sie empfangen den Neuankömmling und begleiten ihn in diese andersartige Daseinsform. Stirbt ein Mensch bewußt, d. h., wird er nicht durch Tabletten betäubt oder ruhiggestellt oder befindet er sich nicht in tiefer Bewußtlosigkeit, kann er oft die außerweltliche Musik beschreiben, die er hört, die außergewöhnlichen Farben, die er sieht, und die Freude, die er empfindet, sich mit seinen Lieben wiederzuvereinen, die ihn an der Todesschwelle willkommen heißen.

Manchmal tritt jedoch auch das Gegenteil ein. Der Sterbende hat Angst vor dem Tod und zögert, die Menschen und Dinge zu verlassen, an denen er ungebührlich hängt. Auch kann er sich aus unbekannten persönlichen Gründen fürchten, Familienmitglieder wiederzutreffen. In solchen Fällen ist es möglich, andere, die bereits ihren physischen Körper verlassen und sich mit der neuen Dimension vertraut gemacht haben, um Hilfe anzurufen. Diese Seelen haben es sich zur Aufgabe gemacht, den Sterbenden zu helfen, die Schwerkraft der Erde zu überwinden und sie in die neue Dimension hinüberzuführen. Sie arbeiten sozusagen als spirituelle Hebammen und überwachen die 'Geburt' in eine andere Dimension, in ein neues Leben.

Träume

Lange bevor sich diese Arbeitsmethode entwickelte, hörte ich jemanden sagen, der Patient träume entsprechend der Freudschen, der Jungschen oder der Trauminterpretation einer anderen psychologischen Schule. Damals habe ich mich über diesen Gedanken mokiert.

Seitdem habe ich die gleichen Erfahrungen machen müssen. Während meiner Beratungen habe ich immer wieder festgestellt, daß meine Klienten, egal wie auch immer sie vorher geträumt hatten, so zu träumen begannen, daß die in den Träumen enthaltenen Botschaften mir eine Interpretation erleichterten. Es war, als ob das Unbewußte sich durch seine Träume der jeweiligen Interpretationsmethode des Therapeuten anpassen würde.

Manche Menschen behaupten mit großer Überzeugung, niemals zu träumen. Diese Behauptung aber stimmt nicht. Jeder träumt. Nicht jeder dagegen erinnert sich an seine Träume, wenn er erwacht.

In den letzten Jahren wurde viel Traumforschung betrieben. Einige der Entdeckungen betreffen den REM-Schlaf (REM = Rapid Eye Movements). Die schnellen Augenbewegungen zeigen an, daß der Schlafende träumt. Da Träume oft wie Schnee in der Sonne schmelzen, wird eine Methode angewandt, die die Erinnerung an Träume erleichtert. Sobald beim Schlafenden die Augenbewegungen festgestellt werden, weckt man den Schläfer auf und bittet ihn, den soeben erlebten Traum zu erzählen. Auf diese Weise können Menschen, die sich bislang an keinen einzigen Traum erinnern konnten, über alle Einzelheiten ihrer Träume berichten. Nicht jeder kann und will sich jedoch einem solchen Verfahren unterziehen. Es bedarf einer einfacheren Methode, damit sich Menschen ihrer Träume erinnern, einer Methode, die regelmäßig angewandt werden kann. Nur wenige Menschen wissen beispielsweise, daß sie um einen klärenden Traum, der Licht auf eine bestimmte Situation wirft, bitten können. Dieses Wissen jedoch spornt den Betreffenden an, seinen Traum nicht zu vergessen und sofort nach diesem Traum aufzuwachen.

Schon viele Menschen haben mich nach einer geeigneten Methode gefragt, mit der sie ihre Träume aufzeichnen können. Normalerweise schlage ich vor, einen Cassettenrecorder auf den Nachttisch zu stellen und den Traum sofort nach dem Erwachen auf die Cassette zu sprechen. Später kann er dann in Ruhe übertragen werden.

Kann diese Methode aus irgendeinem Grund nicht angewandt werden, gibt es eine andere Möglichkeit. Man legt neben das Bett einen Schreibblock, Bleistift und eine kleine Taschenlampe. Der Träumende kann so, ohne seinen Partner neben sich aufzuwecken, seinen Traum aufschreiben. Schläft er dagegen allein, kann natürlich Licht angeknipst werden. Selbst mit diesen Hilfsmitteln stellen jedoch manche Menschen zu ihrer Bestürzung fest, ihre eigene Schrift am nächsten Morgen nicht mehr lesen zu können. Deshalb sprechen viele ihre Träume lieber auf ein Tonband.

Niemals werde ich die Klientin vergessen, die mir erklärte, noch nie geträumt zu haben. Ich erwiderte, ich sei mir ganz sicher, daß sie träume, sich aber aus irgendwelchen Gründen nicht an diese Träume erinnern könne, und fragte sie, ob sie jemals vor dem Einschlafen um einen Traum gebeten habe. So etwas Seltsames sei ihr noch nie eingefallen, antwortete sie. Daraufhin forderte ich sie zu dem kleinen

Experiment auf, ihr Unbewußtes sanft aber bestimmt um einen Traum zu bitten, an den sie sich auch nach dem Erwachen noch erinnern könne.

Am nächsten Morgen klingelte mein Telefon früher als gewöhnlich. Mit aufgeregter Stimme begrüßte mich die Klientin vom Vortag und sagte: "Hoffentlich habe ich Sie nicht geweckt, aber ich konnte einfach nicht länger warten. Das Experiment ist geglückt!" Sie hatte um einen Traum gebeten und war überrascht, sich früh morgens zum erstenmal in ihrem Leben noch lebhaft an einen Traum erinnern zu können. Schnell fügte sie noch hinzu, daß der Traum kurz und nichtssagend sei und sicherlich auch unbedeutend. Aber sie hatte sich an ihn erinnert.

Es gibt viele verschiedene Träume. Man unterscheidet zwischen objektiven und subjektiven Träumen: Erstere werden gewöhnlich von übersinnlich veranlagten Menschen geträumt, die sich dieser Tatsache wohl auch bewußt sind und wissen, daß sie von konkreten Ereignissen und wirklichen Menschen träumen. Diese Träume sind unverwechselbar und müssen selten gedeutet werden. Ihre Aussage ist klar, besonders wenn die Ereignisse des Traumes tatsächlich eintreten.

Aus diesem Grund werde ich nur subjektive Träume und ihre Botschaften besprechen, denn sie können dem Träumenden helfen. Viele Menschen erzählen, von jüngsten Ereignissen geträumt zu haben, was auch häufig der Fall ist. Das Unbewußte webt konkrete Erfahrungen in das Traumgefüge ein, um so dem Träumenden eine gewünschte Botschaft zu übermitteln. Achten wir auf unsere Träume, können wir oft zu unserer Überraschung feststellen, daß sie Richtlinien für verschiedene Lebensbereiche enthalten. Träume können besonders hilfreich sein, um verschiedene, oft unbewußte Aspekte eines Menschen aufzudecken, die dann integriert werden können.

Unser innerstes Wesen ist Gott. Unsere Persönlichkeit dagegen wurde vom Ego erschaffen. Es versteckt unsere göttliche Identität und versklavt uns. Wir reisen nicht zu einer entfernten, unerreichbaren Gottheit, sondern müssen nur die Hüllen der Dunkelheit entfernen. Das bedeutet, daß wir uns aller Schwächen, Täuschungen, Mißverständnisse, Ängste, Vorurteile und aller ego-bezogenen Unwahrheiten entledigen müssen, um mit dem Menschen übereinzustimmen, der wir wirklich sind. Solange wir das aber nicht wissen und wir uns dieser Überlagerungen nicht vollständig bewußt sind, können wir sie auch nicht entfernen.

Träume können uns helfen, unbewußte Aspekte unserer Persönlichkeit aufzudecken. Identifizieren wir uns mit den Charakterzügen unserer Traumgestalten, können wir Einblicke in unbewußte Ansichten, Handlungen, Eigenarten, Gefühle und Gedanken bekommen, die nicht unbedingt uns selbst ausdrücken. Wir alle haben unbewußte Neigungen; das bedeutet aber auch, daß wir von ihrem Wirken in uns buchstäblich nichts wissen. Träume können auf sie aufmerksam und sie uns bewußt machen. Nur so können wir mit ihnen umgehen.

Die Sprache des Unbewußten drückt sich, wie ich bereits dargelegt habe, in Bildern und Symbolen aus. Das chinesische Sprichwort gibt es treffend wieder: "Ein Bild sagt mehr als tausend Worte." Viele der sehr alten Schriften, wie die chinesische, die japanische oder ägyptische, setzten sich aus Bilderschriftzeichen zusammen, die in klaren und einfachen Bildern die gewünschte Botschaft veranschaulichten. Im Laufe der Zeit aber vereinfachten sich diese Schriftzeichen, bis die ursprünglichen Bilder kaum noch erkennbar waren. Dieser Prozeß schritt jedoch so langsam voran, daß auch die vereinfachte Version genauso verständlich blieb, wie das ursprüngliche Pictogramm. Erst sehr viel später entstand das nicht bildhafte Alphabet.

Das Unbewußte ist der älteste und der primitivste Teil unseres Gehirns. Daraus läßt sich ableiten, daß er schneller und umfassender auf diese ursprüngliche bildhafte Methode der Kommunikation reagiert. Ein Bild oder ein Symbol versinnbildlicht eine Idee oder ein Konzept. Worte dagegen können enttäuschen, wenn durch sie der gewünschte Gedanke nicht klar ausgedrückt werden kann.

Wir müssen mit dem Unbewußten zusammenarbeiten, damit in unserem Leben eine Veränderung und ein Reifeprozeß stattfinden kann. Um dem Unbewußten unsere Wünsche mitzuteilen, sollten wir seine Sprache wählen. Nur so können wir es anweisen, uns zu den gewünschten Ergebnissen zu verhelfen. Aber auch wir sollten versuchen, seine durch die Träume übermittelten Botschaften zu verstehen. Auf diese Weise können wir in beiden Richtungen kommunizieren. Das Unbewußte ist einfach und wahrhaft weise, und manchmal prüft es mit kleinen Hinweisen, ob wir bereit und offen sind, eine vollständige Botschaft zu empfangen. Die Träume, die es dazu benutzt, nenne ich die 'Necker'. Auf alle ihm übermittelten Botschaften versucht das Unbewußte mittels Gedanken und Gefühlen zu reagieren. Wir dagegen senden ihm nicht immer einfache und unkomplizierte Anweisungen, denn unsere Gedanken sind nicht immer klar und stehen oft mit unseren Wünschen im Widerstreit. Meistens betonen wir unser Denken zu stark und vernachlässigen unser Gefühl. Durch emotionale Energie aber wird das Unbewußte geprägt und beeinflußt. Gefühle erreichen es schneller und präziser als Gedanken und Worte.

Um die in unseren Träumen enthaltenen Botschaften interpretieren zu können, müssen wir unsere Gefühle und unsere Intuition stärker entwickeln und intensiver einsetzen, als unseren Intellekt und unsere Sinneswahrnehmung. Einen Traum zu erfühlen, seine Bedeutung durch Intuition zu erfassen, ist der beste Weg, um ihn zu verstehen.

Mit Hilfe der oben beschriebenen Richtlinien wird es uns leichter fallen, die Botschaften unserer Träume zu entziffern. – Die Traumsprache drückt sich durch viele Symbole aus. Will man jedoch die in Träumen übermittelten Botschaften verstehen, sollte man zunächst die Bedeutung der am häufigsten erscheinenden Symbole kennen.

Allgemeine Symbole

Symbole können von allgemeingültiger oder von nur persönlicher Bedeutung sein. Ein allgemeines Symbol enthält eine Botschaft, die sich seit Jahrhunderten weltweit in diesem Symbol ausdrückt. Ein rein persönliches Symbol dagegen stammt aus individuellen Erfahrungen. Um Botschaften in Träumen zu enträtseln, sollten beide Möglichkeiten in Betracht gezogen werden.

Die allgemeingültigen, anerkannten Bedeutungen sollten zuerst betrachtet und erst dann die persönliche Deutung vorgenommen werden. Beide Deutungen zusammen ermöglichen dem Träumenden, die Aussage des Traumes und die Botschaften zu verstehen, die ihm sein Unbewußtes zu übermitteln versuchte, um ihn auf eventuell notwendige Veränderungen seines Lebens aufmerksam zu machen.

In diesem Buch ist es nicht möglich, dieses Thema in seiner ganzen Tiefe auszuschöpfen. Vielleicht kann es dem Leser jedoch helfen, den Sinn einiger Symbole, die am häufigsten im Traum erscheinen, zu umreißen, um die Bedeutung eines Traumes zu enträtseln. Das kann ein faszinierendes Abenteuer sein.

Zunächst sollten die in einem Traum erscheinenden Menschen untersucht werden. So, wie lebende Menschen im Traum einen unbewußten Aspekt von uns widerspiegeln können, können auch unbekannte Traumcharaktere Facetten des Träumers widerspiegeln. Die Handlung des Traumes selbst kann mit der Handlung eines Theaterstückes verglichen werden, in dem die verschiedenen Darsteller ihre Bedürfnisse, Identitäten und Wünsche ausleben.

Ist der Träumende im Traum selbst anwesend, wird dadurch der größte Teil seiner Persönlichkeit repräsentiert. Nur sehr wenige Menschen jedoch handeln, denken, fühlen und sprechen als eine ganze, in sich abgerundete Person. Meistens scheint die Person aus vielen Teilen, die den Darstellern eines Theaterstückes entsprechen, zusammengesetzt zu sein. Manchmal sind diese Darsteller gut aufeinander eingespielt, oft jedoch liegen sie im Widerspruch miteinander. Träume geben die verschiedenen Teile der Persönlichkeit wider und wollen dem Träumenden bewußtmachen, auf welche Weise diese verschiedenen Aspekte besser aufeinander abgestimmt werden können.

Beschäftigt sich ein Mensch ernsthaft mit seinen Träumen, so können alle männlichen oder Yang-Aspekte zu einer einzigen männlichen Form, alle weiblichen oder Yin-Aspekte zu einer einzigen weiblichen Form verschmelzen und sich in einer symbolischen Hochzeit vereinen; Yin und Yang, Herz und Verstand verschmelzen, oder anders ausgedrückt, Gefühl und Intuition vereinigen sich mit Intellekt und Sinneswahrnehmung. Diese innere Vereinigung kann im Traum durch ein begabtes Kind versinnbildlicht werden, das zu einer ausgewogenen, neuen Persönlichkeit heranwächst. Diese neue Persönlichkeit wird voll bewußt und befähigt sein, die kraftvolle Energie des Höheren Bewußtseins zu empfangen und, wenn die Zeit gekommen ist, sich mit ihm zu vereinen.

Wie schon gesagt, verkörpert jede Person eines Traumes einen Teil des Träumenden, wobei manche Teile stärker ausgeprägt sind als andere. – Von vertrauten Menschen, die im Traum erscheinen, können einige Freunde sein und andere nicht. Um die Bedeutung zu verstehen, sollte sofort nach dem Erwachen jeder Einfall niedergeschrieben werden, der das Wesen der entsprechenden Traumfigur erhellt. Nachdem alle wesentlichen Merkmale notiert worden sind, kann die Handlung des Traumes genau betrachtet werden, um festzustellen, wie sich die mannigfaltigen Facetten gegenseitig beeinflussen.

Angenommen, der Träumende identifiziert einen ihn im Traum angreifenden Menschen als selbstsüchtig, so kann mit Sicherheit davon ausgegangen werden, daß ein sehr selbstsüchtiger Aspekt des Träumenden einen wesentlichen Teil seines Selbst untergräbt. Der Träumende selber ist selbstsüchtig, obwohl er es gar nicht sein will und Selbstsucht verabscheut.

Kinder und Säuglinge in Träumen können erst kürzlich entwickelte Eigenschaften symbolisieren oder Facetten des Träumenden wiedergeben, die auf kindhafter Ebene verblieben sind und erlöst werden sollten. Es ist wichtig, das Alter des Kindes zu bestimmen, diese Jahre sind dann zurückzuzählen, um festzustellen, was dem Träumenden zu jener Zeit zugestoßen und bisher nicht verarbeitet worden ist.

Eine andere Möglichkeit besteht darin, sich in das entsprechende Alter des Kindes zurückzuversetzen, um festzustellen, was das Heranreifen dieses Aspektes, dieser Eigenschaft, Begabung oder Befähigung damals verzögert hat. Dieser das Kind verkörpernde Aspekt sollte gepflegt und angenommen und auch dazu ermutigt werden, das reale Alter des Träumenden zu erreichen. Er kann dann in die ganze Persönlichkeit des Träumenden mit einbezogen werden und muß nicht zu unpassender Zeit auf kindische Art ausbrechen.

Menschen mit dunklem und schemenhaftem Gesichtsausdruck verkörpern oft unbewußte Teile des Träumenden. Sie offenbaren irgendwann einmal unterdrückte positive oder negative Aspekte, die nach Erlösung suchen. Handelt es sich um einen negativen Aspekt, sollte er mit Hilfe der 'Acht' und der vom Höheren Bewußtsein vorgeschlagenen Methode abgelöst werden. Ist der Aspekt hingegen positiv, sollte er willkommen geheißen und ermutigt werden, ein Teil der ganzen Persönlichkeit zu werden. Das Höhere Bewußtsein kann um die erforderliche Energie gebeten werden, um den unterdrückten Aspekt stark und mutig werden zu lassen, damit er sein Versteck im Unbewußten aufgeben und ein Teil der ganzen Persönlichkeit werden kann.

Offensichtlich kranke, verkrüppelte, verängstigte oder sonstwie gestörte Traumcharaktere sollten geheilt, getröstet, beruhigt und geliebt werden. Auch sie verkörpern Teile des Träumenden, für die er Verantwortung übernehmen muß. Das Höhere Bewußtsein kann um Anleitung gebeten werden, wie diese Aspekte zu behandeln sind.

Erscheint dem Träumenden eine bekannte Person im Traum, verkörpert diese normalerweise einen bewußten Aspekt oder eine bewußte Facette des Träumenden. Es ist wichtig, ihre Qualität festzustellen und die Einstellung des Träumenden dazu. Die Eigenarten, Gesinnungen, positiven und negativen Veranlagungen dieser Person sollten kurz umrissen werden, so daß die sie verkörpernde Persönlichkeitsfacette durch ihre Wechselwirkung mit andern Traumcharakteren leicht festgestellt werden kann.

Oft sind Menschen bestürzt, auf diese Weise mit Aspekten ihrer Persönlichkeit konfrontiert zu werden. Man sollte jedoch nicht vergessen, daß diese Facetten sich im Leben des Träumenden auswirken.

Hat der im Traum ausgelebte Aspekt einen negativen Einfluß, sollte um ihn die 'Acht visualisiert und diese Übung zwei Wochen lang praktiziert werden. Oft reicht das aus, um die Macht oder den Einfluß dieses Aspektes zu verringern. Vorsichtshalber sollten aber die beiden Kreise unter Anweisung des Höheren Bewußtseins getrennt werden, um eine weitere Dominierung zu verhindern. – Gleichzeitig sollte der Einfluß dieser Facette auf das tägliche Leben beobachtet werden. Wann immer das unerwünschte, erst jüngst erkannte Verhalten bemerkt wird, sollte, zur Minderung seines Einflusses, die 'Acht' visualisiert werden, und jedes Verlangen, dieses Verhalten auszuleben, sollte aufgegeben werden. Alles, was das Höhere Bewußtsein als Ersatz für die hinterlassene Leere des aufgegebenen Aspektes schickt, kann eingeatmet und jede Bindung an den Aspekt ausgeatmet werden.

Sind die Traumcharaktere dem Träumenden jedoch nicht bekannt, sollten die sie symbolisierenden Eigenschaften durch ihre Interaktionen festgestellt werden. Versteckte eigene Fehler zu entdecken kann verheerend sein. Niemand erkennt gerne seine eigenen Mängel. Schwächen anderer zu erkennen und zu kritisieren ist viel einfacher. Aber nur wir allein tragen die Verantwortung für unser Leben, für das Leben anderer sind wir nicht verantwortlich. Diese Verantwortung tragen die anderen selbst.

Je bereiter wir sind, unser eigenes Haus in Ordnung zu bringen, um so weniger werden wir versuchen, über andere zu urteilen, und nur so können wir ein lebendiges Beispiel für andere sein. Wenn wir an unseren eigenen Problemen arbeiten, können wir irgendwann einmal unsere gewonnenen Einsichten mit anderen teilen.

Tiere

In unseren Träumen erscheinen nicht nur Menschen, sondern auch oft wilde oder auch zahme Tiere. Tiere symbolisieren unsere angeborenen Instinkte, Verhaltensweisen, die wir nicht erlernen müssen. Sie beschützen uns und erhalten uns am Leben. Kinder werden mit elementaren, allen lebenden Wesen gemeinsamen Instinkten geboren.

Tiere erscheinen häufig in Fabeln, Mythen und Märchen sowie in Kinderspielen und alten Sprichwörtern. Diese Quellen sollten für eine mögliche Deutung überprüft werden. Der Satz "Er ist wie ein Frosch in einem kleinen Teich" beschreibt z. B. einen Menschen, der lediglich auf seinem Gebiet wichtig ist, aber auf andern Gebieten nichts zu sagen hat. – Eine Fabel beispielsweise erzählt von einem Frosch, der verzweifelt versucht, wichtig zu erscheinen. Er bläst und bläst sich immer mehr auf, um größer zu werden, so lange, bis er zerplatzt. Leider ist das auch oft bei Menschen der Fall, die sich zu wichtig nehmen und Opfer ihrer Überheblichkeit werden.

Wilde Tiere

Erscheinen wilde Tiere im Traum, wie beispielsweise. Bären, Elefanten, Löwen oder Tiger, sollte der Träumende zuerst feststellen, was diese Tiere für ihn persönlich bedeuten, und dann die allgemeingültige Bedeutung dieser Tiere betrachten.

Viele Menschen werden im Traum von einem wilden Tier gejagt. Das bedeutet, sie werden von einem ihrer eigenen, wilden Instinkte – je nachdem, welche Bedeutung dieses Tier symbolisiert – beherrscht. Wir alle haben angeborene, wilde Instinkte in uns. Sie entstammen noch unserer ursprünglichen Tiernatur und sind das Fundament unseres evolutionären Weges. Probleme erwachsen nur dann, wenn diese Instinkte Macht über uns ausüben.

Zahme Tiere oder Haustiere

Träumt man von Haustieren wie beispielsweise von Katzen, Hunden, Pferden, Vögeln in Käfigen, Fischen, Hasen, Hamstern und anderen Lieblingstieren, so bedeutet das, daß die Instinkte gezähmt sind und von der Person bewußt kontrolliert werden.

Hunde und Katzen

Hunde symbolisieren extravertierte oder nach außen gerichtete Veranlagungen, während Katzen mehr introvertiertes, häusliches und zurückgezogenes Verhalten anzeigen. Beide Verhaltensweisen sind für das innere Gleichgewicht eines Menschen von gleicher Bedeutung. Sie sollten aber der jeweiligen Situation entsprechend bewußt eingesetzt werden. Eine Rolle sollte nicht ausschließlich auf Kosten der anderen gespielt werden. – Eine ausführlichere Beschreibung dieser beiden Rollen habe ich in meinem ersten Buch 'Die inneren Fesseln sprengen' gegeben.

Ist im Traum ein Hund krank oder tot, bedeutet das eine Warnung für den Träumenden, zu introspektiv, also nicht genügend nach außen gerichtet zu sein. Erscheint eine kranke oder verlorengegangene Katze im Traum, ist das hingegen eine Warnung, zu extrovertiert zu sein. Der Träumende sollte mehr Zeit zum Nachdenken finden.

Wird der Träumende von einem Hund oder einer Katze angegriffen, ist es hilfreich festzustellen, wie ihn der diesem Tier zugeschriebene Aspekt angreift, damit die notwendige Abhilfe geschaffen werden kann. Dies gilt auch für Angriffe durch andere Tiere.

Pferde

Das Pferd im Traum symbolisiert den persönlichen instinktiven Lebensweg eines Menschen. Es ist eines der wichtigsten Symbole, denn unser Leben gründet auf Instinkten. Wir müssen mit ihnen in Berührung bleiben und ihre Funktion verstehen, damit diese Instinkte uns beschützen und uns sicher und erfolgreich durch das Leben führen können. Ein gut ausgebildetes Pferd führt seinen Reiter durch jedes Gelände und trägt ihn über jede Hürde.

Wir sollten unsere Instinkte so ausbilden und leiten, daß sie jeder Situation gerecht werden. Andererseits dürfen wir aber auch nicht zulassen, daß sie mit uns durchgehen. Wir müssen sie kontrollieren.

Ist ein Pferd in einem Traum krank oder verletzt, ist die Funktion eines Instinktes beeinträchtigt. Eine sehr wirkungsvolle Übung wäre, sich wieder in diesen Traum zurückzuversetzen und sich der Bedürfnisse des Pferdes anzunehmen, es beispielsweise zum Tierarzt zu führen, zu füttern, mit ihm zu sprechen, es zu streicheln und wie ein wirkliches, lebendes Tier zu behandeln. Oft bedarf es nur dieser Ermunterung, damit es seinem Herrn wieder dient. Außerdem sollte im täglichen Leben nach Signalen gesucht werden, die andeuten, in welchen Bereichen uns die Instinkte nicht mehr genügend unterstützen.

Fische

Fische symbolisieren Aspekte eines Menschen, die im Unbewußten arbeiten und noch nicht in das Bewußtsein aufgetaucht sind. Werden diese noch unbewußten Aspekte in den gegenüberliegenden Kreis der Acht gestellt, können sie meist wahrgenommen werden. Erkennt und bestätigt der Mensch diesen Aspekt als einen Teil seines Selbst, kann er entscheiden, ob er ein Gewinn oder ein Problem für ihn ist, und dann die entsprechenden Übungen anwenden. (Frösche und Kröten sind Amphibien. Sie symbolisieren zeitweilig bewußte oder unbewußte Teile des Träumenden.)

Vögel und Schmetterlinge

Vögel symbolisieren den Geist oder ein erhöhtes (erweitertes) Bewußtsein, das sich wie ein Vogel zu großen Höhen hinaufschwingen kann, frei von den Fesseln der erdgebundenen Geschöpfe. Eine Feldlerche ist wohl für diese freudvolle Freiheit das beste Beispiel. Erscheint ein kranker oder toter Vogel im Traum, kann es den Tod oder das Schwächerwerden eines Gedankenfluges oder einer Sehnsucht bedeuten. Welche erhebende Idee oder welcher Plan kränkelt oder ist gestorben? Was veranlaßte den Träumenden, sich vom Höheren Bewußtsein und seiner Führung zu entfernen und sich zu materiellen Dingen und Tätigkeiten hinzuwenden?

Die einzelnen Vogelarten haben ihre besondere Bedeutung. Ein Pfau steht für Stolz; man sagt auch "stolz wie ein Pfau". Das kommt höchstwahrscheinlich von der Art, wie er herumstolziert und seine wunderschönen Federn zeigt.

Die Taube ist zum Symbol des Friedens geworden. Sie kann aber auch anzeigen, daß sich der Träumer nach einer Zeit der Unsicherheit auf etwas Neues hinbewegt. So wie Noah eine Taube aussandte, um feststellen zu können, ob die Sintflut nach langer Seefahrt zurückgegangen war.

Der Kolibri stellt einen rastlosen Aspekt im Menschen dar. Er schwirrt von Blume zu Blume, um am Honig zu nippen; ähnlich wie Menschen, die von Veranstaltung zu Veranstaltung hetzen, um geistige Nahrung zu finden.

Schmetterlinge haben manchmal eine ähnliche Nebenbedeutung. Sie können aber auch das Auftauchen aus dem Raupenstadium, in dem alles verzehrt wird, was die Welt zu bieten hat, als auch Aufwachen aus dem Stadium der Schmetterlingspuppe, die zurückgezogen von der äußeren Welt lebt, ankündigen (diese Entwicklungsstufe wird auch als 'die dunkle Nacht der Seele' oder 'die Wolke der Unwissenheit' bezeichnet, in der sich der Mensch in einen fließenden, unsicheren Zustand begibt). Befreit sich der Schmetterling aus seiner Zurückgezogenheit und beginnt er zu fliegen, deutet das auf einen Durchbruch zu einer anderen Ebene.

Erscheint ein Adler im Traum, symbolisiert das eine große, geistige Sehnsucht, wie es in Jesaja 40,31 geschrieben ist: "Die auf den Herrn harren, erhalten neue Kraft, daß sie auffahren mit Flügeln wie Adler, daß sie laufen und nicht matt werden, daß sie wandeln und nicht müde werden."

Yin und Yang

Alle im Traum erscheinenden Gegenstände können in zwei Hauptkategorien eingeteilt werden, in Yin oder Yang, Herz oder Verstand, weiblich oder männlich.

Symbole, die Yang-Eigenschaften verkörpern, haben die Form des männlichen Geschlechtsorgans. Sie sind lang, zugespitzt, phallisch und sind im Handeln bestimmt und zielstrebig. Gewehre, Stöcke, Stäbe, Stangen, Dolche und Schwerter sind Yang-Symbole. Sie verkörpern das Denken und den aktiven Teil der beiden Geschlechter.

Gegenstände, denen Yin-Eigenschaften zugesprochen werden, haben die Form der weiblichen Geschlechtsorgane. Sie ähneln einer Schüssel, einem Behälter oder einem Gefäß. Sie sind empfangend und annehmend. Taschen, Geldbeutel, Urnen, Krüge, Vasen und selbst Höhlen gehören in diese Kategorie. Sie haben mit dem Gefühl und Gemüt von Mann und Frau zu tun.

Aussprüche wie "Er hat einen messerscharfen Verstand" oder "Sie ist eine alte Schachtel" geben Beispiele für Yin- und Yang-Eigenschaften. Seiner Form entsprechend bezieht sich ein Gegenstand auf die Gefühle oder den Intellekt des Träumenden. Die Botschaft kann durch die Bedeutung der jeweiligen Traumhandlung herausgefunden werden.

Verliert jemand im Traum eine Tasche, eine Geldbörse oder einen Koffer, signalisiert das, die Fähigkeit, zu fühlen und zu empfangen, verloren zu haben. Verliert man im Traum jedoch einen Stock oder ein Gewehr, ist das ein Signal für den Verlust der Denk- und Handlungsfähigkeit. Wird im Traum auf jemanden geschossen, bedeutet das Unbewußte damit, daß der Verstand des Träumenden zu aggressiv ist.

Fahrzeuge

Ein Fahrrad symbolisiert den ausgewogenen persönlichen Lebensweg der betreffenden Person. Fährt der Träumende auf einem Fahrrad, zeigt das die Ausgewogenheit von Sinneswahrnehmung und Intellekt, Intuition und Gefühl oder männlichen und weiblichen Eigenschaften an.

Ein Rollstuhl deutet an, daß der im Rollstuhl symbolisierte Teil des Menschen auf irgendeine Weise verkrüppelt ist und von dem Aspekt abhängt, der von der Person, die ihn schiebt, verkörpert wird.

Ein Auto im Traum symbolisiert den routinemäßigen Lebensablauf eines Menschen und bezieht sich auf die tägliche Arbeit oder die persönliche Karriere des Träumenden. So symbolisiert z. B. das Auto eines Arztes seine Arztpraxis, das Auto eines Geschäftsmannes sein Geschäft, das Auto einer Mutter ihre täglichen Aufgaben, das Haus zu versorgen, Kinder zu erziehen, einzukaufen und die unzähligen anderen Pflichten zu erfüllen. – Geht ein Auto im Traum verloren oder wird es beschädigt, muß zuerst der Bezug dieser Botschaft zum täglichen Leben des Träumenden festgestellt werden. Sie kann ihn z.B. darauf hinweisen, daß er möglicherweise seinen Arbeitsplatz verlieren wird oder die Arbeit nicht ordnungsgemäß ausführt. Die wahre Bedeutung aller Träume liegt im Träumenden selbst. Es ist weise, das Höhere Bewußtsein zu bitten, die Botschaft zu entziffern. – Ein Taxi als vorübergehendes Beförderungsmittel zeigt eine vorläufige Arbeit oder Beschäftigung an. Es ist als Übergang oder Brücke zu einer neuen Tätigkeit zu verstehen.

Steuert man im Traum das Auto nicht selbst, sondern jemand anders, ist das ein Hinweis darauf, daß man die Verantwortung für seinen Lebensweg nicht voll und ganz übernimmt, sondern sie nur einem Teil seines Selbst überläßt. Steuert eine Frau das Auto eines männlichen Träumers, wird ihm die Botschaft übermittelt, daß er seine weniger ausgebildete Fühlfunktion bei der Arbeit einsetzt, statt der gut ausgebildeten Funktion des Denkens. Träumt eine Frau hingegen, daß ein Mann ihr Auto steuert, so läßt sie sich von ihrem Intellekt, der ihre natürlichen Emotionen überschattet, leiten. Der wesentliche Teil einer Persönlichkeit aber sollte die Verantwortung übernehmen, damit die Arbeit gut und ausgewogen verrichtet werden kann.

Busse, Züge, Straßenbahnen und auch andere größere, öffentliche Verkehrsmittel symbolisieren im Traum den eigenen Lebensweg in einer Arbeitsgemeinschaft oder einem Arbeitsbereich an. Das kann die Firma sein, in der man arbeitet, die Schule, in der man unterrichtet, oder das Krankenhaus, in dem man praktiziert.

Flugzeuge symbolisieren Einbildungen, Sehnsüchte, Pläne, Träume, Ehrgeiz und Phantasien. Ein Flugzeug jedoch kann sich nicht ständig in der Luft aufhalten. Wenn der Treibstoff oder die Energie verbraucht ist, fällt es herunter und zerschellt. Soll ein Plan im täglichen Leben ausgeführt werden, muß das Flugzeug landen. Das bedeutet, der Träumende muß seine Hoffnungen und Sehnsüchte auf den Boden der Tatsachen stellen, sie also von der abstrakten Ebene bloßer Gedanken in die Tat umsetzen.

Schiffe und Boote sind Yin oder weiblich und symbolisieren den gefühlsmäßigen Weg durch das Leben oder das Gefühlsleben des Betreffenden. Wenn man träumt, daß ein Schiff gestrandet und nicht mehr seetüchtig ist oder im Trockendock liegt und auf Reparatur wartet, bedeutet das normalerweise, daß der eigene Lebensweg emotional unbefriedigend ist und deshalb neu überdacht und korrigiert werden muß; so, wie ein Schiff ausgebessert und wieder von Stapel gelassen wird, wenn es seetüchtig sein soll.

Häufig habe ich Klienten in ihre Träume zurückgeführt und sie angewiesen, unter Führung des Höheren Bewußtseins ihr Schiff wieder flott zu machen. Dieses innere Arbeiten kann

Tage oder sogar Wochen dauern. Die gewonnene Freiheit aber, wieder zu fühlen und zu empfinden, ist die Mühe wert.

Häuser

Ein Haus im Traum symbolisiert das gesamte Leben eines Menschen. Die Bedeutung der einzelnen Räume entspricht ihrer Verwendung. Viele Menschen träumen von einem Haus, das nicht ihr eigenes ist. Das bedeutet darauf hin, daß der Betreffende nicht alle seine Fähigkeiten auslebt. Träumt man von einem Haus, in dem man als Kind gelebt hat, kann das ein Hinweis darauf sein, daß man sich in manchen Bereichen seines Lebens noch als Kind benimmt oder immer noch unter dem Einfluß der Eltern steht. Träumt man, in einem unbekannten Haus zu wohnen, lebt man vielleicht so, wie viele andere auch, aber nicht nach den eigenen Maßstäben.

Hotels, Motels oder Gasthöfe bedeuten, da sie nur eine vorübergehende Herberge sind, daß sich eine Veränderung anbahnt und der Träumende neue Erkenntnisse über sich erlangen wird. Ein späterer Traum wird vielleicht als Vorbote eines neuen Lebensabschnittes zeigen, wie der Betreffende in ein neues Haus einzieht.

Die einzelnen Räume des Hauses übermitteln wichtige Botschaften entsprechend ihrer täglichen Verwendung. So bezieht sich der Keller auf das Unbewußte. Dort bewahrt man sowohl Plunder als auch Schätze auf, die möglicherweise seit der Kindheit unterdrückt worden sind.

Oft ist es eine große Erleichterung, am inneren Traumhaus zu arbeiten, es wieder in Ordnung zu bringen, es zu reinigen oder auszubessern. Dadurch wird sehr oft deutlich, was man im täglichen Leben zu unternehmen hat, um sich umfassender auszudrücken.

Träume, in denen man sich im Badezimmer aufhält, um sich dort entweder zu baden oder zu duschen, die Hände zu waschen, in die Toilette zu urinieren oder den Darm zu entleeren, sind häufig. Die zuerst aufgeführten Handlungen symbolisieren die äußere Reinigung, d.h., die äußeren Umstände des Menschen bedürfen einer neuen Regelung. Der Besuch der Toilette weist auf eine innere Reinigung hin, wobei negative Facetten, Emotionen oder Gedanken losgelassen werden können. Träumt jemand, er sei verstopft oder könne keine Toilette finden, kann man daraus ableiten, daß er blockiert ist und nicht erkennen kann oder will, was er ablegen sollte. Denn das hätte zur Folge, schlechte Gewohnheiten oder schlechtes Verhalten aufzugeben oder einen unpassenden Lebensstil zu ändern. Aber nur der Träumende und das Höhere Bewußtsein können die wahre Botschaft eines Traumes erkennen. Deshalb sollte das Höhere Bewußtsein bei der Klärung von Träumen immer um Unterstützung gebeten werden.

Wasser

Das Meer symbolisiert im Traum das kollektive Unbewußte. Es enthält alles Geschehen der menschlichen Rasse. Dieses Wissen ist vollständig erhalten, aber ins Unbewußte verbannt.

Kleinere Gewässer, Seen, Teiche, Schwimmbecken oder Lachen, versinnbilden das persönliche Unbewußte, in dem alle Erinnerungen des einzelnen Menschen untertauchen.

Flüsse werden dem Lebensfluß gleichgesetzt; sie weisen auf den vom Schicksal bestimmten Lebensweg hin.

Regen bedeutet meistens Segen. Er ist für das Gedeihen und Wachsen lebenswichtig und kann eine Wüste in eine Oase verwandeln.

Straßen

Autobahnen, Hauptverkehrsstraßen, Straßen und Fußwege versinnbildlichen in Träumen den persönlichen Weg durch das Leben, den vorherbestimmten Pfad.

Persönlicher Traumsymbolismus

Zusätzlich zu der oben beschriebenen allgemeinen oder universalen Bedeutung der Traumsymbole muß die persönliche Assoziation des Träumenden berücksichtigt werden. Es ist nur vernünftig, anzunehmen, daß das Unbewußte für den Träumenden vertraute Symbole auswählt, um seine Botschaften zu übermitteln.

Der Träumende ist oft von seiner Assoziation überrascht, wenn er über den Inhalt seines Traumes gewissenhaft befragt wird. Nur er selbst kann seine Träume entschlüsseln. Unpersönliche und unverfängliche Fragen können jedoch helfen, um die Bedeutung der Träume bewußtzumachen.

Es sollte aber nicht vergessen werden, daß es keine unfehlbare, immer präzise und wirkungsvolle Traumanalyse gibt. Die Trauminterpretation läßt sich nicht in starre Methoden pressen. Analytiker und Klient sollten schöpferisch zusammenarbeiten und über das 'Dreieck' die weise Führung des Höheren Bewußtseins erbitten, um den Traum richtig interpretieren zu können. Ausgezeichnete Ergebnisse können erzielt werden, wenn der Träumende behutsam in den Traum zurückgeführt und das Höhere Bewußtsein gebeten wird, sowohl die einzelnen Traumepisoden, als auch die im Traum enthaltenen wesentlichen Lektionen zu erklären. Die einzige wirklich erfolgreiche Methode ist, das Höhere Bewußtsein immer wieder um Rat zu bitten. Nur das Höhere Selbst kennt alle Antworten. Es ist eine Frage des Hinhörens, nicht des Denkens, einen Traum zu deuten, und es ist eine Frage des Wartens auf erhellende Gedanken, die das Höhere Bewußtsein schickt.

Ich zögere immer, bestimmte Traumbeispiele und deren Deutung anzuführen, da sie sehr persönlich und auf den Träumenden selbst bezogen sind, und es besteht die Gefahr, daß andere Menschen dann versuchen, ihre Träume in gleicher Weise zu interpretieren. Eine aus dem Zusammenhang gerissene Interpretation kann jedoch zutreffend oder auch unzutreffend sein.

Auch noch aus einem anderen Grund zögere ich, zu präzise in der Traumdeutung zu sein. Jeder einzelne sollte gewissenhaft die verschiedenen Botschaften oder die Bedeutung seiner Träume selbst entschlüsseln, so wie er ein Kreuzworträtsel löst, einen Code knackt, mit einem Koan ringt oder ein Puzzle zusammenfügt. Die Bedeutung eines Traumes liegt immer im Träumenden selbst. Deshalb sollte der Therapeut auch keine mögliche Deutung der verschiedenen Symbole vorschlagen und seinen Klienten nur durch Fragen unterstützen, damit er die Bedeutung der einzelnen Traumepisoden selbst herausfinden kann.

Gedanken und Gedanken-formen

Alles, was der Mensch erschaffen hat, ist einem Gedanken entsprungen. Kein Tisch, Haus, Buch oder Gemälde, keine Symphonie und kein Lehrsystem hätte erschaffen werden können, wenn es der Mensch nicht vorher erdacht oder geplant hätte.

Ständig fließt ein ungebrochener Gedankenstrom durch jeden von uns, wenn die bewußten Gedanken nicht durch den Schlaf gedämpft oder von unbewußten oder unterschwelligen Gedanken verdrängt werden, die dann als Träume in das Bewußtsein einbrechen. Mit unseren Gedanken erzeugen wir also fortwährend Gedankenformen oder Gedankenabläufe. Außerdem wiederholen wir die seit unserer Kindheit von unseren Eltern oder anderen Autoritätspersonen erworbenen Gedankensysteme.

Um Gedanken in Materie umzusetzen, müssen abstrakte Begriffe oder Gedanken in Worte gefaßt, durch den Wunsch oder andere Gefühle mit Energie geladen und dann in die Tat umgesetzt werden. So werden Brücken gebaut, Gegenstände hergestellt oder Bücher geschrieben. Viele unserer Gedanken, Hoffnungen und Pläne sind jedoch nicht mit ausreichender Energie oder Begeisterung geladen, um in die Tat umgesetzt werden zu können. Nur wenn Yin- und Yang-Energie zusammenwirken, kann Neues entstehen. Yang ist die treibende, gestaltende und planende Kraft, während Yin die empfangende, brütende und nährende Kraft darstellt.

Je mehr Energie einem Gedanken zufließt und je häufiger er wiederholt wird, um so kraftvoller und erfolgreicher wird er sich ausdrücken. Wir erzeugen also durch unsere Gedanken ununterbrochen, bewußt oder unbewußt, Formen. Folglich sind wir für das, was wir erzeugen auch verantwortlich, denn diese Formen enthalten unsere Energie, die früher oder später wieder zu uns zurückkehrt.

Betrachten wir die Theorie von Reinkarnation und Karma, so folgt daraus, daß wir seit Jahrhunderten mit unseren Gedanken Formen gebildet haben und daß diese Formen entweder schon zu uns zurückgekehrt sind oder irgendwann den Weg zu uns zurückfinden werden, um uns entweder zu fördern oder zu behindern. Daraus könnte ebenfalls geschlossen werden, daß unsere vergangenen Gedanken nicht nur unseren gegenwärtigen Körper geprägt haben, sondern auch unsere Lebensumstände, unsere Beziehungen zu Menschen, unsere Freuden und Leiden. Wir selbst haben ihre guten und schlechten Folgen auf uns zu nehmen. Alles, was wir heute erfahren, ist von uns selbst ins Leben gerufen, durch unsere Gedanken angeregt und durch unsere Gefühle mit Energie geladen worden.

Die Wirkung unserer vergangenen Taten können wir nicht auslöschen. Wir können aber unser Geburtsrecht auf freien Willen geltend machen. Es ist unsere persönliche Entscheidung, die Funktion des Verstandes positiv einzusetzen; unsere Zukunft wird unweigerlich davon beeinflußt werden. Zügeln wir unsere davongaloppierenden Gedanken, so können wir eine mögliche negative Wirkung im Keim ersticken und sie durch positive Gedanken, die unser Leben verheißungsvoller werden lassen, ersetzen. Dadurch können wir es besser kontrollieren und zukünftige Inkarnationen positiv beeinflussen.

So wie der individuelle Gedanke zur Materie wird, werden auch die mannigfaltigen Gedankenformen zu Materie und beeinflussen unser Leben.

Eine universelle Gedankenform ist die Gesamtheit aller Gedanken, Überzeugungen und Erfahrungen vieler Menschen auf einem bestimmten Gebiet über eine lange Zeit. Je emotionaler diese Gedankenform aufgeladen wird, um so mächtiger wird sie. Je mehr Menschen sich einem Gedanken anschließen und ihn mit ihrer Energie versorgen, um so ausgeprägter wird er.

Alle religiösen Rituale, Vorschriften oder Veröffentlichungen, allgemeingültigen Überzeugungen, Sitten, Gebräuche und Gewohnheiten, jeder Aberglaube, alle Süchte und die Vielzahl mannigfaltiger Gedankensysteme, die von vielen Menschen oder Gruppen angenommen und erweitert worden sind, fallen in diese Kategorie. Und alle unsere bewußten oder unbewußten Bindungen können uns mit den mächtigen Gedankenformen verknüpfen, die die uns beherrschenden Gegenstände, Gewohnheiten und Verhaltensweisen regieren. Das Ziel, sehr reich oder mächtig zu werden, kann uns die weitaus mächtigeren Formen erschließen, die dieses Streben kontrollieren.

Gerade als ich dieses Manuskript fertiggestellt hatte und es zum Tippen weitergeben wollte, fiel mir meine therapeutische Arbeit mit verschiedenen vorpubertären Jugendlichen wieder ein, die sehr gut den Einfluß von Gedankenformen veranschaulicht.

Nachdem ich jeden dieser Jugendlichen einzeln gesehen hatte, konnte ich ihr gemeinsames Problem erkennen: Alle hatten Angst und litten unter Alpträumen. Jeder dieser Jugendlichen hatte einen aktuellen Grund für seine Angst, obwohl sie sich unterschiedlich ausdrückte. Da ich die Ursache in einer negativen Gedankenform vermutete, bat ich die jungen Leute um Erlaubnis, mit Hilfe des Höheren Bewußtseins die zugrundeliegende Ursache ihres Problems feststellen zu dürfen.

Auf die Antwort, die ich bekam war ich allerdings völlig unvorbereitet. Mir wurde gezeigt, daß sich diese jungen Menschen durch ihre gemeinsame Angst mit einer Gedankenform verbunden hatten, die sich um alte Pubertätsriten gebildet hatte und über Jahrhunderte von den verschiedenen Volks- und Stammesgruppen weitergereicht worden war.

Nach heutigen Maßstäben sind viele dieser Praktiken sehr einschneidend. In alten Zeiten mußten Kinder, die sich der Geschlechtsreife näherten, sehr gewissenhaft auf alle möglichen Gefahren vorbereitet werden, denen sie als verantwortungsbewußte Männer und Frauen ausgesetzt sein könnten, denn sie hatten ihren Lebensunterhalt einer sehr gefährlichen und feindlichen Umwelt abzuringen. Die Prüfungen, denen sie sich unterziehen mußten, ahmten notgedrungen konkrete Lebensgefahren nach.

Viele Kinder hatten zweifellos nicht nur vor den Prüfungen selbst Angst, sondern auch davor, sie nicht zu bestehen. Sie hätten dann in der Gruppe als Versager weiterleben müssen, unwürdig, als zuverlässige Erwachsene am Gemeinschaftsleben teilzunehmen. – Ihre Angst muß offenbar so groß gewesen sein, daß sie sich als Gedankenform, die sich um die alten Rituale entwickelte, ausgeprägt hat. Im Laufe der Zeit wurde sie durch immer mehr Zeremonien mit weiterer Energie aufgeladen und dadurch immer mächtiger.

Die Jugendlichen hatten sich diesen Ängsten angeschlossen, und ihre Alpträume reflektierten die alten Riten. Sie waren sehr erleichtert, als sie die Ursache ihrer Ängste verstanden und erfuhren, daß ihre lähmende Angst aufgelöst werden könnte.

Erst während unseres letzten Besuches bei Sathya Sai Baba lernte ich, welche Macht negative Gedankenformen über das Leben von Menschen haben. Bis dahin arbeitete ich während meiner Aufenthalte in Sai Babas Ashram immer nur mit einzelnen hilfesuchenden Menschen. Das letzte Mal aber war mein zweiwöchiger Aufenthalt für die vielen Anfragen viel zu kurz.

Zur Zeit meines Besuches war auch eine Bekannte anwesend, die bereits mit vielen Menschen auf die gleiche Art und Weise zusammenarbeitete. Ich schlug ihr vor, ein 'Dreieck' für alle zusammen zu errichten, die um Hilfe baten, und nicht nur für einen einzelnen Menschen. Auf diese Weise konnten wir in dieser kurzen Zeit vielen Menschen gleichzeitig beistehen. Meine Bekannte war von diesem Vorschlag begeistert und erhoffte sich auch Hilfe bei schwierigen Problemen, die an sie herangetragen wurden.

Seit Jahren stelle ich fest, daß während meiner Arbeit oft eine Duplizität der Ereignisse eintritt. Ich bezeichne sie als das Thema der Woche oder des Monats. Ein gutes Beispiel hierfür sind die beiden jungen Frauen (von denen ich im Kapitel 'Lösung von Rollen' berichtet habe), die mich wegen ihres schwachen Selbstwertgefühls um Hilfe baten. Sie besuchten mich hintereinander, und auf Grund ihres Problems entwickelte sich die Babuschka-Übung.

Bald erkannte ich, daß die uns im Ashram vorgetragenen Probleme einen gemeinsamen Nenner hatten. Die meisten Menschen empfanden sich unter dem Einfluß einer sehr mächtigen Kraft, der sie sich ausgeliefert fühlten. Anfänglich merkte ich noch nicht, daß sich mir ein neues Arbeitsgebiet eröffnete. Die Probleme schienen nicht auf persönlicher, sondern auf universaler Ebene zu liegen.

Im Universum sind mächtige und vielschichtige negative Gedankenformen wirksam. Stimmt sich der einzelne Mensch durch eigene negative Gedanken, Gefühle oder Taten auf die gleiche Wellenlänge ein, wird er von diesen negativen Gedankenformen kontrolliert. Derartige Verbindungen werden oft völlig unbewußt aufgenommen, so daß mächtige und komplexe Gedankenformen den Betreffenden beherrschen. Leider gibt es weitaus mehr negative als positive Gedankenformen, und da immer mehr Menschen zu ihrer Vermehrung beisteuern, wird ihr Einfluß ausgeprägter und wirkungsvoller. Diese negativen Gedankenformen scheinen eine der Hauptursachen unserer heutigen Schwierigkeiten zu sein. Aus diesem Grund sind wir alle persönlich dafür verantwortlich, ihre bereits mächtigen Ausmaße nicht noch durch negatives Verhalten zu vergrößern. Lassen sich Menschen von diesen Gedankenmustern beherrschen, steuern sie unmittelbar zu der in heutiger Zeit vorherrschenden Gewalttätigkeit und Korruption bei.

Diese Einblicke offenbarten sich mir während der Arbeit. Ich erinnerte mich der negativen elterlichen Archetypen und der schwarzen Wolken, die über manchen Familien, Nationen, Gruppen und Plätzen schweben, wie ich bereits vorher in diesem und noch ausführlicher in dem Buch 'Die inneren Fesseln sprengen' beschrieben habe. Auch fiel mir wieder die Begegnung mit einem Maler, dem verstorbenen Ehemann einer Klientin, ein, der mir begeistert erzählt hatte, jetzt mit Gedanken und Emotionen ausdrucksstarke Bilder malen zu können und nicht wie vorher, als er noch in seinem Körper gefangen war, mit Farbe und Leinwand (siehe dazu 'Die inneren Fesseln sprengen').

Würde ich mich der verschiedenen Hilferufe der Menschen im Ashram annehmen – so wurde mir gezeigt –, könnten diese Hilferufe mich zu den verschiedenen die Menschen beherrschenden Gedankenformen führen. Ich begann zu verstehen, warum es für süchtige, zwanghafte oder besessene Menschen so schwierig, wenn nicht gar unmöglich ist, sich aus der Macht ihrer Zwänge zu befreien, denn die dahinterliegenden Gedankenformen sind mächtiger als sie. Aus diesem Grunde verfallen viele Abhängige, die mit fachmännischer Hilfe ihre Sucht zu überwinden suchen, häufig wieder einer anderen Sucht. Denn die wirkliche Ursache wird nicht angesprochen; sie mag in den mächtigen, beherrschenden Gedankenformen liegen, die mit den einzelnen Süchten verbunden sind.

Ich muß hier aber unbedingt eine Warnung einfügen. Diese Arbeit sollte nicht von Menschen unternommen werden, die mit dieser oder einer ähnlichen Methode keine Erfahrung haben, und besonders dann nicht, wenn sie nicht gewöhnt sind, unter Anleitung des Höheren Bewußtseins zu arbeiten. Befaßt man sich mit derart mächtigen und wirkungsvollen Kräften, besteht große Gefahr, ihrer Macht zu erliegen. Um diese Gefahr zu vermeiden, sollte sich jeder gebührend schützen.

Jedesmal, wenn ich mich einer solchen Aufgabe annahm, wurde mir gezeigt, wie sich die Person, mit der ich am 'Dreieck' zusammenarbeitete, und wie ich mich selbst zu schützen hatte. – Da dieser neue Abschnitt meiner Arbeit in Sai Babas Ashram begann, standen wir unter dem Schutz seiner ungeheuren Energie und Liebe. Aber selbst dort wurde ich angewiesen, immer mit besonderen Schutzmaßnahmen zu arbeiten, damit sie gleich von Anfang an zur Gewohnheit werden konnten.

Jedesmal wenn ich das Höhere Bewußtsein um Einblicke in die Probleme der hilfesuchenden Menschen bat, wurde ich zu der übermächtigen, sie beherrschenden Kraft geführt, und mir wurde gezeigt, wie ich diese Kraft vernichten und die in ihr gebundene Energie für schöpferische Zwecke freisetzen könnte. Manche der mir innerlich gezeigten Muster waren derart absonderlich, daß ich glaubte, sie mir eingebildet zu haben bzw. an Halluzinationen zu leiden.

Ungefähr zu diesem Zeitpunkt unseres Aufenthaltes gewährte Sai Baba meinem Ehemann und mir ein Interview, in dem er mir versicherte, tatsächlich durch mich zu arbeiten und zu sprechen und daß ich ihm glauben und vertrauen müsse. Ich solle nicht befürchten, mir alles nur einzubilden. Er ahmte zu unserer Belustigung sogar meine Stimme nach und wiederholte meinen häufigen Ausspruch: "Das ist derart verrückt, ich muß es mir einbilden!" Wann immer er uns sah, wiederholte er Variationen dieses Themas und versicherte mir stets, mich bei dieser Arbeit tatsächlich zu unterstützen und zu führen.

Als wir wieder nach Hause kamen, war ich ihm für seine wiederholten Beteuerungen äußerst dankbar, denn viele der von mir geschilderten Probleme haben ihre Ursache in äußerst mächtigen Gedankenkomplexen. Ohne Sai Babas Unterstützung und Überzeugung wäre ich ganz sicher in Panik geraten und hätte geglaubt, entweder verrückt geworden zu sein oder mich den wildesten Phantasien hingegeben zu haben.

Die aufregendste Perspektive dieser Arbeit aber ist, die Welt von einigen dieser mächtigen, negativen Gewalten befreien zu helfen, die über all die vielen Menschen Macht ausüben, die sich mit eigenen negativen Gedanken auf sie eingestimmt haben.

Ein anderer mir gewährter Einblick betrifft die Schändung und Vernachlässigung der Erde und ihrer Umgebung, und ich wurde darauf hingewiesen, daß es jetzt vielleicht schon zu spät sei, die durch unsere Sorglosigkeit verursachten Schäden zu beheben.

Wir sprechen von der Erde oft als der Mutter Erde. Wir müssen uns aber endlich klar darüber werden, daß wir selbst, durch unsere eigene Achtlosigkeit, die Naturreichtümer unseres Planeten verschmutzt und das gegenwärtige, bedenkliche Ungleichgewicht verursacht haben. – Genauso, wie wir zugunsten des Männlichen oder des Verstandes das Weibliche oder das Herz in uns unterdrückt und verachtet haben, vergessen wir, die Erde, unsere große Kosmische Mutter, zu verehren.

Jetzt, da Frauen die ihnen gebührende Achtung und Anerkennung als Träger der nährenden und erhaltenden Funktion einfordern, werden wir uns auch der unerläßlichen Hilfe und Sorge bewußt, die wir der Erde schulden, wenn sie weiterhin Leben erhalten soll. Es darf unter keinen Umständen länger hingenommen werden, daß das Weibliche in seiner Mannigfaltigkeit abgelehnt wird. – Wir werden gezwungen, die

Funktion des Herzens nicht nur außen auf der Erde, sondern auch in uns selbst zu korrigieren, damit die lange Vorherrschaft des Verstandes ausgeglichen werden kann.

Diesen alarmierenden Zustand nur auf konkreter, physischer Ebene beheben zu wollen, wie es viele ökologische Gruppen versuchen, erscheint mir sinnlos. Da alles Greifbare und Sichtbare der Welt von unsichtbaren Gedanken erschaffen wurde, muß zuerst ein Gedanke oder eine Idee die entsprechenden Maßnahmen entstehen lassen. Die negativen Gedankenformen gleichen unsichtbaren Krebszellen im Körper der Erde, die, je größer sie werden, um so klarer erkennbar sind. Ein Gesunden der Erde kann daher nur erreicht werden, wenn sowohl auf der subtilen Ebene der Gedankenformen, als auch auf der grobstofflichen, materiellen Ebene Reinigungsmaßnahmen vollzogen werden. Alle Bemühungen, unseren Planeten zu retten, werden sonst vergeblich sein. Der Einfluß negativer Gedankenformen würde unvermindert weiterwirken und ein Wiederaufleben gerade der Probleme verursachen, für die im Augenblick verzweifelt eine Lösung gesucht wird.

Wir alle haben dazu beigetragen, daß der Äther mit negativen Gedanken und Gefühlen gesättigt ist. Über Jahrhunderte sind negative Archetypen erzeugt worden. Sie sind heute so mächtig, daß sie die Menschen, die sie verursacht haben, beherrschen. Ein Teufelskreis!

Ein anderer, wesentlicher Faktor läßt diese negativen Archetypen zusätzlich anwachsen: die geballte Gewalt, das Verbrechen und die ungezügelten negativen Emotionen, die im Fernsehen, in Filmen, Zeitschriften, Büchern und Zeitungen als Unterhaltung angeboten werden. Täglich nehmen Massen von Menschen durch ihre Augen und Ohren ungeheuer viel Negatives in sich auf. Dieses Negative entspricht einer Nahrung (Sai Baba definiert Nahrung als "alles, was der Mensch durch seine fünf Sinne in sich aufnimmt"), die den Körper vergiften kann oder erkranken läßt.

Willentlich fordern wir den Einfluß negativer Archetypen heraus, wenn wir ein Übermaß von Negativem in uns aufnehmen. – Erhoffen und wünschen wir uns eine friedlichere Welt, in der glücklichere Menschen leben, müssen wir uns gemeinsam bemühen, unsere Gedanken auf beglückende, friedvolle, liebevolle, anteilnehmende und mitfühlende Ideen, Bilder und Gefühle zu lenken. Wir sollten positive und nicht negative Archetypen nähren. Nur so kann der Weg aus der heutigen Sackgasse wieder herausgefunden werden. Jeder einzelne von uns ist dazu herausgefordert.

Der nächste mir gewährte Einblick zeigte, daß die Ursache aller von Menschen erschaffenen negativen Gedankenformen, von denen sie dann letzten Endes beherrscht werden, ein besorgniserregender Mangel an Liebe ist. Dieser Zustand ist derart schmerzlich und furchtbar, daß sich viele Menschen qualvoll abwenden und nach einem Ausweg aus ihrer tiefen Einsamkeit und schmerzenden Lieblosigkeit suchen.

Wegen dieser extremen Hoffnungslosigkeit hat Sathya Sai Baba gerade in unserer heutigen Zeit menschliche Gestalt angenommen, so wie es auch andere große Lehrer vor ihm getan haben, wenn sich die Welt ähnlich unheilvoll entwickelt hatte. Er ist mit einem ungeheuren Generator vergleichbar, der unsere schwachen Batterien auflädt, damit wir mit dem Höheren Bewußtsein wieder verbunden werden können.

Mit unserer begrenzten Kraft können wir diese kritische Situation unserer Welt nicht verändern, denn die ursächlichen, mächtigen, negativen Archetypen können nur durch ebenso mächtige, positive Archetypen neutralisiert werden.

Auf der Ebene des Höheren Bewußtseins aber sind wir alle eins. Stimmen wir uns darauf ein und bitten wir es um Hilfe, so werden wir unwillkürlich mit seiner ungeheuren Energie und den darin enthaltenen positiven Archetypen verbunden. Die Wirkung kann stark und positiv sein. – Jeden Tag sollten wir mit der Bitte an das Höhere Bewußtsein beginnen, durch uns zu denken, zu fühlen, zu sprechen, zu handeln und vor allem durch uns zu lieben. Nur so können wir dazu beitragen, das furchterregende Munitionslager, das sich über unzählige Jahrhunderte mit den negativen Gedanken vieler Menschen gefüllt hat, zu entwaffnen und zu vernichten. Es gleicht der Wasserstoffbombe, die uns und die Welt mühelos auslöschen könnte.

Wir erhielten das Geschenk des freien Willens. Das bedeutet, wir können frei wählen, und es liegt an uns zu entscheiden, ob wir die drohende Katastrophe unterstützen wollen, oder ob wir versuchen, sie zu verhindern.

Seit mehr als sechzehn Jahren erlebe ich Sathya Sai Baba als vollkommenes Vorbild, das uns beflügelt, ihm und seinen Lehren zu folgen, um der Welt und uns die heilende Liebe zurückzubringen.

Arbeitshilfen für die Übungspraxis

Übungscassetten zur Phyllis-Krystal-Methode

Die Übungscassetten von Phyllis Krystal ermöglichen individuelles Üben allein und in Gruppen. Entspannungsphasen - mit Tamburaklängen unterlegt - leiten die Übungen ein und lassen sie sanft ausklingen. Mit dem ausführlichen Übungstext werden Sie langsam durch die Übungen geführt. Ohne eigenes Steuern des Übungsverlaufes können Sie sich ganz dem inneren Geschehen widmen.

Übungscassetten 1-3 *(bisher 1. Teil)*

Auf 3 Cassetten finden Sie hier 12 wichtige Grundübungen der Phyllis-Krystal-Methode aus dem Buch: 'Die Inneren Fesseln sprengen'. Sie werden Schritt für Schritt durch die einzelnen Übungen geführt.

Cassette 1: Die Welle - Die Lichtreise (Entspannungsübungen) - Das Lichtdreieck - Die Acht (Basisübungen)

Cassette 2: Der Baum - Die Kosmischen Eltern - Das Innere Kind - Animus und Anima

Cassette 3: Der Lichtstern - Der Taucheranzug - Das Rituelle Bad - Das Rituelle Feuer

Seeshaupt, Neubearbeitung 1993, DM 58,–
ISBN 3-89453-002-2

Übungscassette 4 *(bisher 2. Teil)*

Diese Cassette führt durch einen kompletten Ablösungsritus von ca. 2 Std. Dauer. Mit einer vorausgehenden Entspannung und der Übung des Maibaums werden Sie auf die Ablösung

vorbereitet und in einzelnen Handlungsschritten durch den
gesamten Übungsablauf begleitet.

Seeshaupt, Neubearbeitung 1993, DM 29,–
ISBN 3-89453-004-9

Übungscassetten 5, 6, 7, 8 und 9

Auf diesen Cassetten finden Sie alle weiteren Übungen der
Phyllis-Krystal-Methode. Die Übungen sind nach Themen-
bereichen zusammengestellt.

Cassette 5 *(bisher 3. Teil)*
Einengende Rollen auflösen: Ballon - Babuschka

Seeshaupt, Neubearbeitung 1993, DM 29,–
ISBN 3-89453-006-5

Cassette 6
Schutzsymbole: Lichtzylinder - Strandball
Emotionen und Gedanken kontrollieren: Maßband - Schlange

ISBN 3-89453-007-3 DM 21,–

Cassette 7
Negative Emotionen auflösen: Wut - Eifersucht - Neid - Gier

ISBN 3-89453-009-X DM 29,–

Cassette 8
Komplexere Bindungen lösen: Negative elterliche Archetypen
- Schwarze Familienwolke - Korridor

ISBN 3-89453-010-3 DM 27,–

Cassette 9
Gegensätze ausgleichen: Mandala - Ying-Yang - Schwarzer
und weißer Vogel

ISBN 3-89453-012-X DM 25,–

Komplettset zum Sonderpreis
Alle Übungscassetten 1 - 9

im Set statt DM 218,– zusammen nur DM 180,–
ISBN 3-89453-022-7

Weitere Bücher zur
Phyllis-Krystal-Methode

Phyllis Krystal
Die inneren Fesseln sprengen
Befreiung von falschen Sicherheiten

Die inneren Fesseln sprengen — Eine Methode zur Befreiung
aus Abhängigkeiten und Zwängen auf dem Weg zu persönlicher Freiheit und sinnerfülltem Leben.

Wie zur eigenen Lebenskraft finden? Wie sich aus zwang-
haften Verhaltensmustern, Ängsten und einengenden Bindungen lösen und alte Verletzungen heilen?

Arbeitshilfen △ 273

Phyllis Krystal eröffnet dem Leser in ihrem Buch: 'Die inneren Fesseln sprengen' einen neuen und faszinierenden Weg zur eigenen Selbst-Findung. Auf der Grundlage der Psychologie von C.G. Jung entwickelte sie über mehrere Jahrzehnte in ihrer eigenen therapeutischen Praxis eine neue Methode, mit der sie in den USA und auch in Europa großen Erfolg hat.

Mit Hilfe der eigenen Vorstellungskraft werden Symbole und geeignete Bilder visualisiert und rituelle Handlungsabläufe im Innern erlebt, die auf das Unbewußte heilend und befreiend wirken. Führung und Unterstützung findet der Übende im Höheren Selbst. Das Höhere Selbst oder Höhere Bewußtsein ist ein Wesensteil, der jedem Menschen innewohnt und seine wahre Identität ausmacht. Dieser Bereich ist, genau wie das Unbewußte, nicht mit dem Verstand zu erfassen. Daher beschreibt Phyllis Krystal in ihrem Buch einfache Visualisierungstechniken, die eine erneuerte Rückbindung an das eigene innere Wissen, das wirkliche Selbst ermöglichen. So lernt der Betreffende mit entsprechenden Übungen, die regelmäßig praktiziert werden, die Mitteilungen der eigenen inneren Stimme wahrzunehmen, zu verstehen und sich ihrer Führung anzuvertrauen. Aus der Archetypenlehre von C.G. Jung, aus östlichen Weisheitslehren und uralten Riten hat Phyllis Krystal eine Symbolsprache entwickelt, die in der Lage ist, das Unbewußte positiv zu beeinflussen. Auf diese Weise werden erstaunliche Problemlösungen und die Befreiung von einschränkenden Bindungen möglich, oder Loslösung von Gewohnheiten, negativen Einstellungen und traumatischen Erlebnissen.

Seeshaupt, 9. überarbeitete Auflage 1994, 336 S., DM 36,-
ISBN 3-89453-016-2

Arbeitsbuch zur Phyllis-Krystal-Methode

In der praktischen Arbeit mit der Phyllis-Krystal-Methode hat sich das 'Arbeitsbuch' bisher im englischsprachigen Raum als unschätzbare Hilfe erwiesen. Jetzt ist es auch in deutscher Sprache erhältlich. Als zusätzliches Handbuch zu Phyllis Krystals Büchern beschreibt es alle Visualisierungsübungen und Riten der Methode.

Klar überschaubar sind die Übungen inhaltlich nach Themen geordnet. Die Übungsabläufe sind in einzeln beschriebene Handlungsschritte aufgegliedert, und so vom Alleinübenden, wie auch in der Partner- und Gruppenarbeit leicht nachzuvollziehen und anzuwenden. Das Arbeitsbuch ist daher ein unverzichtbares Hilfsmittel für das persönliche Üben, wie auch in der therapeutischen Praxis.

Die Spiralbindung und die gut lesbare große Schrift erleichtern die Handhabung.

Seeshaupt, 2. überarbeitete Auflage 1994, 114 S., DM 45,-
ISBN 3-89453-020-0
A4-Format, Spiralbindung

In Vorbereitung:

Erfahrungen mit der Phyllis-Krystal-Methode

Fragen und Antworten
Beispiele aus der praktischen Arbeit

Der Verlag plant die Herausgabe einer ausführlichen Sammlung von Fragen und Antworten zur Arbeit mit der Phyllis-Krystal-Methode, begleitet von Erfahrungsberichten und Beispielen aus der Arbeitspraxis.

Das Buch wird die praktische Anwendung dieser Methode, die sich kontinuierlich weiterentwickelt, lebendig veranschaulichen. So hat der Leser die Möglichkeit, seine eigenen Erfahrungen durch die Erkenntnisse anderer Menschen zu ergänzen und von der Arbeit erfahrener Therapeuten zu profitieren.

Dieses Buch möchte Anregung und Hilfe für eine Vertiefung Ihrer Arbeit mit der Phyllis-Krystal-Methode geben.

Voraussichtlicher Erscheinungstermin: Frühjahr '95

Arbeitsmaterialien zur Phyllis-Krystal-Methode

Symbolkarten zur Phyllis-Krystal-Methode

Als weiteres Arbeitsmaterial sind 15 Symbolgrafiken in Postkartengröße zu den wichtigsten Übungen dieser Methode erhältlich. Sie werden ergänzend zur Arbeit mit der Phyllis-

Krystal-Methode benutzt, um die Mitteilungen an das Unbewußte zu verstärken und dienen in der Partner- und Gruppenarbeit, wie auch in der Therapie, als erklärende Darstellungen.

Seeshaupt 1993, DM 32,50   *ISBN 3-89453-008-1*

Übungsblock: Die '8'
Mit neonblauem Farbstift

Der Übungsblock, mit jeweils zwei vorgedruckten goldgelben Lichtkreisen auf jedem Blatt, dient zur Unterstützung für das tägliche Praktizieren der '8' in der Vorbereitung auf Ablösungen.

Das Nachzeichnen der '8' mit dem neonblauen Farbstift fördert und vertieft die Wirkung dieses Symbols.

Seeshaupt 1993, 100 Blatt, DM 14,80   *ISBN 3-89453-015-4*

Informationscassette
Die Phyllis-Krystal-Methode

Eine Cassette zum Kennenlernen der Methode

Diese Cassette erklärt die Arbeit mit der Phyllis-Krystal-Methode und ihren Hintergrund in kompakter Form. Sie enthält eine kurze Entspannungsübung und die Grundübungen mit den beiden wichtigsten Basis-Symbolen: Das 'Lichtdreieck' und die 'Acht'.

Die Cassette eignet sich, um Interessierten in Kürze einen zusammenfassenden, praktisch orientierten Überblick über die Methode zu geben.

Seeshaupt 1993, DM 10,–   *ISBN 3-89453-014-6*

Therapeutenliste

Im deutschsprachigen Raum gibt es inzwischen eine Reihe von Therapeuten, die mit der Phyllis-Krystal-Methode arbeiten.

Auf Anfrage können Sie vom Verlag die aktuelle Adressenliste der Therapeuten in Deutschland, der Schweiz und Österreich erhalten. Benutzen Sie dafür bitte die gelbe Karte am Ende des Buches und legen Sie für die Übersendung der Liste DM 3,– in Briefmarken und einen frankierten und adressierten Rückumschlag bei.

Vermittlung von
Übungspartnern und -gruppen

Der Ryvellus Medienverlag hat begonnen, eine Kartei für Interessierte einzurichten, die für die gemeinsame Arbeit mit der Phyllis-Krystal-Methode einen Partner oder eine Übungsgruppe suchen. Sie können Ihre Adresse in diese Kartei aufnehmen lassen, die dann dort geführt und an andere Interessenten weitergegeben wird. Auch Sie erhalten Namen von Übungspartnern oder -gruppen, sobald dem Verlag entsprechende Nennungen vorliegen.

Benutzen Sie für die Aufnahme in die Kartei bitte den gelben Bestellcoupon am Ende dieses Buches und tragen Sie in der entsprechenden Rubrik Ihren Namen und die Adresse (evtl. Telefonnummer) ein. Für Bearbeitungkosten erhebt der Verlag eine Gebühr von DM 10,–.

Bitte einen adressierten und frankierten Rückumschlag beifügen.

Tambura und OM *–Dynamische Ruhe–*

Die Tambura ist ein traditionelles Instrument der klassischen indischen Musik. Ihr Klang zeichnet sich durch ein reichhaltiges Spektrum von Obertönen aus, die sich beim Spielen immer wieder gegenseitig überlagern. Dadurch entsteht ein weicher, fließender Klang, der beruhigend und heilend wirkt.

Das 90-minütige Tamburaklangbild ist unterlegt mit einem akustisch nicht wahrnehmbaren OM-Singen von Sri Sathya Sai Baba. Der Urlaut 'OM' hat eine reinigende Wirkung auf alle Energieebenen des Körpers. Seine zentrierende Eigenschaft führt zur inneren Mitte und fördert in absoluter Neutralität die Verbindung mit dem eigenen Höheren Selbst.

Diese Cassette eignet sich für Visualisierungsübungen, zur Unterstützung von Meditation, Therapie und Heilsitzungen, zur Entspannung und als harmonisierendes Hintergrundklangbild.

Seeshaupt 1992, DM 25,–   ISBN 3-89453-001-4

Tambura Klänge *yin-yang*

Auf dieser Cassette ist der reine Grundklang von paarweise gespielten Tamburas zu hören. Die Tamburaklänge auf Seite Λ (Yin – Ingala) senken die Körperrhythmen und wirken entspannend. Die Klänge auf Seite B (Yang – Pingala) regen die Gehirntätigkeit an und wirken dadurch belebend. Die Musik ist angenehm zur Untermalung bei Visualisierungsübungen und Meditationen.

Diese Cassette zeichnet sich durch ihre hohe Tonqualität aus (Chrom / Digital / Dolby).

Seeshaupt 1992, DM 29,–   ISBN 3-89453-000-6

Weitere Bücher und Materialien von Ryvellus

Unser Kind
Ein Mensch ohne Fesseln

Christine Gottschalk-Batschkus/ Marc M. Batschkus

Ein praktischer Leitfaden für die Zeit der Schwangerschaft, der Geburt und des ersten Lebensjahres, der Eltern Mut macht, sich wieder mit ihrem inneren Wissen zu verbinden und sich von Angst und Unsicherheit zu lösen.

Die beiden Autoren, selbst Eltern und Mediziner, geben in diesem Buch voller Engagement ihre eigenen Erfahrungen weiter, die sie auf ihrem Weg durch Schwangerschaft, Geburt und die ersten Monate mit ihrer Tochter machen durften. Dabei verbinden sie Erkenntnisse aus der Medizin mit der 'ursprünglichen' Erziehung der Naturvölker. Erfrischend unkompliziert entstehen auf diese Weise praktische Hilfen, um zu einer authentischen Verantwortung und echter Freude an und mit den Kindern zu gelangen.

144 Seiten, DM 19,80

Die Metamorphische Methode

Gaston Saint-Pierre/ Debbie Boater

Die Metamorphische Methode, ist auf den Grunderkenntnissen der Fußreflexzonen-Massage entstanden und bietet einen einfachen und ganzheitlichen Zugang zur Selbstheilung und Wandlung. Wie in der Natur ein ständiger Umwandlungsprozeß auf natürliche und spontane Weise stattfindet: vom Samenkorn zur Pflanze, von der Raupe zum Schmetterling, so ist es durch die Metamorphische Methode auch uns Menschen möglich, uns zu wandeln von dem, der wir sind, zu dem, der wir sein können. Der 'Behandelnde' übernimmt dabei die Rolle des Katalysators, während die innewohnende Lebensenergie des 'Patienten' die eigentliche Transformation vollzieht.

Die praktische Anwendung ist sehr leicht zu erlernen. Durch Behandlung des Reflexbereiches der Wirbelsäule an den Füßen, an den Händen und am Kopf nehmen wir direkt Einfluß auf vorgeburtliche Prägungen und ermöglichen innere und äußere Wandlung in Richtung auf unser ursprüngliches, ganzheitliches Wesen. Die Methode ist ideal für den Gebrauch innerhalb der Familie und in allen Heilbereichen.

Überarbeitete Neuauflage 1994, 128 Seiten, DM 24,80

Schautafel zur Arbeit mit der Metamorphischen Methode und den Universellen Prinzipien

Übersichtlich sind auf einem Teil dieser Tafel anhand von Grafiken die Entsprechungen der einzelnen Fußabschnitte und der Wirbelsäule zu der Zeit vor der Empfängnis und zur Entwicklungszeit im Mutterleib in Beziehung gesetzt und dargestellt. Eine ausführliche Tabelle verschafft einen Überblick über die Entwicklung der Pränatalmuster von der Zeit vor der Empfängnis bis zur Geburt in Bezug auf die Entwicklung von Körper, Verstand, Gefühl und Verhalten.

Ein weiterer Abschnitt dieser Schautafel veranschaulicht die gleichen Entsprechungen auf der Ebene der Universellen Prinzipien.

Eine empfehlenswerte Arbeitshilfe für die praktische Anwendung dieser Methoden.

Wandtafel (Poster), 50 x 70 cm, gefaltet im Umschlag, DM 12,80

Die Kernprinzipien der
Metamorphischen Methode

Gaston Saint Pierre/ Barbara D'Arcy Thompson

Die Metamorphische Methode, aus der Reflexzonenmassage entstanden, bringt uns mit den Prinzipien des Lebens selbst in Kontakt. Mit dieser Methode, die jeder anwenden kann, lassen wir uns auf ein höchst aufregendes und lohnendes Abenteuer ein.

Die Technik ist spielend leicht zu erlernen. Es werden lediglich bestimmte Reflexpunkte an Fuß, Hand und Kopf des 'Patienten' berührt, die eine Entsprechung zu vorgeburtlichen Phasen der Prägung von Lebensmustern haben. Durch Stimulation dieser Punkte nimmt man Einfluß auf diese Prägungen, wodurch innere und äußere Wandlung möglich wird.

Das Bezeichnende der Metamorphischen Methode ist die innere Haltung der Losgelöstheit und Gelassenheit, mit der der 'Behandelnde' arbeitet. Er hat kein 'Behandlungsziel', das er zu erreichen sucht; die Lebensenergie des Patienten weist die Richtung der Metamorphose. Die mögliche Hilfe, die wir durch diese Arbeit bekommen können, ist wie das Lebensprinzip, mit dem wir arbeiten, unbegrenzt.

Das Buch faßt die Grundprinzipien der Methamorphischen Methode zusammen. Es ist, in dieser 1994 erschienenen Ausgabe, um zwei Kapitel erweitert, in denen Gaston Saint Pierre beeindruckende Erfahrungen seiner Arbeit anhand seiner eigenen Lebensgeschichte beschreibt.

Erweiterte Neuauflage 1994
72 Seiten, DM 12,80

Shen Shu

Das altchinesische Münz-Orakel der Heiligen Zahlen

*Die erste Übersetzung des nahezu 2000 Jahre
alten Münzorakels aus dem Chinesischen*

Das den Mythen und dem Volksglauben entstammende Orakel der Heiligen Zahlen ist bis heute das populärste Wahrsa-
gebuch in China und Südostasien, weitaus beliebter, als das
teilweise schwer zu verstehende I-Ging.

Der Orakelspruch auf die vorher gestellte Frage wird
durch dreimaliges Ziehen einer Münze aus einer Reihe von
zehn Münzen ermittelt. Das gesamte Orakel besteht aus 384
einzelnen Strophen, die sehr konkret und direkt Antwort
geben, ohne dadurch den Spielraum für die eigene intuitive
Deutung einzuschränken.

Das Münzorakel der Heiligen Zahlen, Shen Shu, stammt
aus dem Pinsel von Zhuge Liang, einer der berühmtesten
Gestalten chinesischer Heldenromane. Sein Lebensweg ist
durch verschiedene Quellen belegt und sein Name allen
schriftkundigen Chinesen geläufig.

Im Gegensatz zum I-Ging, das sich aus Bildern der Kos-
mologie, Philosophie und Gesellschaftshierarchie zusammensetzt, basiert das Münzorakel des Zhuge Liang auf Volksglauben, Mythologie und gängigen, leicht verständlichen und
zeitlosen Lebensweisheiten.

Der Sinologe Stefan Kappstein hat den Originaltext in zwei-
jähriger Arbeit sehr sorgfältig und gut verständlich übersetzt
und kommentiert. Dabei ist es ihm gelungen, die 'Atmosphäre
des Chinesischen' in die deutsche Übersetzung hineinzutragen.

Ein Orakelbuch von großer Klarheit und schöner Sprache
für die großen und kleinen Fragen des täglichen Lebens.

*Seeshaupt, Herbst 1994, ca. 300 Seiten, Leinenbindung, DM 48,-
Münzset mit 10 Originalmünzen aus China, DM 19,80
Buch mit Münzset zusammen, DM 65,-*

Engelspiel

Ursula Mattheus

Der Planet Erde und wir als seine Bewohner machen zur Zeit
große Veränderungen durch. Um auf sanfte und liebevolle
Art und Weise die notwendigen Schritte tun zu können, stellen sich immer mehr Helfer aus der Lichtwelt zur Verfügung.

Engel sind Wesen des Lichtes. Wir Menschen können
über Gebet oder Meditation bewußt mit ihnen in Verbindung
treten und erfahren, wie heilend, harmonisierend und belebend ihre Anwesenheit auf uns wirkt.

Ursula Mattheus hat 50 Engelkarten gezeichnet und darin
die Atmosphäre dieser Wesen mit spielerischer Leichtigkeit
eingefangen. Alle Engel tragen, entsprechend ihrer besonderen Schwingung, verschiedene Namen. So gibt es den Engel
der Erkenntnis, der Freude und der Liebe ebenso, wie den des
Annehmens, der Dankbarkeit oder des Loslassens.

Vier Textkarten erläutern, wie das Engelspiel zur Meditation oder als Orakel benutzt werden kann und geben Anregung zu einem Spiel mit mehreren Personen.

55 (Spiel-)Karten in Schachtel, DM 24,80

Reiseführer auf dem Weg zum Selbst

Reshad Feild

Eine einzigartige Samlung von Aussprüchen Reshad Feilds.

Es gibt viele Arten, dieses Buch zu lesen und zu benutzen.
Der Leser ist eingeladen, seinen eigenen Zugang zu finden
und die Herausforderung, die in den 'ungewollten Aphorismen' liegt, anzunehmen. Sie können privat oder in Gruppen

zur Kontemplation und Meditation benutzt werden oder als Themen, mit denen man sich einige Zeit beschäftigt.

Das Buch ist ein Wegweiser für alle, die auf dem Weg der Erkenntnis durch die Tore der Liebe gehen.

120 Seiten, DM 19,80

Zen des Laufens

Fred Rohé

"Es gibt keinen Maßstab und keine Siege, nur die Freude des Lebens im Tanz deines Laufs. In jedem Leben gibt es Freude; nur im Augenblick – jetzt."

Fred Rohé, seit vielen Jahren 'meditativer' Läufer, gelingt es in diesem Band, das tiefe Erleben seiner selbst im Tanz des Laufens zu vermitteln.

Die stimmungsvollen Texte und Photos, in denen sich der Geist des Zen offenbart, geben dem Leser hilfreiche Hinweise für die eigene Erfahrung im Laufen.

Beim Betrachten und Lesen des Buches springt eine Freude über, die den Wunsch weckt, sich selbst im 'Zen des Laufens' zu erleben und neue, eigene Erfahrungsräume zu öffnen.

"So wirst du im Fließen deines Tanzes auch wissen: du kannst nicht laufen für zukünfigen Lohn; alles, was dein ist, erhältst du jetzt! Während du läufst, im Lauf – jetzt- warum nicht gleich jetzt beginnen?"

80 Seiten, Großformat A 4,
mit vielen, z.T. ganzseitigen Fotos
DM 22,80

Was ist Akupunktur?

Ein Vortrag in New York

J.R. Worsley

Professor Worsley der sich selbst für einen 'Schüler'der traditionellen chinesischen Akupunktur hält – obwohl er sie mehr als dreißig Jahre studiert und praktiziert hat – ist in weiten Kreisen als einer der Besten anerkannt, die diese ursprüngliche Heilkunst lehren und ausüben.

Dieses Buch beinhaltet einen Vortrag, den J.R. Worsley 1980 im Arica-Institut in New York gehalten hat. Eine wunderbare, mit Esprit und Humor dargestellte Einführung in den Geist der chinesischen Heilweisen.

"Wer dieses aus dreißigjährigem Erfahrungswissen heraus geschriebene Buch liest, ... weiß in kurzer Zeit mehr über sich und die in seinem Körper wirkenden Naturgesetze – Seele und Geist mit einbezogen – als er jemals ahnen konnte." (Esotera)

128 Seiten, DM 24,80

Akupunktur – Heilung für Dich

J.R. Worsley

Akupunktur ist eine der ältesten Heilweisen, die der Menschheit bekannt sind. Sie wurde vor ca. fünftausend Jahren in China begründet, doch die Weisheit, die ihr zugrunde liegt, ist heute ebenso lebendig und wichtig, wie sie es seit jeher war.

Die Tatsache, daß Akupunktur bis heute – in zunehmendem Maße auch in der westlichen Welt – angewandt wird, spricht für ihre Wirksamkeit.

In diesem Buch beantwortet Professor J.R. Worsley, Begründer der Hochschulen für Traditionelle Akupunktur in England und Amerika, alle Fragen über Akupunktur, die häufig gestellt werden.

128 Seiten, DM 24,80

AkupressurHandbuch

Michael Blate

Akupressur – im Chinesischen Ji-Jiu (Erste Hilfe) genannt – ist eine höchst wirksame Selbsthilfe-Technik. Durch den Druck bestimmter Körperpunkte mit den Fingerspitzen wird ein ganzheitlicher Heilungsprozeß angeregt.

Dieser traditionelle östliche Weg der Ersten Hilfe ist jedoch nicht auf Notfallsituationen beschränkt. Akupressur kann auch helfen, Schmerzen zu lindern oder andere Beschwerden, wie beispielsweise Verspannungen, Angstzustände, Atemnot, Ruhelosigkeit etc. aufzulösen. Ihr Erfolg beruht auf den universellen Prinzipien des Heilens.

Das Akupressurhandbuch bietet eine Anleitung zur effektiven Selbsthilfe ohne Medikamente.

Die Neuausgabe des Buches wurde im kleinen Taschenbuch-Format gestaltet, um es auf Reisen als 'Natürliche Reise-Apotheke ohne Medikamente' bequem immer bei sich tragen zu können.

144 Seiten, DM 19,80

Tafel zur Ji-Jiu-Druckpunktmassage

Dieses Poster stellt eine Akupressur-Landkarte vom menschlichen Körper dar. Ein hilfreicher und wertvoller Wegweiser
zu Akupressurpunkten und Massagezonen.

   Die Tafel, auf der die 116 Druckpunkte übersichtlich
abgebildet sind, läßt sich als nützliche Ergänzung zum AkupressurHandbuch verwenden. Eine Grundanleitung zur Akupressur, sowie drei Tabellen zur Zuordnung von Symptomen
zu entsprechenden Punkten ermöglichen die Benutzung auch
ohne Buch.

Wandtafel (Poster), 50 x 70 cm, gefaltet im Umschlag, DM 8,-